国家社科基金
后期资助项目

社会现代化转型与军事教育变革研究

A Study of the Military Education Change and Social Modernized Transformation

张博文 著

中国社会科学出版社

图书在版编目（CIP）数据

社会现代化转型与军事教育变革研究/张博文著 . —北京：
中国社会科学出版社，2017.8
ISBN 978 - 7 - 5203 - 1007 - 9

Ⅰ.①社⋯　Ⅱ.①张⋯　Ⅲ.①军事教育—教育改革—
研究—中国　Ⅳ.①E251

中国版本图书馆 CIP 数据核字（2017）第 223339 号

出 版 人	赵剑英
责任编辑	王　茵　张　潜
责任校对	石春梅
责任印制	李寡寡

出　　版	中国社会科学出版社
社　　址	北京鼓楼西大街甲 158 号
邮　　编	100720
网　　址	http://www.csspw.cn
发 行 部	010 - 84083685
门 市 部	010 - 84029450
经　　销	新华书店及其他书店

印　　刷	北京君升印刷有限公司
装　　订	廊坊市广阳区广增装订厂
版　　次	2017 年 8 月第 1 版
印　　次	2017 年 8 月第 1 次印刷

开　　本	710 × 1000　1/16
印　　张	15.5
插　　页	2
字　　数	278 千字
定　　价	68.00 元

国家社科基金后期资助项目

出 版 说 明

后期资助项目是国家社科基金设立的一类重要项目，旨在鼓励广大社科研究者潜心治学，支持基础研究多出优秀成果。它是经过严格评审，从接近完成的科研成果中遴选立项的。为扩大后期资助项目的影响，更好地推动学术发展，促进成果转化，全国哲学社会科学规划办公室按照"统一设计、统一标识、统一版式、形成系列"的总体要求，组织出版国家社科基金后期资助项目成果。

全国哲学社会科学规划办公室

内 容 提 要

本书针对我国军事教育存在的个性化、创新性不够，选拔、培养和任用相脱节，训用不一致等突出问题，以高素质军事人才培养的国际比较为研究的缘起，从对于我国高素质军事人才培养相对滞后的理论分析入手，基于社会现代化转型的视角，探讨了我国军事教育变革的理论依据、历史由来、经验借鉴、时代背景、现实状况、目标定位与路径选择等一系列理论与实践问题。

首先，尝试性界定了社会现代化转型与军事教育变革研究所涉及的社会现代化转型、新军事变革、军事人才培养模式等相关概念，重点探讨了军事人才培养模式的内涵和实质、社会现代化转型与军事教育变革的作用机制。著者认为，军事人才培养模式是一个有着内在结构和外在功能的科学概念，不能够将其局限于具体操作层面，仅将其理解为培养方式和方法。其中，内在结构反映了教育思想和价值观念、管理体制和运行机制、资源配置与使用对功能性教育训练活动的不同程度的影响，外在功能体现为军事人才培养由理念、目标向过程、效果的不断转化。只有从观念、制度、操作三个静态性的结构层次和理念、目标、过程、效果四个动态性功能维度加以分析和理解，从理论与实践的结合上完整地、准确地理解军事人才培养模式，才能在理论建构和功能实现上把握军事人才培养模式的本质，揭示社会现代化转型与军事教育变革之间互动关系的作用机制，从而克服以往军事教育变革理论局限性，以及由此所必然带来的实践偏差。

继而，从历史考察和国际比较两个方面探讨了我国军事教育变革的历史由来、经验借鉴，强调正确认识我国军事教育变革理论与实践问题，应该从宏观历史背景和比较军事教育的研究维度加以分析，以增强相关问题研究的历史深度，拓展其研究视野。

随后，从世界范围的新军事变革和中国特色军事变革及对国家战略安全的影响，探讨了我国军事教育变革的时代背景，重点剖析了世界新军事变革、中国特色军事变革对军事人才观和军事教育理念的影响，以及国家战略安全形势的新变化对军队建设尤其是军事人才培养的现实需求。著者认为，以信息化为本质和核心的世界新军事变革正在改变人类战争的形态和作战样式，使得军事人才观发生了根本性变化。世界各国军事教育必须适应信息化战争和信息化军队建设的实际需要，确立全新的信息化军事人才观。对于中国来说，推进机械化和信息化复合式发展的新军事变革，关键是军事教育变革要跟上。推进军事教育变革，必须按照信息化军事人才培养的实际要求更新军事教育理念，依据国家战略安全形势的新变化和我军使命任务的新拓展来重新审视军事教育理念与培养目标定位，切实按照培养目标和规格要求科学设计培养方案、合理选择培养途径和方式，其核心是深化专业教学改革、创新军事人才培养模式。

接着，从现状分析探讨了我国军事教育变革的现实状况，揭示了导致我国军事教育变革相对滞后、军事人才培养模式难以适应高素质军事人才培养实际要求的文化和制度根源。著者认为，正确理解我国军事教育变革理论与实践问题，必须科学分析我国军事人才培养模式在目标定位、制度设计、培养途径和方式方法等方面存在的诸多问题，准确把握我国军事教育变革的现实状况及其人才培养模式问题的症结所在。尤为重要的是，将军事人才培养模式反映的功能性教育训练活动的展开理解为一个原生性的教育物质资源供给、使用和再生性的教育信息资源供给、使用交替进行，以及它们之间相互作用、相互影响的过程，科学揭示了资源配置方式对于军事人才培养策略选择及其效果的影响。

最后，本书在对我国军事教育变革的历史考察、国际经验借鉴、时代背景、现状分析等一系列研究的基础上，深刻反思军事教育变革与社会现代化转型的相互关系，探讨社会现代化转型背景下我国军事教育变革的目标定位与路径选择，提出了深化当前院校教育和部队训练改革、创新中国特色军事人才培养模式的若干思考和政策建议。

目 录

第一章　绪论

当前，随着国防和军队改革的全面推进，尤其是军队领导管理体制和联合作战指挥体制改革不断深入，我国军事教育变革进入了一个以关注质量和效益、全面加强内涵建设和构建新型军事人才培养体系为政策目标的新的历史时期。提高军事人才培养质量和效益成为新的历史时期我国军事教育变革的鲜明主题和突出特征。实现强军目标、建设世界一流军队，完成新的历史时期军队使命，迫切要求推进军事教育变革，加强相关理论与实践问题的研究。本书基于社会现代化转型的视角，从历史考察、国际比较、时代背景、现状分析和对策研究等方面，探讨了我国军事教育变革理论与实践问题，期望能够对推进军事教育变革、创新军事人才培养模式有所启示。

第一节　问题的提出与研究意义

环顾当代世界，教育一直是世界各国头疼的问题。毕竟，教育牵一发而动全身，是一个极其复杂的社会系统工程，更是关系经济社会建设能否可持续发展的关键性问题。对于军事教育来说，教育如何为军事斗争服务，军事人才培养如何有效地促进和推动整个社会的现代化转型，更是关系国家长治久安、关系国防和军队现代化建设长远发展的根本性问题。然而，由于历史和现实的种种原因，我国军事教育与发达国家相比仍有一定的差距，在高素质军事人才培养上仍处于相对滞后的地位，比如"美军军官100%达到大学本科以上文化程度，其中具有硕士和博士学位的达到38.4%。俄罗斯军官98%受过高等教育，指挥军官全部达到大学本科以上水平。即使波兰、印度等国家，也有90%以上的军官达到大学本科学历"①。相比之下，据 2003 年统计显示，我军现役军官（含文职干部）学历层次普遍偏低，具有大学本科以上学历的仅占39.6%，拥有研究生学历的仅占4.4%。② 高素质军事人才培养的滞后，已经成为加强国防和军队现代化建设、推进中国特色新军事变革的"瓶颈"。高素质军事人才培养的滞后，其实质是军事人才培养模式难以适应新军事变革的时代要求和国家战略安全的实际需要。因此，加强社会现代化转型与军事教育变革问题研究，刻不容缓！

一　问题的提出

近年来，深化军事教育教学改革，全面提高军事人才培养的质量和效益，加速推进中国特色军事变革，已成为我国全军上下的共识。然而，无论是依托国民教育培养军队干部工作的大规模展开，还是军队院校编制体制调整改革和现代化教学工程的大力推进，抑或军队院校所开展的科技练兵、培育战斗精神的教育训练活动，都投入了巨大的人力、物力和财力，但高素质军事人才培养的滞后状况并未从根本上改变。围绕高素质军事人才培养，如何吸引人才、留住人才、用好人才仍然是直接影响中国军事教育改革乃至整个中国特色军事变革的老大难问题，由此必然造成两个方面的"瓶颈"，一是培养人的人，也就是教员队伍和教育管理干部队伍，包括军事教育主管部门领导和机关干部，他们自身的素质亟待提高；二是能够适应新军事变革时代要求和国家战略安全实际需要的高素质军事人才极度匮乏。联系钱学森与时任国务院总理温家宝同志谈及教育问题时所指出的，"现在中国没有完全发展起来，一个重要原因是没有一所大学能够按照培养科学技术发明创造人才的模式去办学，没有自己独特的创新的东西，老是冒不出杰出人才。这是很大的问题"③，军事教育同样存在未能遵循人才成长规律、难以按照培养适应信息化战争实际要求的高素质军事人才的模式去办学的问题。进一步分析，上述问题的出现，原因非常复杂，也绝非一朝一夕所能改变的。研究和解决难以培养高素质军事人才的问题，必须对各种主观的或客观

---

① 张星星：《人民军队军事教育的伟大开端》，http：//iccs. cn/detail_ cg. aspx？sid = 116。

② 熊光楷：《论世界新军事变革趋势和中国新军事变革》，《外交学院学报》2004 年第 6 期。

③ 李斌：《亲切的交谈——温家宝看望季羡林、钱学森侧记》，http：//www. southcn. com/news/china/zgkx/200507310010. htm。

的原因进行具体、深入的分析和系统、全面的考察，并积极借鉴历史的、现实的各种影响因素的调查分析和国际上成功的经验，才有可能找到我们所需要的答案。

第一，从主观原因看，军事教育未能遵循人才成长规律、难以按照培养高素质军事人才的模式去办学，说到底是利益相关者怕失去既得的利益。回顾历史，从中国国民党作为革命党所极力推动的黄埔建军到作为执政党领导的一系列军事变革，从中国共产党作为革命党所极力推动的三湾改编和古田建军到作为执政党领导的正规化、现代化军队建设，中国军事教育变革经历了无数成功的喜悦和失败的教训。当年北伐战场上国民革命军所向披靡，国民党作为革命党的朝气和活力，的确造就了不少令北洋军阀闻风丧胆的悍军名将，其高素质军事人才培养可谓成绩斐然。同样，中国共产党领导的新民主主义革命取得伟大胜利，也涌现出了一大批战功赫赫、彪炳史册的开国将帅，其高素质军事人才培养可谓成效显著。然而，作为执政党的国民党尽管拥有几百万装备精良的军队，却为何会在短短二十多年的统治之后兵败溃退台湾、失去执政地位，其高素质军事人才培养何以大不如从前？如今，作为执政党的共产党又何尝不在经受着执政的严峻考验，又有谁敢说作为执政党的共产党所领导的人民解放军在高素质军事人才培养方面能够无所顾忌地坚持真理、按照客观规律办事呢？道理很简单，人们思维的惰性和实践上的保守来自现实的各种物质的或精神的利益的困扰。正是这种困扰，使得人们难以冲破特定体制下既得利益的羁绊，因而缺乏改革的胆略和创新的勇气。因此，不彻底调整利益结构，不从制度上消除人们对失去既得利益的顾虑，遵循人才成长规律、按照培养高素质军事人才的模式去办学将永远是一句空话。

第二，从客观原因看，军事教育受制于外在的环境和条件，缺乏必要的实践平台和实战机会，因而难以营造有利于军事人才成长和进步的教育场景或环境氛围。撇开主观原因，战争年代之所以将帅云集，高素质军事人才培养成效如此显著，就是因为无数的作战经历使得人们能够在战争中学习战争，从而具有了对于战争艺术切身的体验和感悟。加上个人的主观能动性，人们很容易在总结实战经验、接受一定军事教育训练的基础上提高自身的军事素养和作战水平，将自己培养成为高素质军事人才。这里，教育本质是为人才的成长和进步营造一种有利的场景或氛围，使其在这种场景或氛围中通过一系列知识学习、实践锻炼、自我发展，不断提高自己的实际工作能力和综合素质。对于军事教育来说，培养高素质军事人才的根本途径，只能是战争实践的实际锻炼，是在战争中学习战争。事实上，离开战争的环境或实战条件，在书斋里是培养不出能打赢一场战争的将军的。反思新中国，除了新中国成立初期的抗美援朝战争和局部范围的剿匪战争、20世纪60年代的中印边境自卫反击战和中苏珍宝岛冲突，以及抗美援越战争和对越自卫反击战，似乎更多是在和平建设的国内环境中致力于军事人才培养的。纵然上述战争或军事冲突，也只是在极其有限的局部范围内发生的，并未进入军事教育变革的视野，从而无法对我国军事人才培养产生实质性的影响。至于20世纪90年代的海湾战争、世纪之交的科索沃战争，以及随后的阿富汗战争和伊拉克战争等一系列具有信息化特征的局部战争，都是在美国主导下发动的，毕竟只是别人的战争，其对我国军事人才培养更多的只是隔岸观火，难以形成直接冲击或实质性的影响。简言之，缺乏造就将帅的战争环境或实战条件是难以培养高素质军事人才的极其重要的客观原因。

第三，从历史渊源看，军事教育有一个传统延续的问题，往往会受到过去那个时代的诸多因素或经验做法的习惯性影响，难以在超越传统或已有经验的基础上有所创新和发展。正是这种历史的惯性，如同上述人们思维的惰性和行为的保守性之类的主观因素，以及缺乏实战环境之类的客观因素一样，对高素质军事人才培养产生了不可低估的重要影响。也就是说，研究和探讨为什么难以培养高素质军事人才的问题，要有历史的眼光，必须将这些问题纳入历史视野中去综合考虑，甚至"应该在解放军成立之前去寻找答案"，从而"为正在发生的事寻找历史上的因果关系"。① 毕竟，离开历史的考察，尤其是军事教育变革及其历史过程中诸多影响因素的全面分析，是无法为上述现实问题作出合理的理论诠释的。比如，对于军事人才培养产生重大影响的现有管理体制和运行机制，本身就是历史的产物，其产生的合理性只能从历史发展及其选择中去寻找。问题在于，以往历史发展及其选择的合理性只是解释了现实存在的必然性，而并未为其是否继续存在提供有说服力的理论诠释。因此，历史考察只是一种理解现实、解释问题现状的手段，它所要说明的是过去如何发展到了如今的状况，对于现实问题的研究仅仅具有启迪意义，是无法使问题最终解决的。一句话，诸如难以培养高素质军事人才的现实问题，还要从影响或制约当前军事教育变革的种种矛盾及

---

① Thomas Bickford：《中国军事教育大变局》，罗岳编译，《财经文摘》2009年第1期。

其诸多因素的具体分析中加以解决。

第四，从现实状况看，军事教育必须适应新军事变革的时代要求和国家战略安全的实际需要，但无论是对于高素质军事人才的理论认知，还是对于培养目标的准确定位，抑或培养制度的科学设计，以及相应的培养途径和方式、方法选择的具体策略，都难以满足高素质军事人才培养的实际要求。一旦人们思想观念落后于时代变革的根本要求，将军事人才观和军事教育理念停留在过去机械化或半机械化战争时代，便难以正确地把握社会现代化转型尤其是信息化军事变革对于军事人才培养的现实需求，自然也就无法理解什么是高素质军事人才，更加难以对军事人才培养目标加以准确定位。缺乏准确的目标牵引，对于功能性军事教育训练活动及其过程的整体设计就不可能是科学的，因而军事人才培养方案就谈不上合理、可行。至于培养方式及其途径和方法、手段的选择，更是基于军事人才培养目标定位和制度设计而逐步展开的，离开了准确的目标定位和相应的制度设计，其作为具体的实施策略无异于无源之水、无本之木。概言之，上述军事教育理念、军事人才培养目标、军事人才培养方案、军事人才培养过程及其策略，它们和军事人才培养实际效果一起，实际上构成了军事人才培养模式的基本要素。这里，军事人才培养实际效果与上述四个要素中的任一要素都密切相关，渗透于其中才得以发挥作用。可见，当前之所以难以培养高素质军事人才，根本原因在于我国军事教育变革相对滞后，使得军事人才培养模式难以适应新军事变革的时代要求和国家战略安全的实际需要。

第五，从国际比较看，军事教育在不同国家发展状况尽管有着很大的差异，但面临着相同的以信息化为本质和核心的新军事变革的时代背景和培养高素质军事人才的根本任务，学习外国先进军事教育经验、借鉴其相对成功的军事人才培养模式不仅是必需的，也是可行的。当今世界各国在高素质军事人才培养上的竞争，体现了信息化战争的根本要求，表明人类在未来战场上的竞赛已开始由以往的体力及其体力延伸或扩大的机械化优势转向智力及其人脑延伸的智能计算机和网络技术的信息化优势，掌握制信息权成为赢得未来战争主动权、增强自身国防和军事实力的关键。掌握制信息权对军事人才的信息素养和信息作战能力提出了前所未有的要求，客观上为高素质军事人才培养指明了目标和方向。鉴于对世界军事教育变革案例代表性、典型性的实际考量，对美国、英国、俄罗斯等国军事教育变革的特点加以分析和探讨，从国际比较中找出有价值的经验借鉴，对于加强军事教育变革研究、推进我国军事人才培养模式改革和创新，无疑将具有非常重要的现实意义。也就是说，研究难以培养高素质军事人才的问题，还要有国际化的视野，以便从高素质军事人才培养的共性分析中找到可以借鉴的成功经验。

综上所述，高素质军事人才培养的相对滞后只是问题的表象，实质上是军事人才培养模式难以适应新军事变革时代要求和国家战略安全的实际需要。研究解决上述问题，要有一个更为宏观的视角，尤其应该关注社会现代化转型对于军事教育变革的深刻影响，进一步探讨军事教育变革的理论与实践问题。只有以高度的理论自觉推进军事教育变革，努力构建具有中国特色、能够体现新军事变革时代要求和国家战略安全实际需要的军事人才培养模式，才能实现高素质军事人才培养上的根本性突破。

二　研究意义

基于社会现代化转型的视角，探讨军事教育变革理论与实践问题，不仅是促进我国军事教育改革和发展的必然选择，更是加强高素质军事人才培养、尽快缩小与世界先进国家之间军事教育发展水平差距的迫切要求。本书探讨我国军事教育变革的理论与实践问题，有助于加强军事教育变革的理论研究，有助于深化对于中国特色军事变革的认识和把握。

（一）理论意义

本书对于社会现代化转型的理论分析，对于社会现代化转型与军事教育变革之间相互关系的界定、以及社会现代化转型与军事教育变革之间相互影响的方式和特点的深入分析，有助于加强军事教育变革的社会学研究，从而拓展军事教育理论研究的学术视野；对于军事人才培养模式的理论剖析，更是有助于引导和促进军事教育变革研究重点由以往关注教学方法、手段等微观运行或实际操作层面的技术性问题转向军事教育理念创新和军事人才培养制度设计，以及对于军事人才培养模式改革的系统分析和整体设计；对于我国军事教育变革的历史由来、经验借鉴、时代背景、现实状况的分析和探讨，也有助于从历史研究、比较研究、政治与战略研究等多个维度拓展军事教育变革研究的多学科视野，深化军事教育变革与社会现代化转型之间相互关系的认识，进一步加强军事教育变革的理论研究，为进一步深化当前院校教育和部队训练改革、创新军事人才培养模式提供学理支持和政策依据，因而具有重要的学术价值和理论启迪意义。

（二）实践意义

本书探讨我国军事教育变革的历史由来、经验借鉴、时代背景、现实状况、对策建议，对破解难以培养高素质军事人才的历史性难题，进而深化当前院校教育和部队训练改革、推进军事教育变革和创新军事人才培养模式，具有决策参考价值和现实指导意义。尤其是对于时代背景和现实状况的探讨，有助于深刻理解和把握新军事变革的时代要求，有助于正确认识和判断国家战略安全形势的新变化及其对军事人才培养的重要意义，从而有利于团结和教育广大官兵，统一思想，凝聚力量，增加实现强军目标、建设世界一流军队的紧迫感和自觉意识，使军事教育变革真正成为群众性的自觉实践和牵引中国特色新军事变革、助推社会现代化转型的先行先试的开路先锋。

第二节　核心概念

概念的清晰、明确对于教育科学研究至关重要。正如理查德·沙沃森（Richard J. Shavelson）和丽莎·汤（Lisa Towne）在《教育的科学研究》一书中所指出的，"要使研究科学化"，必须"形成恰当的概念框架"，[①] 他们认为"科学的大部分工作实质上是为了发展或验证能解释自然界和社会生活方方面面的理论、假设、模型、猜想或概念框架"，[②]"一个概念框架、模型或理论可以帮助提出一个科学问题或对某个问题做出解答。……所有科学观察都'带有理论性'，……观察什么与如何观察是由该问题或题目的一个明确的或隐含的核心概念来驱动的"。[③] 本书基于社会现代化转型的视角，研究和探讨我国军事教育变革的一系列理论与实践问题，同样需要准确界定所涉及的军事人才、人才培养模式、军事教育变革等核心概念。

一　军事人才

关于军事人才，主要有四种不同的理解。阎宝珠认为，军事人才是指在军队从事的各项实践活动中，能以自己的创造性劳动为军队建设和

---

① ［美］理查德·沙沃森、丽莎·汤：《教育的科学研究》，曹晓南、程宝燕、刘莉萍、刘小东译，教育科学出版社 2006 年版，第 6 页。
② 同上书，第 55 页。
③ 同上书，第 58 页。

保卫祖国的事业做出较大贡献的军人。① 王日中认为，军事人才是指那些掌握了较多的军事知识，在军事活动中能够以自己的创造性劳动在军事领域做出较大贡献的人。② 高建国认为，在军事家眼中，人才是指具有专门军事知识和较强能力，在实践中为进步军事活动做出创造性贡献的优秀分子。③ 张煜认为，军事人才是符合特定时代的战争要求，具有较高的军事创造力，在军事实践活动中为推动进步的事业做出较大贡献的人。④ 上述观点各有侧重，但基本点是一致的，即军事人才应具有进步性，从事的是正义的军事活动；军事人才应具有创造能力，能以自己的创造性劳动为军事领域做出较大贡献。按照上述观点，历史上和现实中不具有进步性的军事人物，即使军事创造力强，也不能算作军事人才；同样，那些以出色表现为保卫祖国或正义战争事业做出贡献的人，因从事的活动不具有创造性，也不能算作军事人才。既要求进步性，又要求创造性，是否会使军事人才的标准失之过严呢？⑤

准确界定"军事人才"的概念，必须先搞清楚"人才"的内涵和外延。从概念的内涵和外延看，人才的本质特征是杰出性，衡量人才杰出性的标准是具体的，各类人才的业绩内容和表现方式各不相同，因而对品德、知识、能力的要求也就各不相同。不同类型人才之间的区别主要在才而不在德，才能要求的差别是不同类型人才差别的根本标志。⑥本书所研究的军事人才，不是广泛意义上的大众性人才，而是人才学意义上的杰出人才，指的是经过专门培养和系统学习、具备从事较为复杂的军事活动所必需的特殊才能，并做出一定贡献的人。也只有这样的人，才是要加以刻意培养和造就的军事人才。也就是说，军事人才作为一个科学概念，既具有作为人才的共性，有着一般人所没有的杰出才能，能够从事一些较为复杂的社会实践活动；又具有其他领域杰出人才所不具备的特性，即其才能（包括专业知识、创新能力和综合素质）是与军事活动相关联的，其概念所指应是凭借特殊才能在军事斗争中为维护和实现国家战略安全利益而做出一定贡献的人。

概言之，所谓军事人才，是指经过专门培养和系统学习、具备从事

---

① 阎宝珠：《军事人才学基础》，军事科学出版社 1991 年版，第 33 页。
② 王日中：《新编军事人才学》，解放军出版社 2000 年版，第 32 页。
③ 高建国：《21 世纪中国军事人才发展战略构想》，国防大学出版社 1999 年版，第 9 页。
④ 张煜：《论中国特色的军事人才成长之路》，国防大学出版社 2001 年版，第 10 页。
⑤ 蔡永宁：《"军事人才"概念新解》，《南京政治学院学报》2003 年第 3 期。
⑥ 华才：《人才概念与人才标准》，《中国人才》2004 年第 2 期。

较为复杂的军事活动所必需的特殊才能，并做出一定贡献的人。军事人才概念界定体现了内涵的确定性与外延的不确定性的统一。一方面，军事人才定义所揭示的概念的内涵或抽象本质具有确定性，应包括三个要素：①一定的专业知识和技能；②创造性军事活动；③做出一定贡献。另一方面，军事人才标准反映的概念的外延或具体形式，因专业、类型、层次的不同，具有很大的不确定性。实际上，这种不确定性还表现为军事人才的类型、规格和质量标准是动态的，处于不断发展变化之中。此外，作为群体概念的军事人才，其不同要素的组合和结构方式也始终处于调整变化中。可见，军事人才是一个历史范畴，将随时代发展和社会变迁而不断演进，并不是一成不变的。

二　人才培养模式

目前，关于人才培养模式的定义很多，很难说有一个权威的界定。有的学者在概念内涵上将人才培养模式等同于教育模式或教学模式，指出："所谓人才培养模式，是指在一定教育思想与教育观念指导下，由教育对象、目标、内容、方法、途径、质量评价标准等要素构成并且集中为教育教学模式的相对稳定的教育教学组织过程的总称。"① 也有学者着重从构成要素加以说明，指出人才培养模式的构成要素主要包括指导思想、理论基础、功能目标、实现条件、活动程序、效果评价六个方面。② 总体上看，主流观点更倾向于将人才培养模式界定为培养人的方式，也就是有目的、有计划地增进人们的知识与技能、培养能力和提高素质的基本方式，即人才培养目标、培养规格和培养方式的总和。

一般来说，人们对人才培养模式的认识取决于对"模式"概念的不同理解。这里所谓模式，是指对客观事物结构或功能上的模拟，类似于模型。所不同的是，模式往往侧重事物发展变化过程及其主体行为的描述，本质上是一种动态的、程序性的功能模拟；模型则侧重事物内在的构成要素及其相互之间的组合方式或结构特征的描述，本质上是一种静态的、空间意义上的结构模拟。按照上述理解，人们通常将"模式"界定为一种程序性或单纯技术性的操作策略。正如有学者指出："所谓模式，就是在一定条件下，根据已有的经验和成果对一个确定的问题所提出的一种解决方案。这种解决方案与已有的方案具有相似性，它们所

---

① 史根东：《创建新型人才培养模式》，《光明日报》2000 年 5 月 10 日。

② 闫承利：《教学模式的定义分析》，《教育研究》2001 年第 4 期。

处理的问题也具有相似性，在此基础上将这种相似性抽象出来用在以后相似的情况，从而提出解决方案。这种抽象就可以看作是一种模式。"①与此类似，有学者将模式的内涵作了形式化的归纳，认为"一个模式至少有四个基本要素，即①模式名称（pattern name），它用一两个词来描述模式的问题、解决方案和效果。②问题（problem），它描述了应在何时使用模式，解释了设计问题和问题存在的前因后果。③解决方案（solution），它描述了设计的组成成分、它们之间的相互关系及各自的职责和协作方式，主要是提供设计问题的抽象描述和怎样用一个具有一般意义的元素组合（类或对象组合）来解决这个问题。④效果（consequences），它描述了模式应用效果及使用模式应权衡的问题"②。

应该看到，人才培养模式的概念外延是整个教育本身，而绝不是仅仅局限于人才培养方案实施过程中诸如教学方式、方法和手段运用之类的运行机制。除了实际操作层面的运行机制或培养方式，它还应包括对于人才培养的整体设计和相应的制度性安排，以及反映社会现代化转型对人才培养的期许或现实价值需求的教育理念、价值取向与培养目标定位。当然，教育作为一种培养人的社会实践活动，其功能的最终实现是要取决于实质性行为或具体的培养方式的。但是，人才成长规律是渗透人的主观态度和一定文化价值观念的。教育训练活动要遵循人才成长规律，营造有利于人才成长和进步的教育场景或环境氛围，更有着逻辑上、实践上的重要前提，即观念性的价值引导和目标定位，以及相应的策略选择。这里，目标定位离不开一定教育理念的价值引导。至于如何利用教育资源条件来实现培养目标，无疑还要考虑规范或引导实质性行为的策略选择、切实解决好程序性的制度设计问题；最后，才是具体操作层面的实质性行为及其教育场景营造。

由此可见，"人才培养模式"是对教育活动的理论抽象，是关于人才培养的一系列思想和观念、诸多形式化的制度和规范体系、实质性行为或功能性教育训练活动及特征的总和，是渗透文化和价值观念、具有明显思维特征和行为倾向的科学概念，并非仅仅局限于技术性的实际操作层面，不能简单地将它等同于培养方式或具体的教育教学方式、方法和手段。从要素构成来看，人才培养模式至少应包括人才培

---

① http：//stupidpig. blogdriver. com/stupidpig/188808. html.
② 张忠、周卫：《MVC 体系结构模式中的设计模式》，《南通航运职业技术学院学报》2004 年第 4 期。

养方案研究制订所涉及的目标定位及其培养规格与质量标准、教育内容选择与课程体系构建、课程教学设计及相应的制度性安排，人才培养方案实施所涉及的课程教学过程的组织、校园文化和社会实践等非课程教学活动的安排、各种课程与非课程教学活动实施过程的监督与管理，以及上述各种功能性教育训练活动实施效果的评价反馈。简言之，人才培养模式是由培养目标、培养方案、培养途径、培养效果等几个方面要素相互作用所形成的统一体。上述几个方面要素及其相互作用则又涉及三个层面，即观念层面的教育理念、价值取向与目标定位；制度层面的功能性教育训练活动及其过程的整体设计和相应的体制、机制保障；操作层面的教育场景营造及其教学方式、方法和手段运用。也就是说，人才培养模式所反映的教育活动是一个有机联系、不可分割的整体，应该从人才培养体系结构的多个层面及其实际运行过程中的不同维度加以理解和把握。

三　军事教育变革

军事教育变革涉及教育变革和军事变革两个领域。因此，科学界定其概念内涵，要先搞清楚什么是教育变革、什么是军事变革。这里，教育变革指的是教育系统所发生的一系列有意义的转变，尤其是教育系统及其要素结构和功能的根本性变化，包括有计划的教育改革、教育革新和自然的教育变革等多种形式。军事变革指的是"由于新技术的应用而使战争本质发生的变化，包括军事理论、作战行动和编制体制的重大改变，从而在根本上改变了军事行动的特征"。[1] 正如美国学者格林·C.巴肯所提出的："只有在编制体制与作战理论同军事技术达到完美结合时，军事变革才算完成。……谁能最快地调整其军事体系和战略战术以适应新的技术，谁将是胜利者。"[2] 关于教育变革、军事变革（尤其是新军事变革）的概念内涵及其实质，将在文献述评和相关理论分析中讨论，这里不再赘述。

---

① McKitrick, Jeffrey, James Blackwell, Fred Littlepage, Geoge Kraus, Richard Blanchfield, Dale Hill. The Revolution in Military Affairs In Battlefield of the Future, 21st Century Warfare Issues, eds. Barry Schneider and Lawrence. E. Grinter. Maxwell Air Force Base, AL. Air University Press, 1995: 65.

② Glenn C. Buchan. "Force Projection: One-and-a-Half Cheers for the RMA", Toward a Revolution in Military Affairs: Defense and Security at the Dawn of the Twenty-first Century des, Thierry gongora &Haraldvon Riekhoff. London: Westpoint, Connecticut. Greenwood Press, 2000: 139.

军事教育变革作为军事变革的重要组成部分，特指军事领域的教育变革，即由军事变革引发的军事教育系统的一系列有意义的转变。它所要解决的是教育如何为军事斗争服务、如何通过军事人才培养促进和保障国家战略安全利益的问题。军事教育变革除了具有教育变革的一般特点和规律，还具有军事领域所特有的质的规定性，即教育对于军事斗争的服务、保障和引领。具体来说，军事教育变革是指军事教育对于社会现代化转型所提出的人才培养现实需求的一系列反应，集中表现为军事人才培养模式的孕育、形成或改革创新，并在观念更新和理念牵引、制度设计和体制创新、实际操作和资源配置等诸多层面体现了教育对于军事斗争的服务、保障和引领作用。

第三节　文献述评

从现有文献看，相关研究成果主要涉及以下四个方面。

一　关于教育变革的研究

关于教育变革的研究，因迈克尔·富兰（Michael Fullan）的教育变革三部曲的广泛影响而引起了人们的普遍关注和浓厚兴趣。归结起来，相关研究成果集中表现为对教育变革的内涵、过程、动力、内在机制等方面的规律性认识。

（一）关于教育变革的内涵与特征

哈维洛克（Ronald G. Havelock）认为，教育变革是"教育现状所发生的任何有意义的转变"。① 哈维洛克和古德（C. V. Good）依据推行方式，将教育变革划分为有计划的教育变革和自然的教育变革两类。② 古德认为，有计划的教育变革是"被设计的变革且是某些方案或活动体系的结果"。③ 相对自然的教育变革来说，有计划的教育变革是一个广泛和持久的重新安排或重新确定教育系统的过程，这个过程既可

---

① Ronald G. Havelock. "The Change Agent's Guide to Innovation in Education", *Educational Technology*, 1973：4.
② 王万俊：《略析教育变革理论中的变革、改革、革新、革命四概念》，《教育理论与实践》1998 年第 1 期。
③ C. V. Good. *Dictionary of Education*, 1973：89.

能急剧地又可能渐进地出现。① 自然的教育变革或非计划教育变革是在计划性教育变革实施后所出现的非预期性的结果，是作为"内隐功能"起作用的。我国学者一般倾向于使用"教育改革"或"教育革新"的说法。教育改革是有计划地使教育系统趋向于发展的变革，教育革新是有计划地改进教育系统功能、趋于教育成长的变革；前者是一种结构性变革，后者是操作性行为水平的提高。②

迈克尔·富兰指出："变革是非直线的，充满着不确定性，有时还违反常理。"③ 他认为，教育变革从启动到实施和制度化不是一个线性的过程，每个阶段都存在着无数的影响因素及其与其他因素相互作用而产生的新因素。教育变革的非线性衍生了教育变革的过程和结果的不确定性，即在教育变革的过程中，各种变革的力量竞争与合作，时而你强我弱、时而你弱我强，导致"混沌行为"的产生，从而导致变革的不确定性。④ 教育变革将是一项结果未知的探险与旅途，其中的细节、方向、过程、结论、影响等没人能事先预计与设计，在变革过程中，唯一的确定性是变革过程的不确定性。除具有非线性、不确定性、涌现性以及不可预测性等自然复杂性系统的一般特征之外，教育变革还有其自身的社会性和复杂性的特征。教育变革的对象是整个教育系统，⑤ 一方面，教育活动的主体是人，其行为的社会性变幻无常，难以用自然科学的严密逻辑思维进行分析推理；另一方面，教育系统的复杂性除了表现在系统内部以及与外部的联结上，还表现在系统过程的动态复杂性上，也即"细节化的复杂性"和"变化的复杂性"。⑥ 正是这种复杂性丰富了教育变革的内涵，变革者需要有准备地对待不确定事物，变革旅行变成了一次学习过程。⑦ 由此可见，教育变革的本质是参与其中的个人和集体的一种重要的学习经历，而这种学习经历具有冲突性和不确定性的

① Jeanne H. Ballantine. *The Sociology of Education：A Systematic Anatysis*, Prentice-Hall, Inc. U. S. 1983：358 – 359.

② 钱民辉：《对教育变革命题的再检讨》，《教育评论》1996 年第 5 期。

③ ［加拿大］迈克尔·富兰：《变革的力量——透视教育改革》，中央教育科学研究所译，教育科学出版社 2004 年版，第 30 页。

④ 何齐宗、周益发：《教育变革的新探索——迈克尔·富兰的教育变革思想述评》，《教育研究》2009 年第 9 期。

⑤ J. Thomas, *World Problems in Education：A Brief Analytical Survey*, Unesco Press, 1975：121.

⑥ 贾慧：《迈克尔·富兰教育变革思想及其启示》，《外国中小学教育》2007 年第 4 期。

⑦ 邵兴江、马川蓉、黄丹凤：《复杂性：教育变革的再认识与实践应用》，《当代教育论坛》2006 年第 7 期。

特征。①

（二）关于教育变革的过程与影响因素

教育变革过程可分为启动、实施和制度化三个阶段，其结果是关注学生的学习能力是否得到真正提高以及变革的经验是否真正提升了组织应对未来变革的能力。② 教育变革过程中，教育系统的每个角色群体都必须保持对教育变革目标、信念、实施方式的持续关注，并通过不断的意义共享和价值澄清，形成一个适应变革的高度合作的专业学习团队。③

教育变革首先意味着思维方式的变革，即通过一定方式使教育系统成为一个学习型组织，使变革成为一种生活方式。为此，应以教师为变革的主动力，将变革焦点汇聚到所有的机构及其相互关系上，且发挥好教育部门的领路作用。④ 教育变革的过程仅停留在思维层次上的变革是不够的，只有把思维转换为观念，并把观念付诸行动，教育变革才会真正发生。教育观念的变化应反映在教育变革的决策主体上，并内化在行为主体的行动之中，最重要的是使利益主体能从中受益。⑤

迈克尔·富兰认为，影响教育变革实施的因素有四个，即"重要性"、"明确性"、"复杂性"和"质量"。⑥ 重要性是指在诸多改进议程中，判断哪些项目是最为重要的，并据此确定需要加以变革的内容。明确性指的是对于变革的目标和基于一定教育理念的教学策略或实施手段要有一个较为明确的认识。复杂性是指教育变革充满了太多的未知因素，应在变革过程中善于把握无数的显性变量与隐性因素相互制约的关系，更好地理解复杂变革的机制，提高对变革不确定性的认识，从而利用各种社会因素来促进变革。⑦

（三）关于教育变革的动力与内在机制

按照迈克尔·富兰的观点，教育变革的动力是意义的问题，是对教育变革的本质和变革的过程具有自觉的认识，即实施什么样的变革（教

---

① 贾慧：《迈克尔·富兰教育变革思想及其启示》，《外国中小学教育》2007 年第 4 期。

② 同上。

③ 王琪：《真正的教育变革是一个旅程》，《中国教育报》2006 年 1 月 19 日。

④ 李东：《教育变革的规律是什么——〈变革的力量〉三部曲的启示与反思》，《人民教育》2005 年第 Z1 期。

⑤ 李和平：《教育的历史变革与现实选择》，《教育理论与实践》2007 年第 19 期。

⑥ ［加拿大］迈克尔·富兰：《教育变革新意义》，赵中建、陈霞、李敏译，教育科学出版社 2005 年版，第 77—83 页。

⑦ 何齐宗、周益发：《教育变革的新探索——迈克尔·富兰的教育变革思想述评》，《教育研究》2009 年第 9 期。

育理论）和如何实施这样的变革（变革理论）。这意味着参与变革的人员认识到了什么能够及如何能够持续地相互作用并影响对方，且充分理解什么才是需要予以变革的东西，以及这一变革如何才能成功地予以实现。① 迈克尔·富兰认为，教育变革的动力来自个人、组织和社会三个层面，强调要通过培养学习型个人、发展学习型组织和建构学习型社会来促进教育的变革。②

所谓培养学习型个人，就是要将教学专业转变为一种更好的学习型专业，促进和推动教师专业化发展，包括引导教师作出使学生一生更加卓越、更有求知欲等积极变化的道德目标的承诺，增加教育学方面的知识，将学校范围的道德目标与较大的教育政策问题和社会现代化转型相联系，与其他教师、管理人员、家长和商业代理人、社区代理人进行有效的交流与协作，通过与社会的广泛联系参与到更大的学习网络中，形成探索和学习的习惯与技能，并自觉投身到变革过程复杂多变的各种事务中。发展学习型组织，是指将教学改进由教师个人努力变为一种集体行动，通过强有力的学校领导和发展多元文化，培育协作精神，引导教师树立集体责任感，建立旨在改进教学工作、促进教育变革的专业学习共同体。建构学习型社会，是指加强学校和其他组织或机构之间的合作、交流和协调，将教育系统由学校扩展到整个社会，发挥好各自在学习型社会中的作用。

教育变革的内在机制在于推进教育体系在学校、学区和州三个不同等级的改革。这里，主要有两层含义：一是学校、学区和州在各自等级内持续互动，进而相互影响；二是教育体系的根本性变革不可能依赖任何一级完成，每一级必须在使内部互动进一步增强的同时，努力增进与其他等级之间的互动。③ 学校要探索具有合作性质的组织的深层动态机制，学区和州也要营造学校组织的外部合作氛围。④

此外，关于教育变革的研究，包括对于改革、革新、改进、革命等术语的阐释。在西方的教育文献中，"教育变革"比较常用。相比之下，我国更习惯于用"教育改革"一词。第二次世界大战后，教育改

① ［加拿大］迈克尔·富兰：《变革的力量——透视教育改革》，中央教育科学研究所译，教育科学出版社2004年版，第4页。

② 同上书，第97—98页。

③ ［加拿大］迈克尔·富兰：《变革的力量——深度变革》，中央教育科学研究所译，教育科学出版社2004年版，第54—55页。

④ 贾慧：《迈克尔·富兰教育变革思想及其启示》，《外国中小学教育》2007年第4期。

革问题引起学术界高度重视，20 世纪 70 年代学界出版了一系列论著，如特罗（W. C. Trow）的《教育改革的途径》（1971）、汤泽（S. Tonsor）的《教育的传统与改革》（1974）、鲍尔斯和金蒂斯（S. Bowles & H. Gintis）的《资本主义美国的学校教育：教育改革与经济生活的矛盾》（1976）等。① 我国学者袁振国认为，"教育改革可以理解为按照某种预期的目标以改进实践的有意识的努力，它包括制定同旧目标无关的新目标、新政策，或赋予过去的教育以新的职能"。②教育革新也属于有计划变革的范畴，其概念所指是整个教育系统。迈尔斯（M. B. Miles）认为，"革新这个术语指的是深思熟虑的、新颖的、专门的变化，这种变化被认为在实现一个系统的目的方面更为灵验"。③ 波·达林（P. Dalin）也认为"革新就是一种经深思熟虑的、旨在改进与既定目标相关的实践的尝试"。④ 至于教育改进，相关文献多侧重于组织发展，强调学校改进，如 20 世纪 80 年代坦格鲁德和瓦林（H. Tangerud & E. Wallin）的《学校改进的价值观与背景因素》（1983）和韦尔赞等人（W. G. Velzen et al.）的《学校改进——对实践的理论指导》（1985）就是这方面较早的理论专著。把教育革命当作一个学术概念进行研究还是第二次世界大战后的事情。古德拉德（J. I. Goodlad）的《学校革命》（1959）以及阿德与迈耶（M. J. Ader & M. Mayer）的《教育革命》（1970）是最早见到的论述教育革命的专著。⑤ 教育革命作为有计划教育变革的一种重要形式，有政治学、社会学、教育学三层含义，而后者才是真正意义上的教育革命，包括信息技术手段的引入所导致的教育教学行为、方式所发生的根本性改变。

二　关于我国军事人才培养模式的研究

就我国军事人才培养模式而言，促进传统学科本位和学术导向的单一院校教育模式向多类型、多样化发展，成为广泛共识。张洋认为，我军干部来源和培训渠道已多元化。除继续依靠军事院校教育主渠道外，

---

① 刘海娟：《试析社会变迁与教育改革的基本关系——基于不同视角的理论研究》，《科教文汇（中旬刊）》2007 年第 6 期。

② 袁振国：《教育改革论》，江苏教育出版社 1992 年版。

③ 转引自"教育改革的概念"，http：//blog. zzedu. net. cn/user1/qlsh/archives/2007/68333. html。

④ 转引自"怎样理解我国教师教育改革与发展的目标"，http：//wenda. tianya. cn/question/7d8d9133b690f5ad。

⑤ 转引自"绪论"，http：//edu6. teacher. com. cn/tln011a/wenjian/Chapter1. htm。

大体上有三个渠道：一是放眼全军培养军事人才，二是放眼全国培养军事人才，三是放眼全球培养军事人才。① 上述渠道，尽管还处于探索阶段，但也收到了一定成效。

目前，对中国军事人才培养模式的研究，主要集中在依托国民教育、军地联合培养和军官任职教育上，在实践中也创造了诸如"国防生"和"2+2"、"3+1"、"4+1"等培养模式，军事院校也开展了"基础合训集中，专业教育分流"组训方式改革和分阶段培养的尝试，积极推动由学历教育为主向任职教育为主的发展转型。上述改革过程中既有成功经验，也有不少值得总结和吸取的教训。针对国防生培养，向荣高的论文《聚集"国防生"——军队青年人才培养管窥》进行了探讨。他认为，我军从红军时期就开始大量吸收地方高校的人才到部队工作，走依托国民教育培养军事人才的路子是一个具有前瞻性的战略选择。国防生分为招收和在校选拔两大类，均享受国防奖学金，教学计划原则上与学校相同专业的其他学生一致，只是实行军事化管理，课余时间和假期进行必要的军政训练，并安排到部队参观、见习和进行军事实践活动。② 关于培养途径，马力等的论文《设置军事硕士专业学位 开辟我军高层次指挥人才培养的新途径》对于建立和完善高层次军事人才培养机制进行了探索，提出"设置军事硕士专业学位是有效实现高层次人才培养重心由学术型为主向应用型为主转移的主要途径"，强调"军事硕士专业学位研究生教育应主要面向我军中级指挥职业领域，选拔真正具有培养前途和发展潜力的部队优秀人才进行精心培养"，主张"采取多种培养方式，实行灵活学制，走一条院校、部队联合培养和联合指导的办学道路"；③ 蓝江桥认为，"军队院校开展个性化教育必须解决共性要求与个性发展、服从意识与自主精神、行政管理与学术管理三大矛盾命题"，他强调军队院校整体划一的共性要求并不排斥个体的个性发展，指出："军人只有学会服从才能达到自制自律，才会有更大的自主空间"，"学员个性的培养，关键在于创造一个宽松、健康、积极的环境，

---

① 张洋：《我国采取诸多战略措施为新时期军队人才培养夯实基础》，《解放军报》2002年9月19日。

② 向荣高：《聚焦"国防生"——军队青年人才培养管窥》，《中国青年研究》2004年第1期。

③ 马力、乔雁、申朝民：《设置军事硕士专业学位 开辟解放军高层次指挥人才培养的新途径》，《学位与研究生教育》2002年（7月–8月合刊），第66—69页。

应将坚持从严治校与创造宽松的学习环境结合起来"。① 此外，王建新等介绍了空军近年来创办军事职业大学、加强军官继续教育的情况："该校为干部和士兵各设置 400 余门培训课程，在依托空军所属院校和科研单位开展教学的同时，聘请国防大学、军事科学院和地方高校知名专家学者进行教学辅导和专题讲座；实行'菜单式'选课、学分式管理，由官兵自主选择学习内容，根据部队战备境况灵活组织考试，提高了学习效果。"此举对提高官兵能力素质、加快空军部队战斗力生成模式转变发挥了积极作用。②

　　研究专著方面，代表性的有 1999 年王吉勤等著的《新世纪初级指挥军官培养探要》③、2003 年任富兴主编的《我们这样培养》④、2005 年周泉兴的《我军院校初级指挥军官培养模式研究》⑤。王吉勤等围绕 21 世纪初级指挥军官培养探讨了确立新的教育理念，人才的素质构成、培养途径、支持系统，人才培养的评价及预测等问题，提出了对策性建议，实际上触及了军事人才培养模式改革的问题。任富兴等以炮兵初级指挥军官培养为研究对象，对军事人才的知识、能力、素质结构和培养模式进行了初步探讨。周泉兴以初级指挥军官培养模式的学理研究为理论基础，从历史演变、现状分析、国外比较三个维度，分别探讨初级指挥军官培养模式的状况、影响因素，揭示初级指挥军官培养的外部要求、本质特征和理论依据，并据此重构初级指挥军官的培养模式，提出了相应的改革策略。

三　关于外国军事人才培养模式的研究

　　目前，对外国尤其是美国军事人才培养模式的研究呈现两种极端化倾向。一种倾向是侧重于宏观层面的分析、概括，多是一些访问观感和考察报告；另一种倾向是侧重于微观层面的介绍、描述，多是一些军校概览或宣传册子。无论著作或论文，关于美国军事人才培养模式的研究成果相对较多，而对其他国家军事人才培养模式的研究成果则非常少。

①　蓝江桥：《军队院校实施个性化教育的观念辨析》，《高等工程教育研究》2003 年第 6 期。

②　王建新、张金玉：《中国空军军事职业大学菜单式选课加速人才培养》，《解放军报》2011 年 4 月 1 日。

③　王吉勤等：《新世纪初级指挥军官培养探要》，解放军出版社 1999 年版。

④　任富兴主编：《我们是这样培养》，解放军出版社 2003 年版。

⑤　周泉兴：《我军院校初级指挥军官培养模式研究》，华东师范大学，2005 年。

在著作方面，有代表性的是王春茅的《美国军事教育现状与发展展望》、王凌飞的《走进西点军校》。王春茅运用教育学与心理学原理，从历史、文化与社会学的角度，对美国军事教育的特点和规律进行了系统、深入的分析，揭示美国军事教育现象的本质属性与形成原因；对海湾战争后的改革、调整与变化进行了重点研究，并就 21 世纪初期发展趋势做出预测。王春茅认为，"21 世纪国际军事斗争归根结底就是人才的竞争，谁拥有第一流人才，谁就能在国际军事斗争中占据'制高点'"，并对海湾战争后美国军事教育的领导体制、院校体系、人才培训体制、教学管理与保障体系、教员队伍、学员情况等进行了全面论述。[①] 王凌飞以在西点任教的亲身经历为研究背景和全新视角，介绍了一个他眼中的西点世界，其关于人才培养的论述不乏真知灼见。[②]

在论文方面，尽管数量很多，但深层次理论分析和系统研究的力作很少，有代表性的是军风的《透视美军人才培养》[③]。军风围绕美军如何造就未来军官，分别从实践能力培养、开放办学、岗位轮换、教官选拔和提高等方面，论述了军事人才培养的方式和途径。

除了上述国内研究文献，国外相关研究文献主要集中在军官培训、职业军事教育和军事教育变革方面，很少有军事人才培养模式的提法。归结起来，代表性的研究成果有西蒙斯（William E. Simons）的《美国职业军事教育》（*Professional Military Education in the United States*）[④]、斯蒂姆（Judith Hicks Stiehm）的《美国陆军战争学院：民主社会中的军事教育》（*The U. S. Army War College：Military Education in a Democracy*）[⑤]、威格利（Russell F. Weigley）的《直面美国陆军：从华盛顿到马歇尔的军事思想》（*Towards an American Army：Military Thought from Washington to Marshall*）[⑥]、莱恩（Randall C. Lane）的《学习无止境：高级军事教育的未来》（*Learning Without Boundaryes：The Future of Advanced Military*

①　王春茅：《美国军事教育现状与发展展望》，国防大学出版社 2001 年版。

②　王凌飞：《走进西点军校》，中国青年出版社 2004 年版。

③　军风：《透视美军人才培养》，http：//www. pladaily. com. cn/item/newar/rcpy/07. htm。

④　William E. Simons. *Professional Military Education in the United States：A Historical Dictionary*，Greenwood，2000.

⑤　Judith Hicks Stiehm. *The U. S. Army War College：Military Education in a Democracy*，Temple University Press，2002.

⑥　Russell F. Weigley. *Towards an American Army：Military Thought from Washington to Marshall*，LLC，2011.

Education)①、托玛斯（Robert W. Thomas Jr. ）的《培养明天的领导者：西点军校和海军军官学校的领导培养计划比较》（*Education: Teaching Tomorrow's Leaders: A Comparision of Leadship Development at the United States Military Academy and United States Naval Academy*）②、雷娜塔（Alexander Renita D. ）的《教育：联合作战的加速器》（*Education: A Joint Transformation Enabler*）③、罗科（Ervin J. Rokke）的《新时期的军事教育》（*Military Education for the New Age*）④。其中，西蒙斯、斯蒂姆和威格利分别从职业军事教育体系构建、军官继续教育、军事教育思想形成和发展三方面探讨了美国军事人才培养的理念、目标和制度等方面的问题。莱恩针对教育训练"过于重视科技教育而忽视作战中的人文教育"，指出"军事技术尤其数字化技术是未来军事力量组织中的重要因素，但它对美国 21 世纪军事教育训练来说，既不是唯一因素也不是核心因素"，因此他建议"降低技术性，加强人文性"。托玛斯在对西点军校和海军军官学校的领导培养计划的定义、课程设置的历史与指导思想、课程任务、课程内容和训练效果等进行比较和分析的基础上，从课程设置、课程实施等方面对两所军校加强领导力培养提出了建议。雷娜塔认为，应"鼓励联合作战理念在军事教育中的发展"，对军队院校教育进行重组以达到国防部的转型目标。罗科提出信息化战争条件下推动军事教育变革的因素为"国际格局、技术、信息、联合作战、环境"五个方面，强调军事教育要对学科专业、课程等重新进行设置，构建综合化的学科环境、课程体系，以培养适应信息化战争需要的军事人才。所有这些文献，对了解美国军事人才培养模式及经验做法具有重要的参考价值，也为本书研究提供了新的思路或方法。

四　关于军事人才培养模式的比较研究

目前，相关研究成果多是一些介绍美军院校教育及其人才培养模式改革的资料汇编，真正有理论建树的研究成果尤其是专著不多。笔者查

---

① Randall C. Lane. *Learning Without Boundaryes: The Future of Advanced Military Education l*, Fr. Belvoir, VA: Defense Teachnical Information Center, 1997.

② Robert W. Thomas Jr. *Education: Teaching Tomorrow's Leaders: A Comparision of Leadship Development at the United States Military Academy and United States Naval Academy*, The U. S. Military Academy at West, 2000.

③ Alexander Renita D. *Education: A Joint Transformation Enabler*, U. S. Army War College, 2002.

④ Ervin J Rokke. *Military Education for the New Age*, IFQ, 1995.

阅 2002—2008 年《中国军事教育》，其中属于中外军事人才培养模式比较的文章共计 32 篇，内容涉及培训体制，人才培养，学科专业设置，课程设置，教学内容、方法、手段，教员队伍建设，科研工作，思想政治教育等，研究对象宽泛，涉及教育训练的诸多方面，且只与外军优势和长处进行比较，缺乏对外军教育训练的全面分析；多是静态的、机械的对比，缺乏历史的、动态的考察和深入思考，尤其是对军事教育训练所处的时代条件或社会历史背景很少有论及。《海军院校教育》、《高等教育研究学报》、《海军军事学术》、《军事学术》等军内刊物和网站情况大体上也是如此。这方面的代表作有罗春凯的《中美军事指挥人才培养模式的比较与启示》①、汪平的《当代中美非军事院校国防教育比较研究》②。

罗春凯探讨了中美军事指挥人才培养方式的异同，认为美军培养军事指挥人才主要依靠院校教育，同时以部队训练与军官自我发展作为必要的补充；我军采取院校培养和实践锻炼相结合的培养方式。其中，关于院校教育，美军包括军官基础教育和军官深造教育两部分，我军有生长干部培养、干部晋升培训、专项培训等形式；至于实践锻炼，美军把参与部队训练作为培养军官组织、领导和指挥能力的重要途径，我军重视通过"压担子"、送艰苦复杂的地方经受锻炼、干部交流等具体途径来培养军事指挥人才。罗春凯认为，我军在指挥人才培养上存在一些不足。一是军官中、高级培训间隔时间长，受训次数少，在校时间长，培训内容重复。二是依托国民教育培养军事指挥人才的力度不大，满足不了军队现代化建设的实际需要。三是开放性培养环节较薄弱，针对性不强，尤其是派遣基层军官留学深造、学术交流较少，与外军留学生缺乏交流。四是现代化教学手段运用不够，电化教学和远程教育欠发达，模拟训练系统较少，缺乏功能完备的作战实验室。五是对军官自我提高重视不够，没有将自我发展作为军事指挥人才培养途径。最后，他提出：①院校培养、实践锻炼、自我提高相结合是培养高素质军事指挥人才的基本方式。只有把这三种方式结合起来，才能培养出适应信息化战争要求的军事指挥人才。②军地联合是培养高素质军事指挥人才的重要途径。依托国民教育培养军事指挥人才必须在扩大比例、提高层次、军地

---

①　罗春凯：《中美军事指挥人才培养模式的比较与启示》，《继续教育》2008 年第 12 期。

②　汪平：《当代中美非军事院校国防教育比较研究》，硕士论文，武汉理工大学，2003 年。

联合方面进一步改进。③逐级培训是信息化战争对军事指挥人才培养的必然要求。必须改进跨级培训方式，增加培训层次，变跨级培训为逐级培训。④培训手段现代化是提高军事指挥人才培养质量的有效办法。必须加大投入，努力提高培训手段的现代化水平，以适应军事指挥人才培养的需要。

此外，汪平对中美国防教育的历史沿革、思想基础与法律基础进行了比较和分析，探讨了中美非军事院校军事人才培养的特点、途径和方法，针对我军军官学历普遍不高、国防立法和制度不够完善、国防教育资金不到位、培养军事人才机制不健全、培养方式不灵活、国防教育师资力量薄弱等突出问题，借鉴美国非军事院校国防教育的成功经验，强调要充分发挥非军事院校的智力与科技综合优势，提出了加强非军事院校国防教育的应对措施。

五　研究现状及相关文献的总体评述

总体来看，关于教育变革的研究已有不少论述，但关于军事教育变革、军事人才培养模式改革的理论研究，尚未引起人们的关注。查阅相关文献，发现王书峰在《1895—1911 年晚清教育改革与军事改革互动关系研究》一书中，以晚清教育领域和军事领域两大变革的演进为线索，论述了晚清教育变革与军事变革之间的关系，揭示了两者之间的互动机制。① 此外，还没有发现其他研究成果。

关于教育变革，一些学者开始关注教育变革的宏观体制和历史背景，指出"中国教育变革的误区之一，就是将教育高度政治化，变成为我所用的政治工具，并热衷于用非教育的手段、用政治批判和群众运动冲击和变革教育"②；强调在不改变现行教育制度的前提下，教育变革只是"挖潜"（挖掘现行教育制度的潜在利益），而不可能"创新"（开发新的教育市场，开创新的教育局面）。③ 总体上说，相关研究是围绕迈克尔·富兰关于教育变革论述展开的，未能摆脱该研究的实践背景和经验模式，联系中国教育变革实际的研究显得薄弱，亟待加强。

关于我国军事人才培养模式，系统、深入的科学研究才刚刚起步，

---

① 王书峰：《1895—1911 年晚清教育改革与军事改革互动关系研究》，《军事历史研究》2007 年第 1 期。

② 杨东平：《百年回首：中国教育现代化之梦》，《国际经济评论》2000 年（5 月—6 月合刊）。

③ 康永久：《教育制度：最重要的教育资源》，《教育与经济》2001 年第 3 期。

已有文献集中在军事教育改革实践层面，尤其是军队综合性大学办学实践的研究与探索，如郭立峰主编的《海军综合性大学建设的理论与实践》①、蔡凤震等编著的《创办军队一流名牌大学的探索与实践》② 和《军队综合大学建设发展研究与实践》③，等等。这些研究成果就其性质而言，有的是专题性质的研究，着重工作层面的经验总结；有的是综合性研究，侧重于宏观层次和理论层面的学术探讨；还有的研究仅是一些资料和数据的收集、整理。总体上看，目前研究基本上停留在培养途径、方式和教学方法、手段等操作层面，对于制约军事人才培养质量和效益不断提高、导致难以培养高素质军事人才的体制机制和更深层次的文化思想观念的问题，仍然缺乏必要的关注。

关于外国军事人才培养模式的研究，主要是介绍美军院校的较为详细的文献资料和相关研究成果，如1986年南京炮兵学院翻译、出版的《西点——美国陆军军官学校的历史》④，1989年国防科技大学训练部组编的《西点史话》《士兵的学校》等十个分册的"西点军校丛书"⑤，王飞凌的《走进西点军校》⑥ 等论著；对美国地方综合大学参与军事人才培养的文献资料和研究成果基本上是零散的，缺乏系统分析和理论上的梳理。总体而言，除宏观分析侧重背景性解说或情况介绍之外，更多地局限于技术性、细节性的实际操作层面，对其军事人才培养特点和规律还缺乏系统的、全面的把握，相关研究主要限于变革军事教育现状的改革实践，理论认识有待于进一步提高。国外研究文献很少有关于军事人才培养模式的提法，相关研究成果主要集中于军官培训和职业教育、军事教育思想的形成及演变等方面，且比较关注军事人才培养的理念、制度等研究。

关于中外军事人才培养模式的比较，相关研究除了国防教育比较，主要集中于诸如培养条件、培养途径、培养方式和教学方法手段之类的实际操作层面的探讨，缺乏战略层面的理论研究，尤其缺乏观念、制度等层面及相关因素的深入分析。

---

① 郭立峰主编：《海军综合性大学建设的理论与实践》，解放军出版社2004年版。
② 蔡凤震、陆阿坤、张博文：《创办军队一流名牌大学的探索与实践》，解放军出版社2006年版。
③ 蔡凤震、陆阿坤、张博文：《军队综合大学建设发展研究与实践》，国防大学出版社2006年版。
④ 南京炮兵学院：《西点——美国陆军军官学校的历史》，军事谊文出版社2000年版。
⑤ 白晓忠、吴玉金、周锐：《西点军校丛书》，国防科学技术大学训练部1989年版。
⑥ 王飞凌：《走进西点军校》，中国青年出版社2004年版。

综上所述，对于军事人才培养模式概念和构成要素及其相互关系，以及从历史考察、国际比较、时代背景、现状分析和对策研究方面探讨我国军事教育变革理论与实践问题，目前还没有系统的、深入的研究，还有很大的研究空间。

第四节　研究思路、内容与方法

一　研究思路与内容

本书基于社会现代化转型的视角，以高素质军事人才培养的国际比较（主要以学历层次及其知识水平为参照系）为研究的缘起，从对高素质军事人才培养滞后的理论分析入手，探讨了我国军事教育变革的一系列理论与实践问题。具体来说，本书以我国军事教育变革理论与实践问题为研究对象，从历史考察、国际比较、背景分析、现状分析、对策研究五个方面，梳理了我国军事教育变革涉及的如何理解改革（问题的根源）、改革的经验借鉴（问题的共性）、为什么改革（问题的缘起）、改革什么（问题的症结）、改革的对策研究（怎样改革）等一系列理论与实践问题，提出了深化院校教育和部队训练改革、创新军事人才培养模式的思路和办法。

二　研究方法

本书运用教育学、社会学、军事学、历史学等多学科知识，进行了跨学科研究。在研究过程中，除了借助文献阅读、部队调研、院校考察等方式，进行研究资料的收集、整理和分析，主要采取了历史研究、调查研究、比较研究等方法，对我国军事教育变革理论与实践问题展开了跨学科研究。

关于跨学科研究，Association of American Colleges 有一个界定："跨学科研究指的是打破学科壁垒，将不同学科的理论或方法有机地融为一体来解决问题的研究活动。"① 也有学者提出，跨学科研究应被"界定

---

① Association of American College. *Interdiscip linary Studies*, *In Reports from the Field*. Washington, D. C. : Association of American Colleges, 1991. Excerpted Version of the Report of the Interdiscip linary Studies Task Force. Complete Version appears in "Interdiscip linary Resources", *Issues in Integrative Studies*, 1990, 8, 9–33 (special issue).

为回答一个问题、解决一个问题或者选择一个话题的过程，这些问题或主题用一门学科或专业来处理可能显得太宽泛和复杂——跨学科研究吸收各学科的观点并通过构建一种更全面的看法来综合它们的视野。在这种方式下，跨学科研究不是一种简单的补充，而是学科的补足和修正"①。这里，所谓跨学科研究，就是运用多学科的知识或观点，将一些比较复杂的、涉及社会生活诸多领域的科学问题置于跨学科的视野之下，对其进行多层面和多维度的理论解剖，并围绕核心问题的解决，展开纵向的历史考察和横向的比较分析。

至于历史研究，笔者通过网上查阅专业数据库，到解放军军事科学院、国防大学和国家图书馆收集整理中外军事教育文献，梳理我国近代以来军事教育变革的历史脉络，从中把握军事人才培养模式形成的过程及特点。此外，笔者还采取了调查法和比较研究法，通过部队、院校走访，收集我国军事人才培养现状及教改情况，先后到军委机关、军地高校和各战区一线部队进行研究资料收集或实地考察。

---

① Armstrong, F. "Faculty Development Through Interdiscip linarity", *Journal of General Education*, 1980, 31 (1).

第二章　社会现代化转型与军事教育
变革之间的相互关系

　　基于社会现代化转型的视角，探讨我国军事教育变革问题，首先要界定社会现代化转型与军事教育变革之间的相互关系，即：搞清楚什么是社会现代化转型、什么是军事人才培养模式，明确社会现代化转型的概念内涵，以及与此相联系的社会变革、现代化军事变革和新军事变革等一系列理论性问题，并据此深入探讨新军事变革的背景与内涵、军事人才培养模式的要素构成及其相互关系、社会现代化转型与军事教育变革的作用机制。只有深刻理解和把握上述问题，才能为进一步探讨我国军事教育变革的其他理论与实践问题提供必要的理论依据。

第一节　社会现代化转型的概念内涵

　　社会现代化转型实际上涉及社会变革和现代化转型两个概念。

一　关于社会变革的概念内涵和实现形式

　　社会变革指的是社会结构所发生的以现代化转型为目标和方向的历史性变革。社会变革主要有三种意义。第一种意义是指从社会生活到政治形态的全方位改变。第二种意义是指为适应社会生活的变化，政治制度所作的调整和变化。政治制度的变化是通过执政集团来实现的，主要有两种方式，一种叫改革，另一种叫革命。第三种意义是指执政者的变化，即政权更替。社会变革的要求可能转变为制度变化的要求，也可能转变为政权更替的要求。

　　社会变革的途径或形式有两种，即自上而下的改良（又称为变法、维新、改革）和自下而上的革命，前者是社会变革的量变，后者是社会变革的质变。近代以来，社会变革的标志是经济因素上升为影响社会现代化转型的独立性，甚至是具有支配地位的力量。这种经济中心主义的社会变革，彻底改变了传统社会那种依靠政治力量统摄经济和文化、配置各种社会资源的结构状况，使得社会的政治、经济、文化等领域能够各自发挥其职能和作用。

二 关于现代化转型的概念内涵和基本规律

现代化转型是指社会生活诸多领域的一系列具有根本意义的结构性变革，其实质是传统社会向现代社会的历史性过渡。现代化转型是一种整体性的社会转型。

按照涂又光的观点，社会由政治、经济和文化三部分构成，"社会生活的政治、经济、文化三个部分是一个整体，其间关系密切。虽然如此，还是三个部分，各有不同的矛盾特殊性"。他将"矛盾的特殊性"称为"原子"，"政治的原子是'力'（power），经济的原子是'利'（profit），文化的原子是'理'（truth），力、利、理，汉语拼音都是Li，此说可简称'三Li说'。原子不宜单独存在，那种游离状态，极不稳定，三Li皆然。三原子合成分子，其存在就稳定了。政治单位的分子含有三Li，但以'力'为中心，而'利'、'理'为'力'服务；经济单位的分子也含有三Li，但以'利'为中心，而'力'、'理'为'利'服务；文化单位的分子也含有三Li，但以'理'为中心，而'力'、'利'为'理'服务。若不如此，便是错位"[①]。也就是说，社会的政治、经济、文化三个部分是相互依存、相互协调、相互贯通的。上述三个部分又是相对独立的，各自又有不同的特点、运行规律、目标和功能。政治、经济、文化各按其自身目标发挥功能乃是一个社会有效、健康运转的重要前提。[②] 依据上述理论和观点，构成社会生活的各个领域或组成单位，无论是其目标定位还是功能发挥，都必须遵从社会现代化转型协调性和现代化转型整体性的基本规律；否则，社会现代化转型就会遭遇种种曲折，甚至引发社会动荡或政局混乱，对社会生活各个领域及其功能性活动产生负面影响。

---

① 涂又光：《文明本土化与大学》，《高等教育研究》1998年第6期。
② 周光礼、刘献君：《学术自由与社会干预的整合认同：大学定位的再思考》，《江苏高教》2003年第1期。

第二节　新军事变革的背景与内涵

社会现代化转型对于军事教育变革的深刻影响，主要是通过新军事变革、借助军事人才培养模式加以实现的。因此，有必要探讨什么是新军事变革，切实搞清楚新军事变革的历史由来、基本动因和概念内涵。

一　关于新军事变革的历史由来

探讨新军事变革的历史由来，必须将其与现代化军事变革乃至社会现代化转型联系起来加以考察，这是历史唯物主义的基本立场、观点和方法。

以现代化转型为目标的社会变革一开始是与机械化战争形态诞生和相应的军事变革相联系的。近代以来，世界范围内机器大工业所推动的军事变革，由于地理大发现、科技进步、产业革命和殖民势力全球扩张等诸多因素的相互作用，大大突破了地域局限性。这场发端于欧洲、以机器大生产为物质基础、以机械化为本质、以战争形态和作战样式的变化为主要内容的现代化军事变革，影响极为广泛和深远。

欧洲列强正是抢占了军事变革的先机，才得以凭借雄厚的工业基础和军事实力，迅速完成了军事领域的近代转型，并通过武力征服（炮舰政策）、文化渗透（传教活动）等方式，将以欧洲为中心的殖民主义势力和对外贸易向广大的亚非拉国家或地区不断扩展，使得长久以来形成的东方和西方两大体系各自独立发展、相互之间缺乏联系的隔绝状态逐渐被一种东方屈从于西方的殖民体系所取代，从而推动世界历史的形成和世界秩序的逐步确立。伴随着工业革命的不断深入和蓬勃发展，欧洲列强不仅大大增强了殖民主义对外扩张的经济实力，而且凭借强大的军事实力，将建立在机器大生产和近代科学技术基础之上的工业文明及其机械化军事形态扩展到整个世界，从而推动了以欧洲为中心的、世界范围的现代化军事变革。

第二次世界大战后，由于计算机的广泛使用和数字技术、微电子技术不断发展，以及互联网等网络技术和通信技术在军事领域的广泛运用，现代化军事变革的进程明显加快，且在经历技术性的、以军事传感革命和军事通信革命为主要内容的军事信息革命之后，进入以战争形态、作战样式和作战形式等一系列根本性变化为主要标志和"信息化"

为突出特征的新军事变革阶段。

由此可见，现代化军事变革大体上经历了近代转型和机械化两个阶段性的发展过程，正在进入以信息化为本质或根本特征的新军事变革阶段。

二　关于新军事变革的基本动因

当前正在推进的信息化军事变革是一场全方位、全领域、全系统的新军事变革，它不仅涉及面广，而且影响极为深远。这场新军事变革的核心，是推动军队建设由机械化向信息化"转换"。这场新军事变革之所以会发生，是有深刻原因的。

首先，以信息技术为核心的高新技术发展，尤其是高新技术在军事领域的广泛应用，催生了新军事变革，成为新军事变革最直接、最强大、最根本的"动力源"。以信息技术为核心的高新技术发展使人类社会技术形态开始由工业时代向信息时代转变，导致战争的形态由机械化战争向信息化战争转变。信息化武器装备开始发挥前所未有的重要作用，战场空间向陆、海、空、天、电（磁）多维领域扩展，使得制空权、制海权、制天权、制信息权的争夺日益激烈。相应地，这一变化对武装力量构成的多样化和联合作战指挥体系也提出了新要求。现代战争对信息化武器装备和掌握信息化武器装备的人的依赖度日益增加，使信息因素成为克敌制胜的第一战略要素。高新技术不仅引起战术的变化，而且导致武装力量构成及使用上的根本性变化，极大地改变了战争形态和作战样式，从而催生了以信息化为突出特征的新军事变革。

其次，世纪之交国际安全形势的新变化，为启动新军事变革提供了"重要机遇"。"冷战"的结束，促使国际安全形势发生了新的变化，全球安全呈现"总体和平、局部战争，总体缓和、局部紧张，总体稳定、局部动荡"的态势。传统军事体系不得不顺应国际安全的新形势，进行重大的改革和调整。海湾战争中大量精确制导武器的使用及其对战争进程的实际影响，使得世界主要军事大国日益关注信息技术及其在军事上的运用，各国纷纷调整军事战略，致力于以信息化为目标和方向的现代化军事转型，从而启动了一场以信息化军队建设为根本使命的新军事变革。

再次，"冷战"结束后美国所主导的四次高技术局部战争的"示范效应"，成为新军事变革的"催化剂"。海湾战争、科索沃战争、阿富汗战争和伊拉克战争不仅再现了工业社会机械化战争的"旧容"，也生动地展示了信息化战争的"新颜"。新的战争形态的"问世"和高新技术释放出来的"超凡"的军事能力，使世界各国尤其是军事大国强烈地意识到，信息化战争将成为 21 世纪的主要战争形态，信息化正在成为军队战斗力的"倍增器"。只有更新观念，推动新军事变革在本国实施，才能掌握未来军事斗争的主动权。

最后，信息技术的发展、安全形势的变化、高技术局部战争的示范，三者相辅相成、相互作用，共同将世界主要国家尤其是军事大国推到军事转型的大潮中，从而导致了一场以信息化为目标和方向、影响极为广泛和深远的新军事变革。作为社会变革的重要组成部分，新军事变革实际上是社会变革在军事领域的具体体现。

三　关于新军事变革的概念内涵

如上所述，作为现代化军事变革的新阶段，新军事变革是相对于近代以来机器大工业所推动的机械化军事变革而言的，特指第二次世界大战以来由于计算机发明和广泛使用，尤其是以互联网和数字化等一大批信息技术为核心的高新技术发展所导致的战争形态由机械化战争向信息化战争的转变，以及由这种转变引发的军事领域的一系列变革。新军事变革的本质和核心是信息化，因而新军事变革又被称为信息化军事变革。新军事变革反映了以信息技术为核心的高新技术广泛应用引发的军事领域的一系列根本性变化。就其内涵而言，新军事变革包括了以下四个方面的根本性变化：一是在军事技术上，新军事变革正由军事工程革命走向军事信息革命；二是在武器装备上，新军事变革正由机械化武器装备向信息化武器装备过渡；三是在战争形态上，新军事变革正由机械化战争向信息化战争转变；四是在组织体制上，新军事变革正朝着"便于信息快速流动"的"扁平化"方向发展。

四　关于新军事变革的发展阶段

按照新军事变革的历史进程，可将其划分为三个发展阶段，即观念转变阶段、战略更新阶段、体系调整阶段。[①] 其中，自"冷战"结束至 20 世纪 90 年代中期为观念转变阶段，即从传统的"冷战"思维转向"冷战"后思维。20 世纪 90 年代中期至 20 世纪末为战略更新阶段，各主要国家针对新的安全态势，根据高新技术在军事领域所产生的效用，

---

① 李庆功：《关注世界军事变革新走向》，《中国国防报》2003 年 3 月 10 日。

竞相对各自的军事战略、军事理论、建军方略、军备方针进行了全面更新。[1] 进入 21 世纪以来，新军事变革一直处于体系调整阶段，变革的重心开始出现了三个转化：一是从军事战略的更新转向军事体系的调整，二是从高新技术的研发应用转向军备体系的调整，三是从军事理论研究转向实战体系的调整。[2] 上述三个转化与三大体系调整，是新军事变革的基本内容和必然趋势，表明新军事变革正不断向纵深发展。

第三节　军事人才培养模式的内涵与实质

既然社会现代化转型对于军事教育变革的影响主要是通过新军事变革、借助军事人才培养模式实现的，那么，除了明确什么是新军事变革，还必须搞清楚什么是军事人才培养模式。所谓军事人才培养模式，是指对基于一定军事教育实践、具有一定的教育理念且与军事人才培养相关的各种要素及其结合方式的科学抽象和理论概括。正确理解和把握军事人才培养模式，需要对其概念内涵、要素构成及其相互关系加以理论阐释。

一　关于军事人才培养模式的概念

正确理解和把握军事人才培养模式，离不开军事人才和人才培养模式两个概念的理论解读。正如在核心概念的界定中所指出的，军事人才是指经过专门培养和系统学习、具备从事较为复杂的军事活动所必需的特殊专业才能，并做出一定贡献的人。人才培养模式是对于教育活动的理论抽象，是关于人才培养的一系列思想和观念、诸多形式化的制度和规范体系、实质性行为或功能性教育训练活动及其特征的总和，是渗透人类文化和价值观念、具有明显思维特征和行为倾向的科学概念。[3] 就是说，军事人才的概念界定体现了其内涵的确定性（包括一定的专业知识和技能、创造性军事活动、做出一定的贡献三个基本要素）与外延的不确定性（军事人才的类型、规格和质量标准是动态的，且人才的具体标准因专业、类型、层次的不同而具有明显的差异）的统一；人才培养

---

[1] 木大力：《世界新军事变革掀高潮》，《人民日报》2003 年 6 月 19 日。

[2] 李庆功：《世界军事变革路在何方》，《解放军报》2003 年 4 月 1 日。

[3] 张博文：《从理论与实践的结合上完整、准确地理解人才培养模式》，《荆楚理工学院学报》2010 年第 8 期。

模式所反映的教育活动是一个有机联系、不可分割的整体，应从人才培养体系结构的多个层面（观念、制度、操作）及其实际运行过程中的不同维度（理念、目标、过程、效果）加以理解和把握。

基于上述认识，著者认为，所谓军事人才培养模式，是指对于军事教育活动的理论抽象，是关于军事人才培养的一系列思想和观念、诸多形式化的规范和制度体系、实质性行为或功能性军事教育训练活动及其特征的总和。就军事人才培养模式的概念内涵而言，核心是三个要素，即依据一定教育理念确立的军事人才培养目标、将教育理念和人才培养目标加以制度化或具体化的军事人才培养方案、围绕人才培养方案实施而采取的一定的军事人才培养方式（包括培养途径和相应的方法、手段的选择及应用）。此外，军事教育理念、军事人才培养实际效果也在一定意义上构成军事人才培养模式的基本要素或功能性要素。

进一步分析，军事人才培养模式包括军事人才培养目标、军事人才培养方案、军事人才培养方式三个核心要素和军事教育理念、军事人才培养效果等其他要素，实际上反映了军事教育活动从思想观念经由制度化向实质性行为的依次转化过程，体现了理论与实践的有机结合、逻辑与历史的内在统一。作为军事教育活动的理论抽象，军事人才培养模式既不是纯观念层面的理论建构，也不仅仅是纯操作层面的实践表征，而是军事教育理论与军事教育实践相结合的产物，是军事教育理念及其内在的价值取向所决定的军事人才培养目标，通过制度化加以具体化、变成可操作的军事人才培养方案，并借助具体的军事人才培养方式转化为实质性行为加以最终实施，这样一个理论与实践相结合、逻辑与历史相统一的过程及特征的概括和反映。

由此可见，军事人才培养模式是介于军事教育理论与军事教育实践之间的科学概念，很难将其归结于理论范畴或实践范畴。也就是说，军事人才培养模式的实质是将军事教育理论与军事教育实践联系起来、将军事教育的逻辑与历史内在地和具体地统一起来的中介和桥梁。

二　军事人才培养模式的要素构成及其相互关系

科学揭示军事人才培养模式的内涵和实质，除在概念界定上加以明确外，还必须从理论与实践的结合上完整、准确地理解和把握其要素构成及其相互关系。毕竟，作为联系军事教育理论与军事教育实践的中介和桥梁，军事人才培养模式是对军事教育活动的理论抽象，是军事教育理论与实践相结合、逻辑与历史相统一的产物。军事人才培养模式的要素构成及其相互关系，揭示了军事教育由理论向实践的不断转化、逻辑与历史的内在统一，即军事教育理念及其牵引下的军事人才培养目标定位经由制度化设计具体化课程体系和教学内容为核心的军事人才培养方案及其相应的制度性安排，通过一定的社会政治经济体制获取军事人才培养方案实施所必需的资源和条件，并借助军事人才培养方式（包括培养途径和方法、手段）的选择逐渐展开、最终向实质性的军事人才培养过程及其效果转化的辩证发展过程。①

具体来说，军事人才培养模式在要素构成上分为结构性要素和功能性要素两类，前者具有一定的逻辑层次性，体现了从观念层面的教育理念到具体化的培养目标，进而经由形式化的制度设计（或制度化设计）确立科学、可行的培养方案，并通过一定体制和机制获取教育资源和条件，借助一定培养方式加以组织实施，从而完成实质性的军事人才培养这样一个军事教育理论与实践相结合的辩证发展过程；后者是指军事人才培养实际效果，是包括军事人才培养质量和军事人才培养效益在内的功能性或渗透性要素，反映了军事教育理念、军事人才培养目标、军事人才培养方案、军事人才培养方式在军事教育活动中逻辑与历史的内在统一。军事人才培养目标定位、军事人才培养方案设计、军事人才培养方式选择作为军事教育活动核心内容，分别从观念、制度、操作三个不同层面体现了军事人才培养模式的要素构成，并在整体上反映了军事教育理论与军事教育实践相结合的辩证发展过程；军事教育理念的形成和军事人才培养效果的评价反馈分别作为军事人才培养模式建构的逻辑前提、军事人才培养模式功能的表现形式，反映了军事教育活动中逻辑与历史统一的内在要求。

这里的军事人才培养目标定位，是指将反映军事人才培养现实需求的军事教育理念具体化，使之转化为清晰、明确的军事人才培养目标及与其相应的培养规格和质量标准。军事人才培养制度设计则是将军事人才培养目标及相应的培养规格和质量标准形式化或制度化，使之转化为具有科学性、可操作性的军事人才培养方案及其相应的制度性安排。军事人才培养方式选择是指将军事人才培养方案加以组织实施，即通过一定的政治经济体制获取教育资源和条件，并借助一定的培养途径和相应的教学方法及手段，在一定时间和空间上逐步展开功能性军事教育训练

---

① 张博文：《从理论与实践的结合上完整、准确地理解人才培养模式》，《荆楚理工学院学报》2010 年第 8 期。

活动，实质是军事人才培养方案实施过程中的基本策略或具体措施。

事实上，作为军事教育活动的理论抽象和科学概括，军事人才培养模式不仅是历史的产物，需要具体的空间和时间加以建构，而且自身形成和演变发展是在一定的逻辑前提下实现的，且以一定的功能实现作为其历史的根本出发点和归宿，因而具有明确的目标指向性或目的意义。也就是说，军事教育活动的实际展开，不仅是历史的，而且也是逻辑的，是从军事教育理念的形成到军事人才培养目标定位、从军事人才培养方案的制度化设计到军事人才培养过程的组织实施并最终导致产生军事人才培养实际效果，这样一个完整的、军事教育理论与军事教育实践相结合、逻辑与历史相统一的辩证发展过程。

由此可见，从理论与实践的结合上完整、准确地理解和把握军事人才培养模式，揭示其要素构成及其相互关系，应将军事教育理念、军事人才培养目标、军事人才培养方案、军事人才培养方式、军事人才培养实际效果作为一个有机联系的整体，它们不仅在逻辑上具有内在的结构，而且在历史上具有特定的功能，即共同致力于军事人才培养模式的建构，并在具体的时空条件下展现了军事人才培养模式形成或演变发展的历史过程。研究我国军事教育变革及其人才培养模式改革问题，应坚持理论与实践相结合、逻辑与历史相统一的原则，从军事教育理念、军事人才培养目标、军事人才培养方案、军事人才培养方式、军事人才培养实际效果五个方面的要素构成及其相互关系加以分析和考察。只有这样，才能揭示我国军事教育变革及其人才培养模式改革的特点和规律，为当前深化院校教育教学改革和部队训练改革、创新军事人才培养模式提供理论依据和决策参考。

第四节　社会现代化转型与军事教育变革的作用机制

列宁说过，理论是灰色的，生命之树常青。对于军事教育变革与人才培养模式改革的理论认识，仅仅局限于概念性、一般性的认知是远远不够的，还必须深入军事教育变革和社会现代化转型的历史过程中加以理解和感悟。这里，综合上述对社会现代化转型、新军事变革和军事人才培养模式的理论分析，联系中美两国军事教育现代化变革的实际，从军事教育理念、军事人才培养目标、军事人才培养方案、军事人才培养方式、军事人才培养实际效果五个方面的要素构成及其相互关系，对社会现代化转型与军事教育变革的作用机制进行具体、历史的分析，也即将军事教育变革置于社会现代化转型的宏观历史背景，进而将其理解为军事人才培养模式孕育形成和演变发展的历史过程，以此对军事人才培养模式的理论建构和功能实现加以解析。

一　中美军事人才培养模式形成的历史分析

如上所述，一旦将军事教育变革置于社会现代化转型的宏观历史背景下、理解为军事人才培养模式孕育形成和演变发展的历史过程，便意味着军事人才培养与社会现代化转型是紧密联系在一起的，应从军事教育变革与社会现代化转型的相互关系角度来理解和把握军事人才培养模式。具体到中美军事人才培养模式的理论建构和功能实现，无论是观念层面、制度层面，抑或操作层面，都反映了军事教育变革与社会现代化转型之间的互动关系。

首先，从社会现代化转型的历史进程看，无论是中国还是美国，都是在面临外部军事威胁、民族尚武精神和爱国情绪不断高涨的情况下致力于强军御侮和推进军事力量建设，从而开始着手培养新型军事人才、启动以军事变革为先导的社会现代化转型的。这里的新型军事人才，是指能够适应即将到来的机械化战争的要求、有效提高机械化条件下防卫作战能力的工程技术类军事人才。它不仅区别于传统的徒手式的体力型或技能型的军事人才，而且主要通过军事工程技术教育加以培养。对处于军事教育现代化起步阶段的中美两国来说，建设专业化水平较高的职业军队，学习和借鉴法国以工程技术人才培养为特色的军事教育模式及其经验做法，培养能够适应即将到来的机械化战争的要求、有效提高机械化条件下防卫作战能力的工程技术类军事人才，正是准确地把握了社会现代化转型对军事人才培养的现实需求。

其次，从军事教育变革的实际影响看，中美两国对是否促进和推动社会现代化转型存在明显的差异，其军事人才培养实际效果有着很大的不同。对于中国来说，片面强调单骑突进的现代化军事变革，导致包括政治、经济、文化等社会生活其他领域的变革相对滞后，社会矛盾和危机不断激化，现代化转型难以顺利实现；强行推进军事教育变革的结果，并未促进社会现代化转型，相反却滋生了具有深厚政治背景和军事独裁倾向的军阀势力，现代化军事力量成了军阀势力谋取集团政治利益或实现个人政治野心的工具，甚至造成军阀割据混战，严重影响和制约了社会现代化转型。相比之下，美国始终将包括军事教育变革在内的整个军事变革置于社会现代化转型的宏观历史背景之下，比较注重政治、经济、文化、军事等社会生活各个领域的协调发展，其推进军事教育变革的结果是涌现出大批杰出的军事将领或统帅，日益强大的现代化军事力量成为开疆拓土、实现大国崛起和逐步走向世界强国地位的战略工具或重要助力，极大地促进和推动了社会现代化转型。

再次，从军事教育变革与社会现代化转型的相互关系看，中美两国的军事人才培养模式孕育形成和演变发展，受到各自历史文化传统和政治经济体制的深刻影响。考察中美两国军事教育现代化变革的历史过程，不难发现，现代化起步阶段相似的历史际遇和均强调培养新型军事人才的军事教育理念，并未最终导致相近或相似的军事人才培养实际效果；相反，军事人才培养对两国社会现代化转型产生了迥然不同的影响。之所以会如此，其原因需要从军事教育变革与社会现代化转型的相互作用、相互影响的关系中寻找。也就是说，社会现代化转型能够牵引和推动军事教育变革，同样也会受到其深刻影响，两者有着不可分割的内在联系，始终是相互作用、相互影响的，且这种关系是借助军事人才培养模式建构和功能得以实现的。

二 社会现代化转型对军事人才培养模式建构的影响

事实上，只有深刻理解军事教育变革与社会现代化转型的关系，才能正确把握军事人才培养模式建构的内在逻辑。也就是说，只有明确社会现代化转型对军事人才培养的现实需求，全面分析隐含于军事教育理念中的价值取向和目标导向，并将其具体化为军事人才培养层次、类型和所涉及的专业领域，才能依据不同层次、专业领域或岗位类型军事人才的具体划分，进行军事人才培养的目标定位，构建相应的军事人才培养模式。

（一）理念对于军事人才培养目标定位具有重要的价值引导作用

任何人才培养模式，首先是理论逻辑的产物，其次是对于实践所形成的历史过程及其经验特征的理论抽象和科学概括。以往关于军事教育变革和人才培养模式改革的理论研究，较为关注功能性教育训练活动具体实施过程的表象（如军事人才培养的方式、方法和手段）或呈现出来的历史特征（如军事人才培养的目标和过程特征），而忽视了表象背后的本质，即对军事人才培养模式形成和演变发展起决定性作用、具有丰富历史文化内涵的教育理念与指导思想。① 实际上，理念对军事教育的价值取向和培养目标定位具有重要的理论牵引和价值导向功能。比如上述中美两国军事教育，在现代化变革起步阶段均学习和借鉴了法国军事工程技术教育的先进经验及做法，确立了以法为师、致力于培养新型军事人才的军事教育理念。正是这一理念对各自军事工程教育的发展起到了应有的理论牵引作用，并对工程技术类军事人才的培养目标定位发挥了必要的价值导向功能。

（二）理念的形成反映了社会现代化转型对军事人才培养的现实价值需求

法国著名学者涂尔干在研究教育思想的演进时提出，"教育的转型始终是社会转型的结果与征候，要从社会转型的角度入手来说明教育的转型"；② 罗纳德·伯奈特回顾西方大学理念的起源和发展，强调"我们研究大学理念，必须从大学所处的历史和文化出发，并且要充分考虑大学所代表的社会利益"。③ 无论社会现代化转型是否会有军事教育变革的作用，但社会现代化转型或早或迟都将引起军事教育形态的根本性变化，导致军事教育理念的形成。依据形成机制的不同，可以将理念分为外生转换性理念、政治嫁接性理念、自发内生性理念三种基本类型。④ 上述理念，不管是如何形成的，都在不同程度上体现了社会现代化转型对军事教育变革的实际影响，都反映了社会现代化转型对军事人才培养的现实价值需求。具体到中美两国军事教育现代化变革的历史进程，从社会现代化转型起步阶段均强调学习和借鉴以工程技术教育为重点、以新型军事人才培养为目标定位、以法为师的外生转化性的军事教育理念，到社会现代化转型基本实现后强调从本国国情、军情和信息化战争实际要求出发，确立以职业军事教育或任职教育为重点、以信息化军事人才培养为目标定位、具有各自特色的自发内生性的军事教育理念，其理念的形成反映了处于不同时期、不同发展阶段的社会现代化转型对于军事人才培养的现实价值需求。

---

① 张博文：《从理论与实践的结合上完整、准确地理解人才培养模式》，《荆楚理工学院学报》2010 年第 8 期。

② ［法］爱弥尔·涂尔干：《教育思想的演进》，李康译，上海人民出版社 2003 年版，第 231 页。

③ Ronald Barnett. *The Idea of Higher Education*, The Society for Research into Higher Education & Open University Press, 1997：23.

④ 刘献君、周进：《建设高等教育强国：六十年的理念变迁及其启示》，《高等工程教育研究》2009 年第 5 期。

（三）现实价值需求的明晰化、具体化反映了军事人才培养模式逻辑建构过程

一般来说，理念是抽象的、概括性的，目标则相对具体一些，也显得更加丰富和容易理解。那么，理念是如何通过现实价值需求的明晰化、具体化，逐渐转化为目标，从而实现军事人才培养对象的目标定位呢？这一点，恰恰是以往研究者容易忽视或刻意回避的要害问题，① 也是当前我国军事教育存在个性化、创新性不够和选拔、培养、使用相脱节，训用不一致等突出问题的根本性症结所在，说到底是军事教育变革忽视了社会现代化转型对军事人才培养的现实价值需求。

对于我国军事教育而言，由于以往缺乏对军事人才培养的战略关注和相应的对军事人才培养现实价值需求进行实证分析的专家群体，社会现代化转型对军事人才培养的现实价值需求被严重忽视。似乎对于军事人才培养的战略关注只是高层军事领导和决策机构的事情，作为学者的理论研究不大适宜涉足类似问题，而真正对于此类问题展开研究也缺乏相应的研究资料和数据来源。事实上，无论是处于高层的军事领导人，还是高层军事决策机构，都无暇顾及，也根本没有足够的精力和时间来研究此类相对比较具体的细节性问题。与此形成鲜明对比的是，美国的许多大学和战略咨询机构一直对此类问题非常感兴趣，并设法争取相关课题立项和研究经费，致力于军事人才培养的战略研究。正是理论和学术界对于军事人才培养的战略关注，以及持久的研究热情和科学严谨的实证分析，才使得美国军事教育思想和作战理论能够不断推陈出新、战略思维异常发达。可见，加强对军事人才培养的战略关注，深化由理念到目标的理论研究，是军事人才培养目标定位准确性的根本保证，② 更是深化院校教学改革和部队训练改革、建构军事人才培养模式的战略前提和关键环节。

从根本上讲，由理念到目标的转化或逻辑展开，实际上是一个认识过程，解决的是社会现代化转型对军事人才培养实际影响的理论认知问题。这一问题的实质是培养什么样的人，也即对军事人才培养对象的目标定位。具体来说，军事人才培养对象进行目标定位，至少包括时代背景和任务环境分析、社会现代化转型对于军事人才培养现实价值需求的

---

① 张博文：《从理论与实践的结合上完整、准确地理解人才培养模式》，《荆楚理工学院学报》2010 年第 8 期。

② 同上。

明晰化和具体化，以及现实价值需求满足程度的科学界定和准确度量。其中，时代背景和任务环境的分析是理念形成的过程，解决的是价值导向的问题；现实价值需求的明晰化、具体化是学科发展和专业设置不断调整完善的过程，解决的是军事人才培养的层次、类型和结构布局如何满足社会现代化转型的现实价值需求的问题；现实价值需求满足程度的界定和度量是对于军事人才培养目标进行定性和定量研究的过程，解决的是不同层次、专业领域或岗位类型人才的培养规格和质量标准如何制定的问题。[①]

由此可见，从理念形成到价值引导，从专业设置到人才结构布局，从培养目标的定性、定量研究到培养规格和质量标准的制订，实际上构成了一个完整的、体现一定价值取向的理念体系。上述理念体系的确立，实质是对军事教育活动的观念性把握，也就是军事人才培养模式的逻辑建构。它从根本上决定着军事人才培养对于社会现代化转型所能影响的程度和范围，集中体现为社会现代化转型对于军事人才培养的目标和功能定位。简言之，社会现代化转型对军事教育变革的影响，主要是通过对军事人才培养提出现实价值需求，进而引导培养目标定位，并借助军事人才培养模式的逻辑建构来实现的。

三 军事教育变革对军事人才培养模式功能的影响

军事教育变革对社会现代化转型的实际影响取决于自身的深度和广度，且具体表现为军事人才培养模式功能，其主要实现形式是培养方案的整体设计、培养过程的组织实施、培养效果的评价反馈。就功能意义而言，军事人才培养模式作为社会现代化转型与军事教育变革的作用机制，其功能能否有效发挥，离不开一定的路径选择，还必须借助具体表现形式才能最终实现。上述作为功能实现形式的培养方案的整体设计、培养过程的组织实施，实质是军事人才培养模式功能实现的路径选择；其中，前者以课程体系与教学内容的构建为核心，后者以包括教学方式、教学手段和技术条件在内的方法体系与教学策略的选择为重点。至于培养效果的评价反馈，其作为军事教育变革的直接结果，则是军事人才培养模式功能的外在表现形式。它不仅体现了军事人才培养对于社会现代化转型提出的现实价值需求的满足程度，

---

① 张博文：《从理论与实践的结合上完整、准确地理解人才培养模式》，《荆楚理工学院学报》2010 年第 8 期。

并在一定程度上影响社会现代化转型，而且更会影响军事教育理念，甚至作用于军事人才培养的目标定位，从而使军事人才培养成为一个闭合的周期性过程。

（一）课程体系与军事人才培养方案的整体设计

就军事人才培养模式功能实现的路径选择而言，无论是培养方案的整体设计抑或培养过程的组织实施，都只是功能性教育训练活动的重要环节之一。对于军事人才培养模式功能实现来说，首先需要有一个形式化或制度化的价值规范问题，即通过功能性教育训练活动的整体设计或制度设计，将目标定位所制订的培养规格和质量标准具体落实到教育内容上，制订以构建课程体系与教学内容为核心的人才培养方案。①

首先，课程是军事人才培养由理念、目标向过程和效果转化的重要桥梁或纽带。理念与目标定位尽管从价值需求和根本方向上决定了军事人才培养模式及其所反映的功能性教育训练活动，但它们不可能自动实现。② 正如涂尔干所指出的："理念是不能通过立法的形式就变成现实的；必须由那些担负着实现理念职责的人去理解，去珍视，去追求。只有法令法规得到信念的支撑时，才能与现实取得关联。"③ 也就是说，理念和目标需要进一步加以制度化，也只有通过功能性教育训练活动的整体规划或制度设计，转化为具有可操作性的人才培养方案，并由能够深刻理解和不懈追求的人来有效实施，才能最终以过程和效果的形式逐步实现。④ 这里，制度是指通过责任、权利、利益来规范教育行为主体并调整主体之间相互关系的规则体系，也可理解为具有一定强制力和普遍约束力的政策宣示或法律文本。理念和目标得以实现的前提是制度化，即变得可以实际操作。制度化的过渡是从课程入手的。⑤ 联系中美两国军事教育现代化变革的实际，无论是洋务运动中新式军事学堂的创办和对英文、法文、物理、数学等近代西学课程的引进，还是塞耶推进西点军校改革和对法国军事工程技术教育相关课程的引进，双方在推进军事教育变革的过程中都是从引进新的、反映未来新的战争实际要求的

---

① 张博文：《从理论与实践的结合上完整、准确地理解人才培养模式》，《荆楚理工学院学报》2010 年第 8 期。

② 同上。

③ ［法］爱弥尔·涂尔干：《教育思想的演进》，李康译，上海人民出版社 2003 年版，第 231 页。

④ 张博文：《从理论与实践的结合上完整、准确地理解人才培养模式》，《荆楚理工学院学报》2010 年第 8 期。

⑤ 同上。

课程开始的，它们围绕新型军事人才培养而对功能性教育训练活动的整体设计或制度设计的起点是课程，也就是将以法为师的军事教育理念和培养工程技术类的新型军事人才的目标定位，首先落实在课程上。

其次，课程体系构建体现了功能性教育训练活动的整体设计或制度设计。理念和目标一旦被人们认可，接下来便是用什么来培养人，即教育内容选择或课程设计及其体系构建的问题。[①] 所谓课程设计，就其内涵而言，是指教育内容的选择和组织安排。"课程"的"课"，可以理解为教育内容、教学科目，是用来实施军事人才培养、将功能性教育训练活动中作为主体的教育者与作为客体的受教育者之间联系起来的媒体；"程"本身就有程序、进程、次序等组织安排方面的含义。课程设计是对教育内容、教学科目，也即"课"及其先后次序，进行有目的、有计划地规范或设计。显然，课程设计的目的性是相对军事人才培养目标而言的，主要体现为对教育内容的范围限定和具体知识领域或经验阅历的选择。至于课程设计的计划性，则反映了课程与课程之间的有机衔接，体现了军事人才培养过程中以课程为载体的教学内容组织与教学过程实施的内在逻辑关系，也即课程在时间序列上的前后承接和空间结构上的相互支撑。[②] 追溯美国和中国军事教育现代化变革的历史过程，不难发现，无论是军事人才培养方案的研究制订，还是课程设置的不断调整，都体现了不同阶段军事人才培养目标定位的根本要求，也大体上反映了军事人才培养规格和质量标准的实际变化。比如，美国在社会现代化转型起步阶段对于工程技术类军事人才培养就非常重视，尤其是突出了数学、物理学、法语等课程在教育内容选择及其课程体系中的重要地位和作用；第二次世界大战后，对丁战略指挥人才和相应的国际意识的培养、外语课程学习和多元文化知识背景的强调，均说明美国军事人才培养受到了与其大国地位相称的战略关注。中国军事教育变革情况也大体相同。近代以来，晚清政府在启动中国社会现代化转型历史进程时对工程技术类军事人才培养和西方近代科学技术给予了充分的战略关注，强调引进西文、西艺等西学方面的课程；朝鲜战争爆发后新中国高度重视军事工程技术人才培养，创办了"哈军工"，这些都表明军事人才培养任务环境和目标定位的变化极大地影响或制约了教育内容选择或课程

---

① 张博文：《从理论与实践的结合上完整、准确地理解人才培养模式》，《荆楚理工学院学报》2010 年第 8 期。

② 同上。

体系的构建。

再次，由课程体系到培养方案体现了军事人才培养由理念、目标向过程的制度性转化。[①] 理念和目标的制度性转化离不开课程设置，是以课程设置为制度化的切入点的。只有通过课程设置将具有内在联系的不同课程按照目标定位和培养规格的基本要求加以功能性组合，构建一个符合军事人才培养实际的课程体系，才能制订或设计出对功能性教育训练活动具有规范作用的军事人才培养方案。接着，制度化的关键是理性自觉。所谓理性自觉，是指通过理论批判与学术争鸣来揭示真理，使人们以理性方式建立某种坚定的信念。这里，信念的力量对确保方案的有效实施来说是至关重要的。[②] 对于中美两国军事教育现代化变革来说，制度化差异更加具有根本性意义。造成这种制度化差异的主要因素有两个：其一，是否有一个能够促进和保证理念顺利实现的很好的制度设计（体现为军事人才培养方案）；其二，能否对制度本身（体现为实施军事人才培养方案的一整套规则）发自内心地尊崇、信仰和坚守，包括遵守游戏规则、敬畏法律秩序、对制度怀有宗教式情结。相比之下，对制度的尊崇、信仰和坚守更为重要。正如卡尔·西奥多·雅斯贝尔斯（Karl Theodor Jaspers）所指出的："教育须有信仰，没有信仰就不成其为教育，而只是教学的技术而已。"[③] 美国政论家托马斯·弗里德曼（Thomas L. Friedman）在探讨美国强大的终极原因时，将其归结为美利坚民族对宪政的信仰。他指出：美国成功的秘密在于长盛不衰的法治及其背后的制度。正是这种制度使每一个人可以充分发展而不论是谁在掌权。美国真正强大的力量，在于"我们所继承的良好的法律与制度体系"。[④] 与此形成鲜明对比的是，晚清重臣李鸿章面对西方在坚船利炮下的对外扩张，发出的是西方"动力横绝天下""技不如人"的感慨！他并未意识到支撑坚船利炮的制度及其背后的观念和信仰，而这一点才是至关重要的。

由此可见，无论是课程体系的构建，还是课程教学科目和时间的安排，功能性教育训练活动始终围绕目标定位、依据培养规格和质量标准

---

① 张博文：《从理论与实践的结合上完整、准确地理解人才培养模式》，《荆楚理工学院学报》2010 年第 8 期。

② 同上。

③ ［德］卡尔·西奥多·雅斯贝尔斯：《什么是教育》，邹进译，生活·读书·新知三联书店 1991 年版，第 27 页。

④ Thomas L. Friedman, "Medal of Honor", New York Times, Dec 15, 2000.

而展开。从课程到培养方案，包括方案实施的制度性安排，是一个完整的制度化过程；其中，对制度本身坚定不移的信仰和自觉坚守，也即信念的力量，具有不可替代的重要作用。

（二）方法体系与军事人才培养过程的组织实施

就功能而言，教育只是提供了一种文化环境或氛围，一种有利于激发培养对象内在潜力或创造激情的外界条件。这里，文化环境或氛围实际上是一种基于文化选择和各种知识或技能传授所形成的教育场景。营造有利于军事人才成长的教育场景，也就是组织实施教学、科研、部队服务等各种功能性教育训练活动，实际上是一个军事人才培养方式、方法和手段如何选择和运用等实际操作层面的技术性问题。

首先，方法对军事人才培养过程及其效果具有决定性意义。对于中美两国军事教育现代化变革来说，理论的逻辑与实践的历史是相伴而生的。① 一方面，作为军事人才培养的逻辑起点，关于什么是军事人才的概念性理解基本上反映了社会现代化转型对于军事变革中的人的因素的理论性认识成果；这种理论认识一旦与现实中的各种提升和强化军事变革中人的因素的功能性教育训练活动相结合，便形成一系列关于军事人才培养的理念。理念通过培养对象目标的具体化，经由教育内容选择与军事人才培养方案设计的制度化，借助一定方法包括途径、方式和手段，逐渐转化为实质性的军事人才培养过程，才能达到预期效果，使自身得以实现。另一方面，作为军事人才培养的历史起点，功能性教育训练活动是对于社会现代化转型的现实价值需求的呼应；它必须借助一定的方式、方法和必要的手段才能展开，从而营造有利于军事人才成长和进步的教育场景。可以说，军事人才培养模式功能实现的这一历史过程，与上述军事人才培养模式建构的逻辑过程需要统一，但未必统一。实现上述逻辑过程与历史过程统一，取决于实现途径和具体方式，包括环境、条件以及方法和手段等运用是否妥当，其核心是方法。②

其次，方法体系的灵活运用是军事人才培养方案有效实施的重要条件。③ 实际上，通常所讲的方法是指"方法体系"，也就是借助必要的物质技术条件，将作为军事人才培养主体的教育者与作为军事人才培养对象的受教育者通过一定的教育内容或其他中介性媒体相互联系起来的

① 张博文：《从理论与实践的结合上完整、准确地理解人才培养模式》，《荆楚理工学院学报》2010 年第 8 期。
② 同上。
③ 同上。

途径、方式、方法和手段（含政策措施）的总称。人们之所以将军事人才培养模式仅局限于培养方式、方法等实际操作层面，主要是过分重视了方法的重要意义，甚至夸大了方法的决定性作用。事实上，方法的上述意义和作用是相对于军事人才培养方案实施过程而言的，也只有在实际操作层面上，方法体系才具有不可替代的重要意义。因此，对于军事人才培养模式的片面理解和功能定位的单纯技术倾向，一味地将方法的意义和作用夸大或绝对化，说到底，是没有认识到内容决定方法，更没有充分意识到比内容更为重要的军事人才培养目标定位和把握现实价值需求的军事教育理念才是反映或体现军事人才培养模式本质的东西。可见，无论军事人才培养方案制订还是教育场景营造，都是实现军事人才培养目标的策略选择，反映和体现社会现代化转型对于军事人才培养现实价值需求的理念与目标定位才是军事人才培养模式形成和演变发展的根本性或决定性因素。方法在任何时候都只是军事人才培养方案有效实施的条件和手段，尽管正确的方法在实际操作层面上往往是达成教育目的、实现军事人才培养目标的捷径。[1]

（三）战略管理与军事人才培养实际效果的评价反馈

就中美两国军事人才培养周期性过程而言，从选拔合格生源的招生环节到组织实施教育训练的培养环节，从整个教育训练过程的质量监控和各个阶段教育训练效果的考核评定到毕业分配或结业返回部队任职，是一个有机联系、不可分割的整体。这里，质量和效益体现了军事人才培养的实际效果。关注质量和效益，不能离开军事人才培养的整个过程而片面强调其中某一个环节，比如培养环节。实际上，提高军事人才培养质量和效益是一个系统工程，需要将选拔、培训和使用联系起来。因此，必须加强全程关注，兼顾各个环节，充分重视军事人才培养的战略管理。[2]

第一，严格控制"入口"，重视招生环节，切实解决好选择什么样的人加以培养的问题。军事教育的功能只是诱发并引导学员向着特定目标寻求自我发展的内在积极性，帮助学员开发自己的各种能力潜质。问题在于，并非所有人都具有成为军事人才的潜质，国家或社会能够提供的接受军事教育的机会也是极其有限的，[3] 这样，就有一个培养对象的

---

[1]　张博文：《从理论与实践的结合上完整、准确地理解人才培养模式》，《荆楚理工学院学报》2010 年第 8 期。

[2]　同上。

[3]　同上。

选拔或招生的问题。只有按照一定的条件和标准，通过相应的程序和办法，招收到那些具有军事天赋或从事军人职业所必需的能力潜质的学员（选择好培养对象），才能通过培养环节严格的教育训练和部队任职岗位的实际锻炼将其最终培养成为合格军事人才。

第二，严密监控"过程"，狠抓教育训练环节，切实解决好怎样培养军事人才的问题。严格的教育训练和相应的场景营造是功能性教育训练活动的实质性内容，也是军事人才成长和进步必不可少的关键性环节。虽然现代化武器装备发生了很大变化，已经由近代以来的机械化武器装备转向了信息化武器装备，但人的因素一直没有变，人的现代化仍是决定军事现代化成败的根本性因素。因此，加强教育训练，提升和强化军事现代化中的人的因素，变得越来越重要。① 正如邓小平同志指出的，"在没有战争的条件下，军队主要靠教育训练提高战斗力，要把教育训练提到战略地位"。② 针对如何加强教育训练的问题，邓小平提出"要面向世界、面向未来、面向现代化"。这一点，恰与美国西点军校第30任校长道格拉斯·麦克阿瑟（Douglas MacArthur）强调军校教育"应着眼于不断变化的世界，着眼于复杂的未来，着眼于军事技术的不断现代化"不谋而合。这是对军事人才培养的战略关注，更是对军事人才培养过程的战略管理。③ 狠抓教育训练环节，核心是营造有利于军事人才成长和进步的教育场景。借用涂又光的"泡菜"理论，就是形成良好的校风、教风、学风，处心积虑地酝酿出一缸上好"汤料"，从而使"泡菜缸"这一教育场景发挥应有的环境熏陶和文化感染功能，达到"蓬生麻中不扶自直"的实际效果。④

第三，高度关注"出口"，重视使用环节，切实解决好训用不一致的问题。选好人，训好人，根本上是为了用好人。⑤ 因此，学员毕业到特定岗位上工作只是教育训练环节的结束，同时也是新的实践锻炼过程

---

① 张博文：《从理论与实践的结合上完整、准确地理解人才培养模式》，《荆楚理工学院学报》2010年第8期。

② 总政治部宣传部：《新时期军队建设重要论述选编》，解放军出版社1987年版，第150页。

③ 张博文：《从理论与实践的结合上完整、准确地理解人才培养模式》，《荆楚理工学院学报》2010年第8期。

④ 居安平：《试论大学文化生态与环境育人》，http://www.pep.com.cn/xgjy/gdjy/gjyj/200602/t20060214_246473.htm。

⑤ 张博文：《从理论与实践的结合上完整、准确地理解人才培养模式》，《荆楚理工学院学报》2010年第8期。

或使用性培养的开始。只有以此为新的起点，在实际工作岗位上经受锻炼、增长才干，通过积累工作经验和丰富个人阅历，不断寻求自我发展，才能成长为合格的军事人才。这里，之所以要强调重视使用环节，主要是训用不一致不仅导致了人才资源浪费，使得军事人才因缺乏必要的工作岗位而难以充分发挥才干、施展抱负，而且也暴露了传统思想观念和人才选拔任用机制的种种弊端。比如，李鸿章就任北洋大臣期间，他宁用行伍出身的安徽同乡丁日昌，也不愿意起用像刘步蟾、邓世昌等经过新式海军学堂及留洋学习培养出来的青年才俊，就是觉得与自己出生入死的行伍同乡可靠、好用。如此，经新式军事学堂培养的学员"毕业后，无指挥军队之权，仅仅当军营之教习，赏罚不属，而日眊于其侧，大为军中排斥，故甲午以前学员无能任用者"。[1] 更有甚者，政府花费很大财力选送到英法等国的留学生"学成回华后，皆散处无事。饥寒所迫，甘为人役。上焉者或被外国聘往办事，其次亦多在各国领事署及各洋行充当翻译"。[2] 甲午战争惨败，正是训用不一致所导致的严重后果之一。可见，从战略上高度关注"出口"，必须充分重视军事人才的使用性培养，切实在制度建设上解决好训用不一致的突出矛盾和问题，并对与此相联系的文化价值观念和人身依附关系进行反思。[3]

第四，加强全程关注和战略管理，确保军事人才培养的实际效果。[4] 培养高素质军事人才，一要靠教育训练，使学员接受系统全面的军事院校教育或及时补充新知识，培养其主动适应作战条件和战场环境变化的能力；二要靠实践锻炼，使学员善于在艰苦的工作环境中磨炼自己的意志，不断增强履行使命和应对各种复杂情况的能力。相比较而言，实践锻炼更为重要。因为，实践锻炼不仅仅是对教育训练效果的实战性检验，更是军事人才培养的根本途径和有效形式。这里，实践锻炼贯穿于军事人才成长和进步的全过程，并非仅仅局限于工作岗位的实际锻炼。当前，实践锻炼的缺乏、质量意识的淡薄，固然有思想认识上的问题，表现为不注重实践教学，片面强调知识学习和学科本位；但更为重要的是，没有将质量和效益作为军事人才培养全程

---

① 蒋方震：《中国五十年来军事变迁史》，载来新夏《北洋军阀（一）》，上海人民出版社 1988 年版，第 1044 页。
② 张侠等：《清末海军史料》，海洋出版社 1982 年版，第 129 页。
③ 张博文：《从理论与实践的结合上完整、准确地理解人才培养模式》，《荆楚理工学院学报》2010 年第 8 期。
④ 同上。

关注和战略管理的目标。①

由此可见，对于制度设计和组织实施的战略关注缺一不可，两者共同构成军事人才培养战略管理的重要内容，② 也是影响军事人才培养实际效果的主要因素。这里，基于质量战略的教育管理正是联系制度设计和组织实施、沟通教与学的中介和桥梁。能否有一支高水平的专业化教育管理干部队伍、努力实现学员事务管理专业化发展，是质量战略成败的关键，更是科学、有效的战略管理的根本保证。③ 因此，必须加强教育管理干部队伍建设，重点是抓好基层学员干部队伍建设。只有加强职业化、专门化、专家化、制度化建设，促进和保障教育管理干部队伍专业化发展，努力实现学员事务管理专业化，才能使质量战略落到实处，④ 从而在管理机制上确保军事人才培养的实际效果。

第五节　小结

本章通过界定社会现代化转型与军事教育变革之间的相互关系，对社会现代化转型的概念内涵、新军事变革的背景与内涵、军事人才培养模式的内涵与实质、社会现代化转型与军事教育变革的作用机制进行了理论探讨。本章的目的在于通过明确社会现代化转型、新军事变革、军事人才培养模式的概念内涵，以及它们之间的相互关系，并联系中美军事教育现代化的实际，从理论建构和功能实现两个方面解析军事人才培养模式，揭示社会现代化转型与军事教育变革的作用机制，为进一步探讨我国军事教育变革与人才培养模式改革相关问题提供必要的理论依据。

所谓社会现代化转型，实际上涉及社会变革和现代化转型两个概念。这里，社会变革是指社会结构所发生的以现代化转型为目标和方向的历史性变革；现代化转型，就一般意义而言，是指社会生活诸多领域的一系列具有根本意义的结构性变革，其实质是传统社会向现代社会的

---

① 张博文：《从理论与实践的结合上完整、准确地理解人才培养模式》，《荆楚理工学院学报》2010 年第 8 期。
② 同上。
③ 同上。
④ 张博文：《学生事务管理专业化与辅导员队伍专业化发展》，《中国高等教育》2009 年第 23 期。

历史性过渡。

军事变革作为整个社会变革的重要组成部分，实际上是社会变革在军事领域的具体体现，它所反映的是信息技术广泛应用及其所引发的军事领域的一系列根本性变化或具有重大意义的转变。迄今为止，现代化军事变革大体上经历了近代转型和机械化两个阶段性的发展过程，正在进入以信息化为本质和核心的新的发展阶段，也即信息化军事变革。

所谓军事人才培养模式，是指对于军事教育活动的理论抽象，是关于军事人才培养的一系列思想和观念、诸多形式化的规范和制度体系、实质性行为或功能性军事教育训练活动及其特征的总和。军事人才培养模式作为介于军事教育理论与军事教育实践之间的科学概念，其实质是将军事教育理论与军事教育实践联系起来、将军事教育的逻辑与历史内在地和具体地统一起来的中介和桥梁。

对军事人才培养模式的理论认识，仅局限于概念性、一般性的认知是远远不够的，还必须深入军事教育变革和社会现代化转型的历史过程中加以理解和感悟。一旦将军事教育变革理解为军事人才培养模式孕育形成和演变发展的历史过程，便意味着应从军事教育变革与社会现代化转型的相互关系来深刻理解和把握军事人才培养模式。具体到中美军事人才培养模式的理论建构和功能实现，军事教育理念的形成，实际上反映了社会现代化转型对于军事人才培养的现实需求，也体现了社会现代化转型对于军事教育变革的根本性要求；而军事人才培养的实际效果则受到了各自历史文化传统和政治经济体制的深刻影响，且在很大程度上取决于社会现代化转型的历史进程。

只有深刻理解军事教育变革与社会现代化转型的关系，才能正确把握军事人才培养模式建构的内在逻辑。从理念形成到价值引导，从专业设置到人才结构布局，从培养目标的定性、定量研究到培养规格和质量标准的制订，构成了一个完整的、体现一定价值取向的理念体系。上述理念体系的确立，实质是对于军事教育活动的观念层性把握，也即军事人才培养模式逻辑建构。社会现代化转型对军事教育变革的影响，正是通过军事人才培养模式的逻辑建构加以实现的。

军事教育变革对于社会现代化转型的实际影响取决于自身的深度和广度，且集中体现为军事人才培养模式的功能，其物质载体是它所反映的功能性教育训练活动，主要包括制度层面的军事人才培养方案设计和操作层面的军事人才培养方法选择。所谓制度设计，就是将培养规格和质量标准具体落实到教育内容上，制订以教学内容和课程体系为核心的军事人才培养方案。方法选择解决的是诸如军事人才培养方式、方法和手段选择及运用等实际操作层面的技术性问题，主要是营造一个有利于军事人才成长的教育场景或环境氛围。

　　作为功能性教育训练活动的经验概括和理论抽象，军事人才培养模式实际上充当了联系军事教育变革与社会现代化转型的桥梁或纽带。一方面，它通过一定的军事教育理念和目标定位，在逻辑建构上反映了社会现代化转型对于军事教育变革的现实价值需求；另一方面，它通过具体的制度设计和方法选择，在功能上体现了军事教育变革对于社会现代化转型的实际影响。

第三章　我国军事教育变革的历史考察

我国现代意义上的军事教育是从晚清军事变革开始的，其历史发展的起点便是洋务运动与近代军事教育的兴起。研究近代以来军事教育变革的历史，通过对从晚清社会启动现代化转型、致力于新型军事人才培养到当前适应中国特色军事变革根本要求、加强信息化条件下军事人才培养的追述，全面考察我国军事人才培养模式孕育与形成的历史过程，具体、深入地分析军事教育变革与社会现代化转型的相互关系，有助于正确理解和把握当前我国军事教育变革的现实状况。

第一节　洋务运动与近代军事教育的兴起

之所以说我国近代军事教育发端于洋务运动，其原因有两点。一是机器大工业引入洋务运动中的军事企业，使得包括军事制度、武器装备、部队训练和作战思想在内的军队编成及相应的战略战术发生了不同于以往的根本性变化，实质性地启动了晚清军事变革，客观上要求培养能够掌握和使用新的以"船坚炮利"为突出特征的机械化武器装备的新型军事人才。二是伴随机器大工业而来的对于西方科学技术的大规模学习和介绍，尤其是翻译科技图书、出版学术著作和刊物、创办新式学堂、派遣留学生等一系列改革措施的推行，促进了人们的文化觉醒和思想大解放，客观上为军事教育变革和新型军事人才培养提供了社会历史条件。反思洋务运动，无疑有助于搞清楚晚清社会现代化转型背景下军事教育变革的由来，深刻理解和把握我国军事人才培养模式孕育、形成的社会历史条件。

一　洋务运动的文化启蒙意义与重大历史价值

由于"以往对洋务运动的研究，总把这场运动放在中国近代两条政治路线的对立与斗争中来考察，而洋务运动被列在反动路线的一边"，①所以其真正的历史价值，也就是对社会现代化转型的积极影响，被严重低估了。作为一个具有文化启蒙意义的重大历史事件，洋务运动在促进科技、教育、军事等领域现代化转型方面发挥了无可替代的重要历史作用。在这场效仿西方和以"求富强"、"以自立"②为主要目标的洋务运动中，处于应对社会危机一线、主张"师长夺恃"的务实派得以迅速崛起。这些务实派依靠日益积累起来的强大的军事实力，借助不断扩大的政治影响，最终发展成为对晚清军事、政治乃至整个社会变革产生巨大影响的军事政治集团——"洋务派"。随着洋务运动的不断发展，洋务派将效仿西方的重点逐渐由军事领域转向经济领域，提出了"寓强于富""振兴商务"的响亮口号。此后，改革科举制度、军事教育制度，创办新式学堂、发展洋务教育，传播西方科技知识、弘扬科学精神，都大大深化了人们对于西学的认识。

正是洋务运动的文化启蒙，使人们逐渐消除了对西方文化特别是近代科学技术的偏见。从贬斥西方文化为"奇技淫巧"到主动"采西学""制洋器"，从"师长夺恃"到"寓强于富、振兴商务"，从"创办新式学堂"到"改革科举制度"，不仅预示着传统农业社会向近代工业社会转型的开始，而且也反映了当时人们对于以西文、西艺为主要内容的西方文化态度的转变，更是对于历史上"重学轻术""重道轻艺""重伦理轻科技""重农抑商"等文化传统和价值观念的重新审视。洋务运动遵循由器物文化（追求"船坚炮利"）到制度文化（改革科举制度），最终渗透到思想文化（弘扬科学精神）的演进逻辑，以开放的心态和变革的勇气向西方学习，推动了中西文化的交流和融合，从而实质性地启动了以军事变革为先导的社会现代化转型的历史进程，其功不可没。可见，洋务运动的历史价值在于文化启蒙及其对传统农业社会向现代工业社会转型起到了促进和推动作用。

二　社会危机中崛起的洋务派与晚清军事变革

作为一场大规模向西方学习、影响极其深远的社会变革，洋务运动率先在军事领域寻求突破，取决于当时的历史际遇，是清政府实现强军御侮、挽救统治危机的必然选择。回顾历史，我国社会现代化转型尽管

---

①　周东启：《从科学观的角度看洋务运动》，《自然辩证法研究》2002 年第 6 期。

②　李侃、李时岳、李德征：《中国近代史（第四版）》，中华书局 1994 年版，第 126 页。

导源于鸦片战争及其前后的思想文化启蒙，但其根本动因却来自传统农业社会难以为继的晚清社会危机，包括两次鸦片战争失败所造成的民族危机、西方列强蓄意制造的边疆危机以及太平天国运动带来的政权危机。应对这些社会危机，便意味着清王朝统治秩序及其相应的利益结构的调整，尤其是社会政治、经济、文化等领域的一系列历史性变革。值得关注的是，这场影响深远的社会变革首先是从晚清军事变革开始的。

（一）空前严重的民族危机引发了晚清军事变革

两次鸦片战争的失败，其实质是近代工业文明对于传统农耕文明的征服。这种建立在近代工业文明和强大军事实力基础上的武力征服，因征服者即欧洲列强抢占了以机器大生产为物质基础、以机械化战争形态和作战样式为主要特征的现代化军事变革先机而具有了某种必然性。加上欧洲列强蓄意制造的我国边疆危机，这就为即将到来的社会变革尤其是晚清军事变革提供了挽救民族危亡这一极其直接的强大动力。于是，在"师夷长技以制夷"的口号下，对于西方先进科学知识和军事技术的学习和"以军事强国的形象立命于天下的憧憬"，[①] 使得社会现代化转型自觉不自觉地将军事变革置于优先地位，提出"自强以练兵为要，练兵又以制器为先"，[②] 强调兴办军事工业和编练新式陆海军，以便"借西方之科技以充实军事力量"，[③] "以有足够的军事力量与列强抗衡"。[④] 换句话说，正是空前严重的民族危机，滋生了"强军御侮"的政治动机，从而引发了一场导致社会深刻变革的晚清军事变革。

（二）太平天国运动引起的政权危机使洋务派崛起和社会变革成为可能

鸦片战争后，尽管有了"师夷长技以制夷"、要求向西方学习和推进工业化等进步政治主张，早期启蒙思想也产生了积极的影响，但由于几千年来延续下来的文化传统和历史发展的巨大惯性，社会变革的阻力非常强大，社会现代化转型的历史进程一直未能实质性启动。正如有学者指出的，"现代化从观念传播到现实的行动"，其基本前提是"具有

---

① 周霄、张艺缤：《唯军事指向的"中空呐喊"——洋务运动败因分析》，《沙洋师范高等专科学校学报》2002 年第 6 期。

② 郑宗育：《洋务派错失了中国近代化的机遇》，《学术月刊》1994 年第 7 期。

③ 黄仁宇：《中国大历史》，生活·读书·新知三联书店 1997 年版，第 254 页。

④ 周霄、张艺缤：《唯军事指向的"中空呐喊"——洋务运动败因分析》，《沙洋师范高等专科学校学报》2002 年第 6 期。

现代取向的权力精英取得领导地位"。① 太平天国运动的爆发，打乱了清廷"太阿从不下移"的祖宗家法，造成新权贵得以上升的局势。因为，当太平军在金田起义时，清朝曾以剽悍和勇武著称的八旗军队早已腐朽不堪，成为"纸上军队"；绿营也日益虚弱，"有事则临阵逃脱，无事则虚縻粮饷"。② 为了维护自身利益，地方士绅组织团练以对抗太平军。随着地方武装势力的日益壮大，清政府不得不对此加以控制。于是，咸丰帝于 1853 年 1 月 8 日命曾国藩衔团练大臣，负责督办团练、搜查土匪诸事务。曾国藩先后起用李鸿章、左宗棠、胡林翼等一大批湘、淮将领，建立了自行招兵买马的募兵制度，并坚持以封建礼教治军，注重个人交情，讲求忠义精神，从而开创了士兵一切仰仗官长、视官长为衣食父母、"兵为将有"的历史先河和军队私有化、集团化的滥觞。由于官兵士气高涨，湘军在湖南取得胜利后声威大震，很快便成为"进剿"太平军的一支劲旅。1856 年和 1860 年，"江北大营"和"江南大营"相继被太平军攻破，标志着绿营时代的终结，湘军（包括淮军）遂取而代之。这样，以湘淮军事集团为主体、具有深厚军事政治背景的洋务派便迅速崛起，建立督抚专政，势力遍布江苏、安徽、江西等 13 个省。③

（三）洋务派在晚清军事变革和社会现代化转型中发挥了不可替代的领导作用

鉴于当时的历史际遇，一方面是洋务派积极推动，另一方面是内外交困的统治危机，清政府便出于"师长夺情"、维护自身统治等现实政治利益考虑，率先启动以自强为目标、以学习西方文化特别是近代军事科学技术为路径、以举办近代军事工业和编练新式军队为主要内容的晚清军事变革。早在 1860 年春，李鸿章目睹洋枪队同太平天国作战之后，就致函曾国藩说，"连日由南翔进嘉定，洋兵数千，洋炮并发，所当辄靡。其落地开花炸弹，真神技也。鸿章遵师训'忠信笃敬'四字，与之交往，密令我营将弁随从，学其临敌之整齐静肃，枪炮之施放准则，亦得切磋观感之益"，④ 其钦慕之情溢于言表，并流露出"从而学之"

---

① 张瑞安：《晚清军事现代化的历史成败》，《贵州文史丛刊》2007 年第 1 期。

② 郑忠：《太平天国与中国早期现代化三题》，《广西师范大学学报（哲学社会科学版）》2002 年第 2 期。

③ 张博文：《洋务运动与中国近代军事教育的兴起——兼论晚清军事变革及其新型军事人才的培养》，《教育史研究》2009 年第 3 期。

④ 李鸿章：《李文忠公全集·朋僚函稿（卷 1）》，上海人民出版社 1986 年版。

之意。1861 年 8 月，曾国藩向清政府痛陈：总理衙门奏请购买外洋船炮为"今日救时之第一要务"，"若能陆续购买，据为己物，在中华则见惯而不惊，在英、法亦渐失其所恃"，"购成之后，访募覃思之士，智巧之匠，始而演习，继而试造，不过一二年，火轮船必为中外官民通行之物，……可以勤远略"。① 在这一思想指导下，曾国藩于 1861 年创办安庆军械所，使用机器生产大炮、炸弹，并制造了中国第一艘小轮船。这是洋务派创办近代军事工业、推进晚清军事变革的最初尝试。不久，李鸿章也请常胜军统领华尔帮他物色洋匠，以制造枪炮，并相继于 1862 年在上海创办了上海炮局，1863 年在苏州设立苏州洋炮局，1865 年在上海成立了江南制造总局，均生产枪、炮、子弹、炸弹、水雷、炸药等。左宗棠于 1866 年奏准在福州马尾设立船政局，制造轮船、军舰。崇厚于 1867 年在天津创办天津机器局，后来由李鸿章接办，进一步扩大规模，主要生产火药、枪炮、炸弹和水雷等。据统计，到 1895 年，全国已建成各种兵工厂 19 家。②

与此同时，从早期的湘军兵制改革到后来的淮军改制，都是洋务运动在军事领域的重要表现和突出成就。随着洋务运动深入发展，清政府相继创办天津水师学堂、北洋武备学堂等一系列新式军事学堂，陆续向欧美国家派遣军事留学生，培养近代海军和陆军人才，致力于建设新式海军和新式陆军。后来，清政府在原淮军营制的基础上组建武毅军，采用德国先进的军事战术和军事思想，从武器装备、组织体制、军队编制、兵种构成到军事训练和军事教育等方面推进新式陆军建设，促使张之洞的自强军与袁世凯的新建陆军应运而生。③

更为重要的是，通过引进西方科学技术来发展包括军事工业和民用工业在内的机器大工业，从根本上动摇了封建统治的根基，引起社会阶级阶层的变动（如产业无产阶级、民族资产阶级的诞生和封建士大夫阶层的分化）和人们思想观念的大解放。如此，不仅实质性地启动了晚清军事变革，而且导致了传统社会解构及其向现代工业社会的转型。作为具有现代取向的权力精英，洋务派自觉不自觉地充当了社会变革的领导力量。

---

① 吴雁南、冯祖贻、苏中立等：《中国近代社会思潮（第一卷）》，湖南教育出版社 1998 年版，第 137—138 页。
② 邓国琴：《对洋务运动动因的再思考》，《遵义师范学院学报》2007 年第 2 期。
③ 崔永军、白雁钊：《德国影响下的晚清军事变革研究述评》，《高校社科动态》2009 年第 2 期。

三 近代军事学堂与新型军事人才培养

伴随着晚清军事变革的不断推进，洋务派不仅认识到了"强与富相因"，极力主张发展包括民用工业和振兴商务在内的近代资本主义经济，而且越来越意识到西方社会发达的资本主义经济是与其兴旺发达的科学技术和文化教育事业密切相关的，从而明确提出了极具战略眼光的"用人最是急务，储才尤为远图"①的观点。可以说，上述认识有着深厚的实践基础。正是由于身处社会危机的第一线，既要与太平军作战，又要经常与洋人打交道，"洋务派"官员才在应对危机的过程中切身感受到了西方文化的先进性，因而对以"船坚炮利"为突出特征的西方军事文明极为推崇，提出"学习外国利器"的关键是引进外国的"制器之器"和培养自己的"制器之人"，强调"引进西方近代军事装备、机器生产，只有同造就掌握近代科学技术的人才相结合，才能发挥应有的作用"。②于是，他们便着手兴办新式军事学堂，"像泰西各国一样，将学堂作为储备人才的场所，刻意培植，以此作为自强的根基"。③毕竟，这些新型军事人才是无法指望科举制度下旧教育来培养的，必须打破"舍儒学之外无学问"的传统观念和"中国兵事，本无专学"的不利局面。

（一）近代军事学堂致力于培养新型军事人才

我国近代军事学堂大体上分为三大类：外国语学堂，包括京师同文馆（1862）、上海广方言馆（1863）、广州同文馆（1864）、新疆俄文馆（1887）、台湾西学院（1888）、珲春俄文书院（1889）、湖北自强学堂（1893），此类学堂主要培养军事情报和翻译人才；军事专业学堂，包括福州船政学堂（1866）、天津水师学堂（1880）、天津武备学堂（1885）、广东水陆师学堂（1887）、江南水师学堂（1890），此类学堂主要培养军事工程师、作战参谋和指挥官等专门性军事人才；科技学堂，包括福州电气学堂（1876）、天津电报学堂（1880）、上海电报学堂（1882）、湖北算术学堂（1891）、天津医学堂（1894）、南京铁路学堂（1896）、南京储才学堂（1896）、湖北农艺学堂（1898）、湖北工艺学堂（1898），此类学堂主要培养与军事有关的各类专业技术人才。这

---

① 卢万玉：《浅谈李鸿章与中国近代化的拓荒》，《中国近代史研究》1991 年第 5 期。
② 冯雁：《洋务运动与中国教育的近代化》，《辽宁大学学报（哲学社会科学版）》2000 年第 2 期。
③ 薛连璧、张振华：《中国军事教育史》，国防大学出版社 1991 年版，第 108 页。

些军事学堂坚持按照新的教学内容、方法和组织形式实施西式教育，强调学以致用，重知识，重实用。尤其是军事专业学堂的创办和迅速发展，推动了科举制度的改革，促进了军事教育模式由传统封建伦理教育向现代科技教育的历史性转变，培养和造就了一大批新型军事人才。

（二）发展军事专业学堂和科技学堂凸显了新型军事人才培养重点

上述军事学堂，坚持以满足社会现代化转型尤其是军事工业和军队近代化建设对于军事人才培养的现实需求为办学宗旨。1862 年京师同文馆的设立，标志着新型军事人才培养的开始。此后，1866 年创办福州船政学堂，1885 年创办天津武备学堂，相继成为晚清军事变革和新型军事人才培养的历史转折点。[①]

福州船政学堂的创办，标志着我国近代军事教育的兴起。[②] 它将以学习西文为主要内容、重点培养军事情报和外交人才的初期洋务军事教育，进一步发展为学习融西文和西艺为一体的西学、致力于培养具有现代工程技术素养和军事专业实践能力的海军技术军官的军事专业教育。以此为转折点，新型军事人才培养重点实现了由陆向海，由关注传统的军事侦察和情报分析方面的技术保障能力转向致力于经略海洋、提升综合性技勤保障和海上作战能力。

然而，1885 年中法战争和福建海军覆灭却表明洋务运动所极力推进的"以法为师"的早期军事改革，尤其是突出海防重要性、加强海军人才培养对于国家防卫作战能力提升是有局限性的。加上 1871 年普法战争中法国的失败，普鲁士陆军的崛起与支撑其强大陆军的德国军事教育模式引起人们对于陆战的重视，产生了对于掌握近代军事科学技术的陆军指挥军官等新型军事人才的浓厚兴趣。这样，清政府便于 1885 年创办了专门培养陆军指挥军官的天津武备学堂，标志着"以德为师"逐渐取代"以法为师"，成为效法西方、推进军事变革和新型军事人才培养的重要参照系。

甲午中日战争的惨败，尤其是北洋海军全军覆灭，彻底打破了洋务派建设海军强国的梦想。此后，清政府开始将国防战略重点由加强海军建设转向编练新式陆军，增设了大批新式陆军学堂，加强陆军军官培养被提上了日程。这就表明，新型军事人才培养再次实现了由海向陆、加

---

① 张博文：《洋务运动与中国近代军事教育的兴起——兼论晚清军事变革及其新型军事人才的培养》，《教育史研究》2009 年第 3 期。

② 同上。

强陆军作战能力建设的历史性转折。在这个过程中，日本加紧了军事渗透，与德国展开了激烈的争夺。1898 年戊戌变法前后，日本政府向中国派遣军事顾问并接受中国留学生，受到张之洞、袁世凯等地方督抚的信任和欢迎。日本教习最先进入湖北地区，后扩大到江苏、湖南、广东、四川、福建。1901 年 9 月，清政府下令各省普遍编练新军，日本军事顾问乘机开始大规模介入新军编练，日本军事教育模式在晚清军事变革和新型军事人才培养中的地位和作用因而得以迅速上升。

四　晚清军事变革与新型军事人才培养的历史局限性

纵观晚清军事变革，作为洋务运动在军事领域的重要表现和突出成就，总体而言，它只是在器物层面上效法西方，根本摆脱不了洋务运动"中体西用"这一指导思想的束缚。"中体西用"强调传统的伦理文化是根本，是一切变革不可动摇的东西；西方文化尤其是近代科学技术只是手段，中西文化只是一种主从关系、服务与被服务的关系，不可能成为一种对等交流和相互融合的关系。可见，"中体西用"完全是明华夷之辨基础上的实用主义哲学；其文化取舍的标准是对维护传统的伦理文化有无用处。这样，洋务派效仿西方、求自强以自立，其现代化军事变革的重点是武器装备的现代化，相应地，洋务运动的工作重心也必然是对于能够用来"制器"（生产制造武器装备）的先进军事技术的引进和吸收。

正是上述思想认识上的局限性，将洋务运动引向单纯技术化、单一军事指向和片面发展海军或陆军、单骑独进的历史误区，没有也不可能将军事变革和新型军事人才培养与社会现代化转型联系起来。如此，洋务派极力推动晚清军事变革，仅仅是向西方购置或通过举办军事工业自制一些先进武器用以装备军队；至于创办新式军事学堂，也只是让学员学习和掌握一些用于制器的西方近代科学技术尤其是军事科学技术，突出和强调的是由器到技，而很少涉及那些使先进技术和武器装备发挥更大效能的军事制度、军事思想等方面的内容，更谈不上对于民族国家观念和尚武精神的培养了。

事实上，与引进先进武器装备和军事科学技术相比，军事制度尤其是新型军事人才培养制度的改革更具有决定性意义，且发挥着不可替代的重要历史作用。然而，武科举制度的继续存在，和晚清军队集团化、私家化所带来的任人唯亲、结党营私等弊端一起，使得近代军事学堂的发展受到了传统的军官选拔和任用机制等方面的政策挤压。新型军事人才培养与军官选拔任用严重脱节，阻断了新型军事人才成长和进步的道路。加上社会文化价值观念的歧视和传统的贱兵思想，军人被排斥在士农工商的四民之外，其职业地位得不到应有的尊重，导致合格军官匮乏和军队战斗力不强。这也是甲午中日战争中清军惨败的深层次原因。

第二节　清末民初社会变迁与近代军事教育的转型

如果说甲午中日战争的失败还只是引起清政府在国防战略上由海向陆的转变，使李鸿章、张之洞等洋务派官员在比较"西国之将领，由武备院肄业生考充兵弁，以次迁升，必其学成而后致用"① 和总结反思战争经验教训的基础上，开始意识到军事教育落后状况和训用不一致的严重后果，进而提高了军事教育对于建立一支近代军队重要性的认识，那么，经过八国联军侵华的庚子国难之后，清政府便有了改弦更张、推进军事制度改革的强烈愿望和实施以军事变革为核心、涉及社会生活诸领域的新政运动的具体行动。随着辛亥革命的胜利和革命果实被窃取，从废除封建帝制、建立民主共和国到袁世凯恢复帝制失败、逐步陷入北洋军阀统治和新旧军阀混战的长期动荡局面，中国社会相继发生了一系列重大历史变迁。由于时代条件和任务环境的重大变化，近代军事教育的现代转型呈现出时代性、集团性和价值取向多元化等诸多特征，对南京国民政府时期乃至新中国军事人才培养产生了深远影响。

一　清末新政运动对军事教育变革的影响

所谓清末新政运动，是指为了巩固摇摇欲坠的统治地位，在资产阶级立宪派的推动和参与下，晚清政府于 20 世纪初所推行、由袁世凯等新政派直接领导和发动的一系列自上而下的改革运动。这场以变法图强为目的、以现代化军事变革为核心、始于 1901 年年初清政府成立督办政务处的改革运动，具有广泛而深远的历史影响。新政运动"进一步引进西方资本主义政治制度与法律，实行了废除科举、建立新军、起草宪法、设立资政院咨议局等重大改革"，"成为中国现代化进程中重要一

---

① 中国史学会编：《中国近代史资料丛刊·中日战争（七）》，上海人民出版社、上海书店出版社 2000 年版，第 536 页。

环，也为辛亥革命和民国时期的现代化建设打下了基础"，① 开启了近代史上第一次宪政实践。其中，无论是官制改革中设商部（后与工部合并称为农工商部），奖励工商业，还是改革政治体制，保障公民个人经济自由，都表明了世界资本主义发展潮流的积极影响。可见，清末新政运动不仅将近代军事教育变革从由器到技的起步阶段推向了一个以制度创新带动全面现代化转型的新的发展阶段，而且总结和反思洋务运动以来晚清社会现代化转型的经验教训，将单一军事指向的社会现代化转型更多地转向了经济和政治领域，相继提出了经济自由化和政治民主化的改革任务，从而实现了社会现代化转型理论认识上的一次质的飞跃，促进了社会现代化转型，也对后来的军事教育变革产生了积极推动作用。

（一）废除科举制度为近代军事教育的现代转型扫除了体制性障碍

长期以来，占主导地位的小农经济和"耕读结合、耕战结合、重农抑商"三位一体的农耕文明形态，不仅形成了一种以官本位为价值取向、以"行政权力支配社会"为突出特征、文化传统相对封闭和保守的超稳定的社会结构状态，而且强化了封建专制统治和集权主义政治倾向，成为维系传统农业社会稳定的现实经济和制度基础。科举制度作为农业社会的一种教育体制和官员选拔任用机制，更是具有不可替代的双重历史作用。一方面，它扮演了选育人才的重要角色，成为"耕读结合（文官科举取仕）、耕战结合（军官武举）、重农抑商"这一农耕文明形态的具体实现形式；另一方面，它充当了强化封建专制主义统治的工具，形成"士、农、工、商"四位一体的社会等级秩序及其"官本位、政府支配社会"的利益结构模式和"万般皆下品、唯有读书高"的文化价值取向。

历史上，封建士大夫阶层的存在，反映了科举制度下读书与做官、知识阶层与官僚阶层之间的联系。它表明科举教育的目标是造就少数仕宦吏才，而不是通过不同层次的教育来发挥社会上每个人的潜在能力，引导其实现个性化发展，以满足社会现代化转型的多样化需求。与培养公民和塑造国民精神的现代教育不同，科举教育是为王朝统治服务的，体现的是王朝主体观念和臣民精神。正是这种科举制度下的奴化教育，加上官本位、政府支配社会造成的权力寻租，导致政治腐败的滋生和社会资源配置效率的低下，使得人们对于权力政治和科举制度痴迷、沉醉，窒息了整个社会现代化转型的生机和活力。

① 王晓秋、尚小明：《戊戌维新与清末新政》，北京大学出版社1998年版，第5页。

第二次鸦片战争失败后,洋务派开始认识到科举制度的局限性,提出了改革科举制度的主张,并在考试科目和内容等方面进行了大胆尝试。但是,洋务派未能自觉意识到以伦理纲常为根本的科举教育与新式学堂所倡导的以培养公民和塑造国民精神为宗旨的现代教育是相互冲突的。相反,他们主张以"中体西用"的立场和观点来学习西方文化,兴办新式学堂,坚持洋务教育与科举教育双重体制并行,致使军事教育变革一直局限于技术层面,始终在由器到技的起步阶段徘徊不前。

从洋务运动到戊戌变法,从甲午中日战争失败到庚子国难,清政府吸取历史教训,深切地认识到了"整军御侮,将才为先"的重要性,逐渐将军事变革的重心由强调武器装备的单纯性技术引进转移到了增强军事教育训练效果、推进现代化(机械化)军队建设所必需的军事制度改革上来。于是,清政府于1901年7月16日废除武科举制度,成为新政运动在军事制度上的第一个重大改革举措。如此,新式军事学堂因不再受到体制性障碍或政策挤压而获得了空前发展,新型军事人才的培养也开始由双重体制并行趋于现代军事教育之一途。到1906年年初,科举制度被废除,彻底"切断了传统教育同做官发迹之间的纽带",①直接冲击了传统教育体制和政治制度体系。这就从根本上动摇了封建统治秩序,摧毁了其存在的制度基础,加速了封建士大夫阶层分化和现代知识分子及兵阶层的产生,促进了近代军事教育的现代转型。

(二)编练新军和军国民教育为近代军事教育的转型营造了社会氛围

历史上,基于道德至上主义的文化价值观念,传统社会奉行"好男不当兵"的思想,"兵"被视为不可接触的"准贱业",游离于四民社会之外,处于一种被否定的地位。②"壮健之士,力足以谋朝夕者不愿入伍,独游手偷惰之卒隶名其中,名著于籍而兵缺于武者又不可胜数。"③军人素质低下是军队战斗力衰落的根本性因素。

近代以来,一次又一次反侵略战争的惨败使张之洞、袁世凯等朝廷重臣意识到必须首先改变对"兵"的看法,在培养民族尚武精神、提高官兵素质和改善军人形象的基础上促进军人职业地位的上升。为此,

---

① 〔美〕罗伯特·A. 柯白:《四川军阀与国民政府》,殷钟崃、李惟建译,四川人民出版社1985年版,第27页。

② 韩文琦:《晚清军事变革与近代中国社会变迁》,《南京政治学院学报》2006年第6期。

③ 刘蓉:《养晦堂诗文集(卷八)》,清光绪年间刻本,第31页。

他们总结甲午战败的深刻教训，提出要加大军事改革的力度，极力推动在全国范围内编练新军，将改革重心转向军事制度，倡导并确立了新的兵役制度，颁布了新军的统一饷章，规定了军人的职级，使得军人在近代中国的兴起成为必然趋势，[1] 促进了新型军事人才的培养和选拔任用。

作为朝廷重臣和新政运动的倡导者，袁世凯极为重视现代教育的发展。他多次建议朝廷"饬下各省厚筹经费，多设学堂，务使僻壤穷乡，皆有庠序"，[2] 告诫下属，新政运动"当前只有两件事重要，即'学校和军队'"[3]。尤其是军国民教育的兴起，促进了民族尚武精神的弘扬，且将教育发展与军队建设相结合，"希图用尚武精神武装人民群众，提高国民素质，增强国防力量"，[4] 客观上有利于改善军人的社会形象。于是，"人们出于爱国救亡的需要，开始响应尚武主义者的呼唤，尤其是一代青年知识分子参与军事的热情迅速高涨"[5]。由于尚武与爱国联系在一起，社会上出现了秀才从军热。受过西方思想熏陶的新式知识分子纷纷涌入军队，导致"新军中受过最佳训练的军队，是那些从讲武学堂毕业的人"[6]，彻底改变了过去军官来源以行伍出身、世袭和武举为主的状况。此时，商家贾人也"弃贾投军，思由此进身，以酬生平之志"[7]。显然，"军人从一种地位较低的单纯职业性集团，变成了一支有影响的社会力量"[8]。"现在情形已经改变了，武人的地位有了转变。"[9] 良好的社会氛围，有利于促进近代军事教育的现代化转型。

（三）军事教育体系构建为近代军事教育的转型提供了制度保障

庚子国难充分暴露了合格军官匮乏、部队战斗力普遍不强等一系列弊端，引起了人们对于军事教育变革的深刻反思。正如有学者所指出的，"仅有现代武器（尤其这种武器购自外国）和西式训练，是不能使

---

① 罗志田：《失去重心的近代中国：清末民初思想权势与社会权势的转移及其互动关系》，《清华汉学研究（第二辑）》，清华大学出版社1997年版，第12页。

② 《袁世凯奏议（上册）》，天津古籍出版社1987年版，第270页。

③ 《袁世凯奏议（下册）》，天津古籍出版社1987年版，第1138页。

④ 梁义群：《简评〈军国民篇〉》，《安徽史学》1997年第2期。

⑤ 皮明勇：《关注与超越》，河北人民出版社1999年版，第169页。

⑥ ［美］拉拉夫·尔·鲍威尔：《1895—1912年中国军事力量的兴起》，陈泽宪、陈霞飞译，中国社会科学出版社1979年版，第212页。

⑦ 《武昌起义档案资料选编（中卷）》，湖北人民出版社1982年版，第344页。

⑧ ［美］费正清：《剑桥中国晚清史（下卷）》，刘广京译，中国社会科学出版社1985年版，第622页。

⑨ ［澳］冯兆基：《辛亥革命中的军事策反活动》，载张玉法《中国现代化史论集·辛亥革命》，台湾联经出版事业公司1982年版，第340页。

中国取得足够的防御力量的"，① "清季军队衰颓的一个根本原因，是不能提供胜任的将弁"②。袁世凯、张之洞等新政派领袖对此深有感触，提出了改革军事教育体制的主张。1904 年 9 月，练兵处会同兵部，制订《陆军学堂办法》，将学堂分为小学、中学、兵官学堂和大学堂四个层次。③

为了解决正规军事学堂教育难以满足新军初建急需大批新式军官的矛盾，袁世凯进一步加强了速成教育。他在新建陆军中设立随营学堂，将陆军学堂分为正课学堂、速成学堂和速成师范学堂三类，规定各省设立讲武堂，为"各军官研究武学之所，应派各镇官长分班轮流到堂讲学"。④

到辛亥革命前，清政府开办陆军小学堂近 30 所，陆军中学堂 4 所，陆军速成学堂共十余所。⑤ 此外，军事专业技术学校也日渐增多，⑥ 全国军事教育机关达到 70 所。⑦ 这样，就形成了一个以四级（小学、中学、兵官学堂和大学堂）三类（正规陆军学堂、陆军速成学堂和军事专业技术学校）陆军院校体系为支撑、由低级到高级循序渐进、军事训练和军事教育双管齐下、正规教育和速成教育相结合的军事教育体系，从制度上保证了近代军事教育转型的顺利实现。

二　民国初年政治纷争对军事教育变革的影响

随着中华民国的建立和封建帝制被推翻，建设一个民主共和国，推动社会现代化转型、实现中华民族自强自立的伟大目标，被历史地提了出来。但是，由于以袁世凯为核心的近代军人集团诞生和持久性影响，由于以孙中山为首的民主主义革命势力缺乏军事力量的支撑和最广大人民群众的动员，辛亥革命的胜利注定是短暂的，革命果实被窃取也是必然的。问题在于，清末新政运动以来社会现代化转型赖以实现的政治前

---

① ［美］拉尔夫·尔·鲍威尔：《1895—1912 年中国军事力量的兴起》，陈泽宪、陈霞飞译，中国社会科学出版社 1979 年版，第 34 页。

② Etienne Zi. *Pratique des Examens Litteraires en Chine*，Shanghai：Imprimerie de la Mission Catholique，1894.

③ 陈鹏：《清末新政时期袁世凯的军校教育思想探析》，《学术论坛》2006 年第 2 期。

④ 《袁世凯奏议》，天津古籍出版社 1987 年版，第 551 页。

⑤ 陈鹏：《清末新政时期袁世凯的军校教育思想探析》，《学术论坛》2006 年第 2 期。

⑥ 史全生：《中国近代军事教育史》，东南大学出版社 1996 年版，第 94 页。

⑦ ［美］拉尔夫·尔·鲍威尔：《1895—1912 年中国军事力量的兴起》，陈泽宪、陈霞飞译，中国社会科学出版社 1979 年版，第 269 页。

提，即统一强大的中央政权和必要的军事力量建设的有力支撑，随着袁世凯复辟帝制的失败和近代军人集团领导核心的丧失，已经不复存在。此后，近代军人集团分崩离析、各派军阀之间的混战和地方割据，使军事力量建设成为获取和巩固政权的关键性因素。用毛泽东主席的话讲，"须知政权是由枪杆子中取得的"。[①] 这一混乱状况持续到 1928 年前后南京国民政府的北伐成功，才基本上告一段落，我国军事教育变革也随之进入一个新的历史发展阶段。

（一）辛亥革命的成功与失败

辛亥革命的成功是特定条件下的产物，其失败的根本原因在于当时社会政治力量难以有效整合，尤其是政治精英或领袖集团的意见分歧和政治纷争。这里，所谓特定条件，就是以袁世凯为核心的近代军人集团对于全国政局的影响和掌控能力，以及该集团与以孙中山为首的民主主义革命力量在政治上的妥协或共识。

正是两大政治力量的妥协，即清帝退位和推举袁世凯当中华民国临时大总统，才促成了辛亥革命"推翻封建帝制、建立民主共和国"与"和平、统一"目标的实现。这可以说是孙中山作为伟大政治家和领袖人物的远见卓识，更是其现实主义政治态度的重要体现。然而，袁世凯作为政治领袖和历史人物的局限性在于，其自身难以克服的皇权思想和专制主义政治文化传统是与社会现代化转型所要求的民主、进步的价值观念相冲突的。一旦袁世凯远离建设民主共和国与推动社会现代化转型的共同目标而去恢复帝制，便挑起了不必要的政治纷争，迫使孙中山发起护国运动，最终埋葬了短命的洪宪帝制。

客观地看，以孙中山为首的民主主义革命力量对于民主的执着追求和共和国理想过于美好的憧憬，实际上助长了当时的政治浪漫主义，抵消了以政治妥协和两大政治力量有效整合来共同致力于促进社会现代化转型这一政治现实主义的积极影响，排除了通过新加坡式的开明专制或君主立宪制寻求社会现代化转型现实道路的可能性。反思后来的军阀混战、国共两党 28 年的斗争和新中国为实现社会现代化转型所经历的种种曲折，当初袁世凯追求的君主立宪式的洪宪帝制很难说不是一种可行的历史选择。毕竟，袁世凯本人曾是新政运动的倡导者，历史上也有日本、英国等君主立宪制国家现代化转型的成功案例。历史发展似乎表

① 毛泽东：《在中央紧急会议上的发言（1927 年 8 月 7 日）》，载中共中央文献研究室《毛泽东文集（第 1 卷）》，人民出版社 1993 年版。

明，孙中山晚年转向"以俄为师"，走上以党治国、党化国家的"军政""训政"的道路，反而将清末新政运动已经开始、袁世凯试图推行下去的宪政改革放到了遥远的将来。

由此可见，由于缺乏建立在政治现实主义基础之上的应有共识和相应的两大社会政治力量的有效整合，民国初年的政治精英或领袖集团产生了意见分歧和政治纷争。这样，必然导致社会现代化转型历史进程的中断，使得军事人才培养难以发挥促进社会现代化转型的积极作用，反而成了军阀混战和地方割据的帮凶。

（二）军事依赖型现代化战略的逐步确立与历史局限性

辛亥革命实现了近代历史上具有革命意义的政治变革和思想变革。伴随着政治、经济和思想文化领域一系列变革的推进，才形成了军事力量建设与政治、经济等社会生活其他领域各项建设的关系问题。此后，从袁世凯就任中华民国临时大总统到复辟帝制，从"二次"革命、护国战争到袁世凯被迫取消帝制，再到孙中山多次北伐和最终领导、发动国民革命运动，都表明了社会现代化转型对于军事力量建设的严重依赖，实际上选择的是一种军事依赖型现代化战略。

然而，军事依赖型现代化战略是有很大缺陷的，尤其是难以发育并形成健全的民主制度来确保国家的长治久安和社会现代化转型的最终实现。显然，仅仅把政权的巩固建立在是否掌握枪杆子或者军事力量建设的强有力支撑的基础之上，而不去致力于民生的改善、民主政治制度的科学设计和积极建设，从而增强政权合法性，无异于缘木求鱼、南辕北辙。民国初年之所以在袁世凯之后会发生军阀混战、地方割据和社会动荡，根本原因就在于军事依赖型现代化战略固有的对于军事力量建设及其核心人物作用的依赖和政治民主化内在动力不足的先天性缺陷。试想，假如袁世凯能够继续推进宪政改革，将军事力量建设置于宪政体制之下，作出像美国民主宪政或英国君主立宪那样的制度性安排，牢固确立对于法治的信仰，那么军事力量也许就会成为对外拓展民族国家利益、确保主权和安全的重要战略工具，成为对内促进民生和民主政治制度建设的保护性力量或积极因素，而不再是社会动荡、军阀混战的制度性根源。正是在这个意义上，作为历史见证人的章士钊先生强调，辛亥革命"没有完成新政已经开了头的建立现代民主政治制度的历史任务，从而失去了稳定社会秩序的制度保证"。他意味深长地指出："今之论士，语涉辛亥革命，往往过于夸张，估计成功二字，溢量殆不知何许。"① 细细回味，上述历史的发展的确应该给予我们推进社会现代化转型更多的启迪和教益。

不难看出，军事依赖型现代化战略客观上要求抓好军事力量建设。清末民初的袁世凯得益于此。孙中山在经历了多次护法战争的失败之后，才在俄国十月革命的启发下顿悟，喊出"以俄为师"的口号，决心走俄国人的路，抓"枪杆子"、进行"武力统一"。孙中山改组中国国民党，创办黄埔军校，培养党的军官人才，建立和发展革命军，最终解决了如何实现武力统一的问题。但是，这只是问题的一个方面。因为，抓"枪杆子"仅仅是一个"马上得之"、获取政权的阶段，下一步要做的是如何巩固政权，也就是"马下治之"，关注民生，进行民主制度的科学设计和建设，将军事力量建设纳入宪政体制的基本框架和法制化轨道，从而确保社会现代化转型顺利实现和国家长治久安。正是这些问题未能很好地解决，导致军事教育变革与社会现代化转型难以良性互动，成为军阀主义不断滋生的深层次原因。

（三）从保定陆军军官学校到黄埔军校：近代军事教育的现代化转型

历史地看，近代军事教育的现代转型是从袁世凯开始的。他一直将加强军校建设作为培植个人政治势力的根本手段，将其置于非常突出的地位。与曾国藩、李鸿章等前辈相比，袁世凯不仅延续了军事力量私有化、集团化的传统，而且通过广设军事学堂和改革军官选拔任用机制，彻底改变了"军事学堂数量少，培养的人才有限，且培养人才大都以担任军事教习为目的，很少能担任军官，以及军队各级军官的来源仍以行伍出身、世袭和武举为主"和"军队积习相因，战斗力无法提高"等不利状况。他将随营学堂和军事学堂培养的人员充实到军队，使"毕业诸生材艺有成者，或拨任营员，或经湖北、山西、陕西各省纷纷咨调，派充教习、营弁"，以至"近时直隶募练新军，所派将校官弁，亦多取材于此"。② 尤其是北洋常备军第一镇，"所有将弁除调用之北洋将领外，余多由直隶将弁学堂造就毕业"，③ 整个以新建陆军为主体的北洋军被袁世凯掌控，形成了"只知道袁宫保、不知道有大清朝"的局面。

保定陆军军官学校的创办更是将袁世凯个人权势和近代军人集团的

---

① 章士钊：《孙黄遗札密诠》，载《章士钊全集（8）》，文汇出版社 2000 年版，第 341 页。
② 《袁世凯奏议》，天津古籍出版社 1987 年版，第 551 页。
③ 《清末新军编练沿革》，中华书局 1978 年版，第 14 页。

发展推向了历史的顶峰。这所当时全国规模最大的军官学校，主要是为了完成军官养成教育任务、仿效日本和德国等军事强国的办学模式，于1912年10月12日正式创办。该校聘用外籍教官和留日士官学校毕业生进行新式教学，形成了一套完整、正规的军事教育制度。它是当时唯一一所全国陆军初级军官学校，相当于日本陆军士官学校，在近代中国军事教育史上具有极其重要的地位。后来，在兵连祸结、财力支绌的情况下，保定陆军军官学校被迫于1924年12月停办。该校延续12年，共开办了9期，培养各级军官6500余名。其中，有1500余名将军，有近450人被列入"现代名人辞典"。该校毕业生由于经过了严格、正规的军事教育，具有良好的军事素质，且不同程度地受到了进步思想的影响，得到了孙中山于1917年在广州成立的护法军政府的高度重视。

1924年，孙中山创办黄埔军校，邀请了大批保定陆军军官学校毕业生入校任教。显然，黄埔军校与保定陆军军官学校是有着很深的历史渊源的。两所军校最大的不同在于，黄埔军校效仿苏俄红军的建军模式建立了政治工作制度，强调通过加强军队政治工作和革命思想的熏陶培养"党的军官人才"。它坚持以革命的三民主义武装学员，把政治教育和军事训练放到同等重要的地位，使军事教育的现代化转型具有了鲜明的时代性和阶级性。黄埔建军为北伐战争取得胜利奠定了基础，是孙中山新"三民主义"思想与革命军队建设实际相结合的伟大创举。

由此可见，从组织革命党到创立革命军，再到培养"党的军官人才"，反映了清末民初社会现代化转型对军事教育变革的根本性要求。保定陆军军官学校与黄埔军校的历史沉浮表明，民主主义革命力量取代近代军人集团而登上政治舞台是大势所趋。将军事力量置于革命政党的领导之下，实现武力与国民的结合，使武力成为人民的武力，是近代以来军事制度的重大创新，更是黄埔建军的灵魂。它从根本上消除了军阀主义的制度根源，推动了军事教育变革的深入发展。

第三节　新民主主义革命与国共两党军事教育体系的构建

应该说，在国共两党共同推动下，北伐战争的胜利进军实际上为结束北洋政府黑暗统治和军阀割据的混乱局面、实现国家统一和社会现代化转型提供了难得的历史性机遇。但是，由于以蒋介石、汪精卫为首的国民党相继叛变，国共合作的国民革命遭受了严重挫折和失败。在总结失败教训的基础上，中国共产党人开始了武装反抗国民党统治的斗争。随着国共两党政治斗争的尖锐化，军事力量建设逐渐被纳入国内政治斗争的轨道，出现了明显的党派分野；加上严格思想控制、区分阶级成分、划分政治立场等政治化倾向，客观上对国共两党军事人才培养产生了重要影响。

一　德国模式对国民党军事人才培养的影响

第一次国共合作的破裂和德国军事力量的重新崛起使得以蒋介石为首的南京国民政府将军事力量建设的参照系由苏俄模式转向了德国模式。于是，以国民党军队为代表的中国军事力量建设进入学习德国模式、全面推进现代化转型的新阶段。

（一）军事院校建设与军官培养

在德国军事顾问支持和帮助下，南京国民政府加强军事院校建设，致力于提高军官的现代化水平，到抗战爆发前，初步形成了一个相对完整的军事院校体系。除了加强军事院校建设，军官尤其是高级军官的知识更新也受到了高度重视。鲍尔主持开办了炮兵、坦克及通信方面的军官研究班和译述训练班，[①] 佛采尔根据长城抗战教训，向蒋介石提议设立了高级训练班，专收旅长以上之部队长官，[②] 当时，中央军校和陆军大学普遍地设立了将官训练班。1933 年，蒋介石在庐山专门开办了军官训练团，亲任团长，任用大批德国顾问讲课，对军官们进行强化培训。[③]

（二）陆军特种兵建设对军事人才培养的影响

针对 20 世纪 30 年代初期陆军兵种单一、合成化作战能力难以适应战争发展要求的实际状况，根据德国军事顾问佛采尔关于加强特种兵建设的建议，南京国民政府重点加强了炮兵、装甲兵、骑兵等兵种建设，取得了明显的成效。一是加紧炮兵部队的编练，充实了炮兵兵种装备和编制；二是加快装甲部队建设的步伐，形成了一定的战斗力；三是成立骑兵教导队，发展了骑兵部队。此外，南京国民政府还对工兵、通信

---

① 陈振国：《德国顾问与中国军事现代化（1927—1937）——以军事教育及军队编制的发展为例》，《平顶山学院学报》2006 年第 3 期。

② 《中国第二历史档案馆中德外交密档（1927—1947）》，广西师范大学出版社 1994 年版，第 147 页。

③ 陈振国：《德国顾问与中国军事现代化（1927—1937）——以军事教育及军队编制的发展为例》，《平顶山学院学报》2006 年第 3 期。

兵、交通兵等兵种进行整顿和组训工作。到1937年，陆军特种兵已初具规模，其中装甲兵团1个，炮兵4个旅和20个独立团，铁道兵1个团，汽车兵1个团，通信兵2个团，工兵团2个，基本具备多兵种合成作战能力，[①] 初步实现了陆军的现代化，也为包括空军、海军在内的军事力量建设的现代化转型积累了丰富经验。上述多兵种建设的不断推进，提高了陆军现代化作战水平，促进了兵种人才培养。

（三）在整军建军中推进军事教育变革

为了推进全国军队的裁并整理工作，南京国民政府于1929年1月召开了军队编遣会议。同年8月3日，国军编遣实施会议第四次会议通过了"陆军编制原则"，对统一全国陆军、划一组织编制起到了促进作用。到抗战前夕，在德国军事顾问的协助下，南京国民政府正式将陆军编成48个军，主要采用德制武器装备。此外，还整理了广东10个师，川康26个师、9个独立旅。[②] 经过整理改编，全国军队的军权、军政、军令基本上得到统一，为后来全民族抗战奠定了坚实基础。

与此同时，南京国民政府加强军队现代化建设的战略举措，也为德国军事学术思想渗透和军事教育模式移植提供了极其便利的条件，尤其以陆军大学的办学最为典型。陆军大学前身是袁世凯于1906年6月创办的保定陆军军官学校，1912年迁往北京并更名为"陆军大学"，1932年1月迁址于南京，由杨杰任校长。一直到1937年8月奉蒋介石之命担任驻苏联全权大使为止，杨杰主政陆军大学长达6年之久，为国民党培养了大批高级指挥官、参谋人员和理论研究人才。[③] 作为中国近代著名军事理论家和军事教育家，杨杰强调培养学员的"将帅人格"，重视学员军事学术研究和实战能力的培养，主张仿效德国军队建立一套学用结合的多级军校教育体制，即从第一阶段的军官预备教育到第二阶段的分科教育，再逐步过渡到第三阶段的加强教育。[④] 事实上，这一时期国民党军事教育也是以德国模式为参照系的。比如，陆军大学于1928年在正则班基础上创设特别班，实际上沿袭了德国职业军事教育的经验做法。至于设立的兵学教官班（后来发展为兵学研究院）和将官班，更是体现了陆军大学在军事人才培养规格和层次上的重大变化。在课程设

---

① 陈振国：《德国顾问与中国军事现代化（1927—1937）——以军事教育及军队编制的发展为例》，《平顶山学院学报》2006年第3期。
② 同上。
③ 陈鹏：《杨杰军事教育思想述论》，《理论月刊》2007年第9期。
④ 同上。

置方面，以正则班为例，陆军大学的课程分为兵学和政治两大类，比较重视以战术为中心的教学，尤其是现地作业与实战相当接近，有利于理论知识向实践能力的转化。上述推进军事教育变革的努力，极大地配合了南京国民政府整军建军活动，使军队中高级指挥和参谋人员中受过高等军事教育的人数大为增加，为军队现代化做出了重要贡献，也极大地推动了现代军事教育的发展。

二　美国模式对国民党军事人才培养的影响

正当以德为师、推进现代化军事变革已经初见成效的关键时刻，日本悍然发动了全面侵华战争，而与日本有着战略结盟关系的德国便中断了与中国的军事合作关系。在这种情况下，南京国民政府开始寻求苏联援助，试图推动以军事现代化为核心的抗战救亡运动。后来，随着国际形势的变化，尤其是太平洋战争爆发后美国对华抗战态度转变和军事援助不断增加，美国在华政治、经济和军事影响日益扩大，于是，南京国民政府便将对外寻求援助、推进军队现代化建设的工作重心转向了美国。

（一）社会现代化转型的制度性障碍与变革契机

近代中国走的是一条有选择地学习西方和逐渐西化的道路，而政治上的现实需要成为选择什么样的参照系，进而采取什么样的方式实现社会现代化转型的主导性因素。一直到全面抗战爆发前夕，中华民族不仅没有自立于世界民族之林，反而受尽了引以为师的西方列强的欺凌和压迫，滋生了具有浓厚封建主义传统的新旧军阀和以四大家族为代表的官僚资本。究其原因，军阀主义和官僚资本本质上是传统农业经济和小农意识的产物，是与现代工业经济发展和政治民主化要求背道而驰的。

作为近代以来向西方学习、变革传统社会结构的现代化转型所选择的参照系，无论是德国模式和日本模式，还是苏俄模式，都具有军事专制主义倾向，缺乏政治民主化的价值引导，因而只是在一定程度上迎合了强化政治权力、维护统治秩序的现实政治需要，而并没有为解决社会现代化转型问题提供可资借鉴的成功经验。

历史表明，良好的宪政安排对社会现代化转型是至关重要的，这一点，从美国社会现代化转型的成功经验中得到了充分验证。由于将军事力量建设和使用置于宪政体制的框架之下，美国形成了一种文官治军、将帅统兵和崇尚武力、积极对外扩张的军事传统，从而使得日益发展的军事力量成了维护国家战略安全利益的重要因素，对其大国崛起和最终成为超级军事政治经济大国发挥了不可替代的历史性作用。太平洋战争的爆发和中美战略结盟，实际上为南京国民政府在推动军事现代化、促进社会现代化转型方面寻求新的参照系提供了某种现实可能性。

（二）中美战略结盟对社会现代化转型的影响

作为一个新兴的大国，美国尽管很早就抢占了菲律宾，将触角伸到了东南亚和西太平洋地区，但其国际影响在第二次世界大战前毕竟是有限的。正是国际形势的变化，尤其是德、意、日等法西斯国家相继在欧洲、非洲、亚洲侵略扩张，为美国充分运用综合国力发挥世界性影响提供了契机。在此背景下，美国决定将对外政策的眼光由西半球转向亚洲和西太平洋地区。远东政策的酝酿和逐步形成，正体现了美国政府对于包括东亚和西太平洋地区进行利益渗透和保持足够影响力的战略考虑。

太平洋战争的爆发，更加坚定了美国实施远东战略和援助中国抗战、提升中国战场战略地位的决心。于是，中美两国很快便建立了战略结盟关系。美国援助中国抗战，目的在于增强中国战场抗击日本法西斯的能力、牵制更多的日军兵力和战略注意力，减轻太平洋战场上的巨大压力。对于蒋介石和国民政府而言，美国军事援助无疑大大加强了自身军事力量建设。

问题在于，尽管国共两党实现了第二次合作、形成了蒋介石和国民政府统一领导下全民族团结抗战的局面，但专制主义的政治传统和领袖个人专权的军事传统是根深蒂固的。蒋介石和国民政府不仅限制中国共产党抗日武装力量的发展，独占美国军事援助物资，而且片面强调军队抗战，排斥或压制民众抗战。为此，蒋介石和国民党政府制定了"防共、限共、溶共、反共"的方针，在敌后战场制造一系列摩擦事件、掀起多次反共高潮等政治逆流，极大地削弱了中国战场上的作战能力。

以蒋介石为首的国民党和国民政府消极抗战、积极反共是美国政府所不愿看到的，也是日益发展壮大的抗日民主力量所极力反对的。在美国政府的政治压力和其他国际反法西斯力量的强烈谴责下，经过抗日民主力量积极争取和艰苦斗争，蒋介石和国民政府被迫在加强抗日民主政权建设、改善民生、开放党禁、新闻和结社自由、停止反共等方面采取了一些有利于抗战的措施，推动了政治民主化进程，使社会现代化转型更多地受到了美国模式及其经验做法的积极影响。

（三）全民族抗战对国民党军事教育体系的冲击

伴随着全民族抗战局面的形成，人们开始理性地反思军事力量建设之于国家、民族前途和命运的重要责任。共产党领导八路军、新四军在敌后战场英勇作战，与国民党消极抗战、积极反共形成鲜明对比。人们越发认识到军队是维护国家战略安全的根本力量，是民族解放、国家独立和人民幸福的强大后盾，而不应该是政治阴谋家攫取个人权势的工具。实现民族解放和国家独立成为军事现代化的强大动力。

在妥善处理加强军事力量建设、促进政治民主化、确保国家长治久安之间关系方面，美国模式恰恰是值得蒋介石和国民政府认真学习和借鉴的。但是，蒋介石和国民政府不仅坚持积极反共、消极抗战的顽固立场，背离了武力与国民相结合原则，而且在抗战胜利后很快便发动了内战，使自己逐渐失去人心、走入了历史困境。于是，伴随政治和军事上的失败，国民党在大陆的军事教育体系陷于崩溃。

三　以俄为师与民主革命时期共产党的军事人才培养

孙中山先生总结一生革命之经验，得出"以俄为师，走俄国人的路"的基本结论，并身体力行，确立了以主义建军、以党治军、武力与国民相结合的黄埔建军原则，以及政治工作制度和党代表制度。中国共产党本身就是"以俄为师，走俄国人的路"、把马克思主义与中国革命实际相结合的产物。但是，如何把马克思主义与中国革命实际具体地、历史地结合起来，仍需要艰辛的探索和创造性的实践。由于以陈独秀为首的党的领袖集体没有能够解决好中国革命领导权和无产阶级军队建设的核心问题，在经历"四·一二"和"七·一五"反革命政变后，以毛泽东为代表的中国共产党人不断推进军事教育变革，为中国革命培养了大批军事人才。

（一）独立领导武装斗争迫切要求培养党的军事人才

以党的"八七会议"确立"武装反抗国民党反动统治的总方针"和"南昌起义""秋收起义""广州起义"等一系列武装起义为标志，中国共产党人继续走俄国人的道路，开始独立领导武装斗争。在长期革命斗争中，以毛泽东为代表的中国共产党人逐渐认识和把握了中国革命"以土地革命为主要内容、以工农武装割据为主要形式、以根据地建设为战略依托"的基本规律，走出了一条农村包围城市、积聚革命力量和最终夺取全国政权的成功道路。尤其是在人民军队建设方面，中国共产党人不仅很好地坚持了黄埔建军原则，采取了军队与人民的结合、党对军队的绝对领导、以先进思想理论武装部队官兵等一系列做法，在军队中建立了党代表制度和政治工作制度，而且加以创造性地发展，确立了"支部建在连上""加强部队思想政治工作""实行政治、经济、军事三大民主"等一系列建军原则，从而成功地解决了如何加强党的领导、建设人民军队的根本性问题。建设党领导下的人民军队，必然要求培养忠诚于人民、听党指挥的党的军事人才。

（二）在革命斗争中不断加强党对军队的绝对领导

在纠正陈独秀右倾投降主义不重视武装斗争和放弃无产阶级领导权的错误之后，中国共产党领导和发动广大人民群众开展土地革命战争，在加强军事人才培养、创建人民军队的实际斗争中积累了丰富经验。毛泽东领导秋收起义，进行了著名的"三湾改编"。后来，古田会议决议明确提出："红军是一个执行革命的政治任务的武装集团"，强调"它必须服从党的领导"，"不但要打仗，而且要担负起宣传群众、组织群众、武装群众等项任务"。① 这样，不仅实现了孙中山倡导的武力与国民的结合，而且通过加强军队党的思想政治建设和赋予军队"宣传群众、组织群众、武装群众"三大任务，解决了如何建设人民军队的根本性问题。

同时，也应看到，党内以瞿秋白、李立三等"左"倾冒险主义错误路线和以王明为首的教条主义错误路线相继占据统治地位，使得党在领导武装斗争、根据地建设和人民军队建设等方面也遭遇了不少曲折。吸取历史教训，毛泽东同志从中国革命实际出发，强调"中国革命的胜利要靠中国同志了解中国国情"，并在遵义会议上领导党和红军独立自主地解决了当时具有决定性意义的军事路线、组织路线问题。后来，经过与张国焘右倾分裂主义的斗争，毛泽东同志一再强调"共产党不争个人的兵权（绝不能争，再也不要学张国焘），但要争党的兵权，要争人民的兵权"②，牢固确立了党对军队的绝对领导，从根本上保证了人民军队的无产阶级性质。

此后，经过艰苦卓绝的长征和西安事变的和平解决，以及全国范围内抗日民族统一战线的建立、巩固和不断扩大，以毛泽东为核心的中国共产党领导集体带领全国人民，将学习马克思列宁主义普遍真理和借鉴俄国十月革命经验与创造性解决中国革命实际问题相结合，逐渐由思想上、理论上的成熟走向政治上的成熟。1942 年开始的延安整风运动，是中国共产党人独立自主地解决认识路线和政治路线问题、统一全党思想和行动的重大举措。它和后来胜利召开的党的七大一起，成为中国共

---

① 常永富：《古田会议决议——人民军队建设之魂》，《福建党史月刊》2004 年第 S1 期。

② 毛泽东：《毛泽东选集（第 2 卷）》，人民出版社 1993 年版，第 546 页。

产党理论上和政治上走向成熟的重要标志。正是在党的七大精神的胜利指引下，中国共产党实现了全党的空前团结和统一，领导全国人民取得了抗日战争的伟大胜利，建立了广泛的人民民主统一战线，最终建立了新中国。可见，加强党对军队的绝对领导，是新民主主义革命取得胜利的根本保证，也是人民军队建设的重要法宝。

（三）构建院校教育与部队训练相结合的军事教育体系

当时，中国共产党领导和发动的人民革命战争正处于机械化军事变革的时代，部队只有建立行之有效的教育训练体系，才能满足作战的实际需要。

土地革命战争时期，毛泽东同志要求部队利用作战间隙进行整训，"从战争中学习战争"成为红军训练的主要方法。为了训练基层军政干部，他先于 1928 年年初在宁冈县砻市创办了红军教导队（后改为红军军官学校），在红四军也建立了随营学校。苏区中央局于 1931 年 11 月决定将红军军官学校和红一、红三军团随营学校合并成立了军事政治学校。1933 年 10 月，中央军事政治学校扩编为红军大学、第一步兵学校、第二步兵学校、特科学校和其他技术兵种学校。[①] 红军学校为中国革命培养了军政指挥员和技术干部，保证了红军建设和作战的需要。

抗日战争全面爆发前夕，毛泽东同志和党中央创办了中国人民抗日军事政治大学（简称抗大）。从 1939 年 7 月，抗大先后在华北、华中敌后开办了 10 所分校。抗大秉承"团结、紧张、严肃、活泼"的校训，贯彻"少而精""理论联系实际""教育与生产劳动相结合"等教学原则和"坚定正确的政治方向，艰苦朴素的工作作风，灵活机动的战略战术"的教育方针，采取"启发式""研究式""教学相长"的方法，努力实现"知识分子工农化，工农干部知识化"。[②] 后来，党中央提出大量吸收知识分子加入人民军队和学校，强调实现工农干部知识化、知识分子工农化。军委和总部颁布了《关于大量吸收知识分子和培养新干部的训令》《关于军队中吸收和对待专门家的政策指示》等文件，为不断拓宽军事人才培养渠道奠定了制度保证。

解放战争时期，大量地培训干部成为摆在全党全军面前的一项紧迫任务。各大战略区部队以各自原抗大分校、随营学校为基础，成立了训

---

① 尹正达：《试论毛泽东推进人民军队机械化军事变革的伟大贡献》，《军事历史研究》2005 年第 1 期。

② 同上。

练和培养军队干部的军事政治学校。这些军政学校后来被扩建为东北、华东、西北、中原、中南、西南等军事政治大学，为人民解放军院校教育蓬勃发展奠定了基础。① 此外，全军还开展了新式整军运动，以促进军事人才的成长。围绕学习"十大军事原则"，全军掀起了"兵教官""官教兵"等灵活多样的群众性练兵运动，丰富了教育内容和形式。

总之，上述军事教育变革理论与实践，都从不同侧面探索了如何加强党的军事人才培养的问题，对于中国共产党军事教育体系的构建做出了不可磨灭的历史贡献，也在探索和实践中逐渐孕育了具有人民军队特点和中国特色的军事人才培养模式，为新中国现代军事教育体系的确立积累了丰富经验。

第四节　新中国社会变迁与现代军事教育体系的逐步确立

鉴于当时严峻的国际国内形势，毛泽东主席在新中国成立之初向全世界宣告："我们必须以最快的速度建设强大的国防军，实现国防现代化。"② 随着朝鲜战争爆发和美国武装入侵台湾地区，新中国不得不直接面对拥有现代化武器装备的美帝国主义，作战对象、条件及军队建设重点也因而发生重大变化。③ 适应作战对象的新变化、加强特种兵部队建设、培养军事工程技术人才成为军队现代化建设的重中之重。

一　抗美援朝战争与新中国军事工程技术人才的培养

过去战争年代，由于作战频繁、平时训练条件较差、人员文化水平普遍不高和院校教育发展不充分，人民军队的正规化建设受到很大限

---

① 隋东升：《试论我军院校建设的历史经验》，《军事历史》1998 年第 4 期。
② 郭德逊、毛泽东：《把"哈军工"建设成第二个黄埔军校》，《党史博览》2006 年第 4 期。
③ 正如哈军工第二任院长刘居英将军所总结的："从我们中国的历史来讲，抗战八年，打日本鬼子。之后从 1945 年到 1949 年是内战，这四年多是跟国民党打。1949 年建立中华人民共和国。我们的军队是共产党领导下的人民子弟兵，是从大刀、梭镖开始的，抗战时期才变成小米加步枪和手榴弹。到了打国民党时，缴获了一些武器，主要是炮、坦克，飞机是接收日本的，军舰有一点，很少。所以，我们的军队，在延安时期毛主席讲是小米加步枪，到解放战争胜利、建立中华人民共和国时，是以步兵为主的军队，不是海、陆、空军兵种的合成部队。"见赵阳辉《1953—1966 年的哈尔滨军事工程学院——刘居英院长访谈录》，《中国科技史料》2003 年第 4 期。

制，现代化作战能力缺乏。因此，新中国非常强调抓好院校教育和部队训练，把正规化、现代化建设提到了议事日程。朝鲜战争的爆发和中国人民志愿军入朝参战，使得我军正规化现代化建设日益迫切，并对军事工程技术人才培养起到了促进和推动作用。

（一）朝鲜战争为加快军队现代化建设步伐提供了契机

新中国抗美援朝，尽管有着保家卫国的战略安全考虑，但主要是代表以苏联为首的社会主义阵营与以美国为首的帝国主义阵营进行较量的。尤其是在中国人民志愿军通过英勇作战及时扭转战局的情况下，斯大林和苏联政府对于新中国的态度趋于积极。1952 年 8 月 20 日，周恩来总理就武器装备、培养人才和建立军事工业等问题与斯大林举行会谈，其中，包括苏联向中国提供 60 个师的武器装备，聘请苏联经济、技术专家到中国工作，帮助中国培养自己的专家。斯大林同意了所有请求，并建议办一所培养技术军官的大学，[①] 他指出：“此事至关重要。如果中国有了自己的人才，中国就将能站住脚。”[②]

（二）解决装备和人才问题是加强军事院校建设的当务之急

当时，朝鲜战场的形势非常严峻。与拥有摩托化步兵、坦克、战机甚至挟原子弹恫吓的“武装到牙齿”的美军形成强烈反差的是，我军仍然采用“手榴弹、冲锋枪加上土壕掩体”式的交战方式。由于“全军没有一个懂得新式武器构造又会维护修理的工程技术干部”，[③] 苏联提供的新式“喀秋莎”火箭炮和战斗机出了问题我们只能坐等苏联专家维修。正如彭德怀同志所指出的：“我们面临的是用现代化技术装备武装起来的敌人，我们在朝鲜吃了这个苦头。我们急切需要现代化正规化的建设，首先需要院校培养干部。”[④] 陈赓、邓华等志愿军负责人也感受颇深。周恩来总理分析当时形势，认为“我们所差的，就是在装备和技术上”，[⑤] 指示“尽快上马，早出人才”。[⑥]

① 李懋之：《陈赓将军受命创建军事工程学院》，载《国防科学技术大学回忆史料（1953—1993）》，国防科学技术大学出版社 1996 年版，第 2 期。

② ［俄］A. M. 列多夫斯基：《斯大林与中国》，陈春华等译，新华出版社 2002 年版，第 182 页。

③ 张新科：《世界近代史上高等工程教育与军事教育完美结合的典范》，《南京理工大学学报（社会科学版）》2003 年第 4 期。

④ 刘祖爱、刘凤健：《新中国军事工程技术教育的奠基人——陈赓》，《当代中国史研究》2003 年第 2 期。

⑤ 周恩来：《周恩来军事文选（4）》，人民出版社 1997 年版，第 229 页。

⑥ 任学文：《哈军工》，红旗出版社 1993 年版，第 4 页。

（三）实现国内和平与恢复国民经济为加强军事院校建设创造了有利条件

随着国内"三反""五反"运动的开展和大规模剿匪战争的结束，全国出现了一个相对和平安定的局面，被多年战争摧残的国民经济得到了迅速恢复和发展，我军开始面临和平环境下如何加强现代化建设的问题。加上朝鲜战场形势已经稳定下来，对于能够使用、维护现代化武器装备的军事工程技术人才的需求远远大于现代化武器装备本身。因此，培养军事工程技术人才，成为加强我军现代化建设的关键，不仅是必要的，而且时机已经成熟，具备了财力上、物力上和人力上的重要保障。一方面，国民经济恢复和发展使得国家财政经济状况得到了根本好转，为加强院校建设、培养军事工程技术人才提供了强有力的财政支持和物质保障；另一方面，新中国全面接收旧中国高等教育遗留下来的人员，在驱除帝国主义侵略势力的基础上进行了必要的思想改造，也为加强院校建设、培养军事工程技术人才提供了人才和智力支持。"哈军工"之所以能迅速创办并从全国选调那么多专家、教授，是与上述财力和人才支持分不开的。

（四）"哈军工"的创办与军事工程技术人才培养

如上所述，外有苏联支持和帮助，内有毛泽东主席和中央军委高度重视，加上也有了财力、物力和人力上的重要保障，在朝鲜战争对于大量军事工程技术人才需求的积极推动下，"哈军工"于1952年应运而生了。在后来的办学实践中，陈赓院长始终坚持"善之本在教，教之本在师"的办学指导思想，明确培养军事工程师的办学目标定位，强调必须以教学工作为中心。他用非常通俗的比喻，简洁、精辟地概括了教员、干部和学员之间的关系，即"教员是炒菜的，干部是端盘子的，端盘子和炒菜的都是为了学员'吃'好，学校的宗旨是育人，一切为了学员的学习成长"。陈赓院长相继提出了"使教员教好，使学员学好"、"一切为了学员"和"两老办院"、"团结建院"等一系列治校理念或办学方针。他认为，高等军事工程教育必须以政治为统帅，以工程技术教育为主，辅以必须的军事、体育训练。[1] 为了确保人才培养质量，陈赓院长强调必须严格实行全过程的质量控制。[2] 所有这些，都从不同的角度和方面科学回答了培养什么样的人和怎样培养人的问题，在高等军事工

---

① 刘晓军、吴双喜：《陈赓军事技术教育思想探析》，《国防科技》2008 年第 5 期。
② 《哈尔滨工程大学本科教学工作水平评估自评报告》，2006 年 5 月 4 日。

程教育的探索与实践中开创了新中国军事工程技术人才培养的先河。

二　全面学习苏联与新中国军事院校教育体系的初步建立

适应和平时期军队建设新形势，建立强大的现代化国防军，必须将教育训练提高到战略地位，重视和加强军事院校教育。由于苏联政府的大力支持和帮助，新中国加快了国防和军队现代化建设步伐，在建立和完善军事院校体系、实施正规化军事教育等方面取得了重大突破。

（一）构建适应现代战争需要的军事院校体系

新中国成立后，我军开始实现由单一军种（陆军）向空军、海军及炮兵、装甲兵、工程兵、铁道兵等技术兵种在内的多军兵种的转变，建设正规军事院校被提上了议事日程。1950 年 7 月，中央军委副主席、政务院总理周恩来主持召开军委会议，专门研究军事院校建设问题。会后，经毛泽东主席批准，全军将各战略区的军政大学、军政干校和各部队随营学校改建为 5 所高级步兵学校、24 所初级步兵学校和一大批专业技术学校。[①] 同年 11 月，全军军事院校及部队训练会议召开，会后起草了《关于军事院校建设及军队训练问题》的报告，成为指导军事院校教育和部队训练工作的纲领性文件。到 1957 年，全军创办了 165 所正规院校，基本形成了初、中、高衔接，军兵种齐全的比较完整的正规化军事院校体系。[②]

（二）实施正规化的军事院校教育

为了保证全军院校正规化教育的健康发展，总部先后召开 7 次全军院校工作会议，研究解决院校正规化教育中的重大问题，确立了"一切以教学为中心"的办学指导思想，强调学习苏联的先进军事科学，[③] 基本统一了大家对正规化教育的思想认识，推动了院校教育的正规化建设。[④]

首先，实现了教学内容的正规化。从 1950 年开始，全军院校逐渐统一了教学大纲和教学计划，强调学习基础理论、专业知识和基本技能，逐渐形成了包括政治、军事、专业技术、文化四大类的教学内容和课程体系。[⑤]

---

① 璞玉霞：《周恩来与军事院校建设》，《军事历史研究》1993 年第 3 期。
② 张振华：《建国初期我军院校的正规化建设》，《军事历史》1989 年第 4 期。
③ 同上。
④ 马全洲：《军队院校教育的历史回顾与前瞻》，《军事经济学院学报》2002 年第 3 期。
⑤ 张振华：《建国初期我军院校的正规化建设》，《军事历史》1989 年第 4 期。

其次，实现了教学方法的规范化。各院校普遍采取了科学的方法，一是注重系统连贯的课堂讲授，二是讲究严格的制式教练，三是实施正规化军事演习，培养学员在现代条件下诸军兵种协同作战的组织指挥能力。①

再次，实现了院校教育的制度化。研究制定了院校条例、教学工作条例和教育工作制度，对全军院校教学与管理作出了统一的规定，使院校教育有章可循、有法可依，减少了随意性，增强了科学性。②

（三）培养与正规化军事教育相适应的教员队伍

首先，拓宽渠道，解决教员的来源问题。一是从机关、部队选调具有丰富作战经验和较高理论水平的干部到院校任教；二是按照党中央"团结、教育、改造"的方针，让有较高学术水平和教学能力的旧军官任教；三是选留优秀毕业生任教。③

其次，采取多种途径和方式，解决教员的培养问题。一是参加教学实践，鼓励教员在第一线"摔打"锻炼，在实践中提高能力和水平；二是举办训练班，各院校有计划地利用寒暑假和其他教学间隙时间，分期分批组织教学观摩，交流教学经验。④

再次，加强教员管理制度建设，促进师资队伍水平的不断提高。1957 年 12 月，第七次全军院校工作会议强调要保持教员队伍的相对稳定，尤其是有经验的教员不要轻易调动改行。随后，建立了学术奖励制度，采取评定学术等级，授予学位等措施，以鼓励教员钻研学术，增强荣誉感。⑤

上述军事教育变革，将苏联军事教育经验与新中国军队建设实际相结合，在实践中探索出了一些行之有效的军事人才培养的思路和办法，大大丰富了毛泽东军事教育思想。

三　新中国军事院校教育的曲折发展与改革开放

从 20 世纪 50 年代中后期开始，针对以往快速发展存在的问题，全军重点加强了工程技术院校建设。根据 1959 年军委办公会决定，将军事工程学院的四个兵种系分出，成立炮兵工程学院、装甲兵工程学院、

---

① 张振华：《建国初期我军院校的正规化建设》，《军事历史》1989 年第 4 期。
② 同上。
③ 同上。
④ 同上。
⑤ 同上。

工程兵工程学院和防化学兵工程学院；从军种系中分出一部分，分别成立海、空军高级专科学校，并新建了海军工程学院和空军工程学院。另外，军委还批准成立了后勤工程学院、雷达工程学院。1961 年 10 月，第九次全军院校工作会议决定将部分指挥院校和文化学校改建为工程技术院校。此后，重点建设了兵种院校。①

　　然而，"文化大革命"使军事院校建设遭到严重的破坏。许多院校被迫停课搞"四大"，院校各级领导班子被冲垮。1969 年 2 月 19 日，军委办事组转发《军队院校调整方案》，规定指挥、政治、体育、艺术学校一律撤销，技术院校中凡是在部队能学到的技术一律在部队培养，高级技术学校基本保留。根据此方案，全军业已形成完整体系的 125 所院校被砍掉了 82 所，占院校总数的 2/3。其中，指挥院校被砍掉 97%，技术院校被砍掉 50%，医学院校被砍掉 75%。除北京、广州军区各保留 1 所军医学校和卫生学校外，各大军区的院校被砍光，每个兵种只剩下 1 所技术学校。保留下来的 43 所院校，其中 19 所合并或搬迁。如军医学院由齐齐哈尔迁至长沙，后又迁至广州，与广州军区卫生学校合并。第二、第四、第七军医大学辗转数千里，元气大伤。② 1972 年叶剑英同志主持中央军委工作，成立了院校调整领导小组，全军院校恢复到 84 所，其中指挥院校 38 所、技术院校 44 所、空军预备学校 2 所。

　　1977 年 8 月，被恢复职务的邓小平重新主持军委工作，强调要把原有的学校基本上恢复起来，院校要训练干部、选拔干部、推荐干部，起到集体干部的作用。1978 年 1 月 18 日，中央军委全会讨论通过了《关于办好军队院校的决定》，把院校工作提到重要议事日程。到 20 世纪 70 年代末，军队院校已发展到 116 所，其中指挥院校 40 所、政治院校 5 所、技术院校 54 所、飞行院校 17 所。③

　　1985 年 12 月 24 日，根据中央军委决定，军事学院、政治学院、后勤学院合并成立中国人民解放军国防大学。次年 2 月，第十三次全军院校工作会议召开，讨论、修改了《全军院校体制改革精简整编方案（草案）》。后来，根据上述方案，撤销、合并或改建了一批院校，调整了全军院校数量。④ 1986 年 6 月，中央军委作出了《关于军队院校教育改革的决定》，规定实行军委统一领导下的总部与各大单位两级领导体

① 隋东升：《试论我军院校建设的历史经验》，《军事历史》1998 年第 4 期。
② 《新中国军事院校建设回眸》，http：//www.guqiaow.com/simple/? t182746.html。
③ 隋东升：《试论我军院校建设的历史经验》，《军事历史》1998 年第 4 期。
④ 《新中国军事院校建设回眸》，http：//www.guqiaow.com/simple/? t182746.html。

制。1987年3月，《中国人民解放军院校工作暂行条例》颁布，明确了院校教育管理制度，划分了各级各类院校的培训体制、培训层次。①

经过上述调整和改革，军事院校教育得到迅速发展，造就了一批办校治学的行家里手和一支政治强、业务精、作风正的师资队伍，也培养了大批部队急需的人才。到20世纪80年代末，我军基本形成了多类型、多层次、比较完善的军事院校教育体系，为最终确立具有我军特色的现代军事教育体系奠定了坚实基础。

四　中国特色新军事变革与现代军事教育体系的确立

20世纪90年代以来，以江泽民为核心的党中央和中央军委洞察世界军事发展趋势，提出了"面向信息化战争、建设信息化军队"和解决"打得赢、不变质"两大历史性课题的重要思想，强调"要把院校教育摆在优先发展的战略地位"，为推进新一轮军事变革、确立现代军事教育体系指明了方向。1999年7月，第十四次全军院校会议召开，提出了初级指挥生长军官实施"基础教育合训、专业教育分流"的培养模式，强调优先发展院校教育。

世纪之交，科索沃战争、阿富汗战争、伊拉克战争等几场高技术局部战争，使我军在关注高技术局部战争、加强世界新军事变革追踪研究的同时，确立了以信息化带动机械化、实现机械化和信息化复合式发展的思路，提出了推进中国特色军事变革的根本任务和目标，从而在军事思想、作战理论、部队训练、编制体制、人才培养等各个方面进行了大胆探索。在此背景下，全军院校第十五次工作会议于2005年7月在北京召开，重点对院校和训练机构的培训任务进行了新的规划和调整，将全军院校划分为任职教育院校和学历教育院校，大力推进全军院校体制编制改革，形成了以军队任职教育院校为主、军队学历教育院校为辅和军地并举、依托国民教育与依靠军队自己培养相结合的院校教育格局。②

近年来，我军积极推进机械化条件下军事训练向信息化条件下军事训练转变。"军事训练聚焦信息化，将使我军从以作战单元和平台为中心、侧重于单一军兵种内部纵向的逐级合成训练，走向以体系为中心、诸军兵种横向联合的一体化训练，先进的信息技术将取代工业时代传统

---

① 隋东升：《试论我军院校建设的历史经验》，《军事历史》1998年第4期。
② 刘逢安、陶社兰：《中国军队院校正在由学历教育向任职教育转变》，http://www.cnr.cn/military/zhongguo/200706/t20070618_504493642.html。

技术成为主导训练的主要技术力量。"① 全军部队将复杂电磁环境下训练纳入军事训练大纲，成为部队训练和院校教育必训、必学和必考内容。同时，各部队结合各自使命任务，通过针对性、对抗性训练和实兵实装检验性演习的考核，初步探索了信息化战争环境下开展训练的手段和方法。②

　　面对新世纪新阶段我军建设的新形势、新任务，胡锦涛主席提出了坚持以推动国防和军队建设科学发展为主题、以加快转变战斗力生成模式为主线的重大战略思想。③ 为了认真贯彻胡主席这一战略思想，中央军委委托四总部于 2011 年 7 月召开了全军院校第十六次工作会议，筹划未来十年军队院校教育改革发展。会议强调新一轮调整改革将围绕联合作战指挥人才培养完善培训体制、围绕新型作战力量建设优化院校结构、围绕提高人才培养质量效益整合教育资源、围绕增强办学活力理顺内部关系，进一步健全以任职教育为主体、军队院校教育与国民教育融合、军队院校与训练机构结合的新型军事人才培养体系。④ 经过调整改革，全军院校和训练机构将健全以生长干部初级指挥、兵种（专业）指挥、合同作战指挥和联合作战指挥四个层次为重点的指挥军官逐级培训制度。⑤

　　伴随着第十六次全军院校会议精神的贯彻落实，逐渐构建了军队院校教育、部队训练实践、军事职业教育"三位一体"的新型军事人才培养体系，具有中国特色的军事教育变革进入了"全面推进、深入发展"的新的历史时期，较好地适应了社会现代化转型的新形势、新要求。尤其是党的十八大以来，以习近平同志为核心的党中央高瞻远瞩、科学筹划和实施了新形势下的国防和军队改革，不仅明确提出了"建设一支听党指挥、能打胜仗、作风优良的人民军队"这一强军目标，而且全面实施改革强军战略，积极借鉴外军改革的成功经验，大力改革军队领导管理体制和作战指挥体制，重点发展新型军事力量体系，走出了一

---

① http：//military. people. com. cn/GB/1076/5411088. html.
② 郭嘉、徐壮志：《聚焦信息化：人民解放军军事训练历史性变革》，《环球军事》2007 年第 5 期。
③ 《推动国防和军队建设：铸就科学发展的钢铁长城》，http：//www. gov. cn/jrzg/2012 - 09/29/content_ 2235848. htm。
④ 胡春华、刘逢安：《四总部联合召开第十六次全军院校会议》，《解放军报》2011 年 7 月 12 日。
⑤ 胡春华、刘逢安：《四总部联合召开第十六次全军院校会议部署院校和训练机构调整改革任务》，http：//news. mod. cn/headlines/2011 -07/11/content_ 4250975. htm。

条实现强军目标、建设世界一流军队的新路子，极大地推进了中国特色新军事变革，从而为我国军事教育变革指明了目标和方向。

总之，从第十四次全军院校会议到第十六次全军院校会议和新型军事人才培养体系构建，具有中国特色的军事教育变革不断推进和深入发展。除了全军院校和训练机构新一轮调整改革任务的全面部署和逐步展开，对外军事交流和留学生教育、军队继续教育也取得了新进展，依托国民教育培养军队干部工作取得了明显成效，多渠道和全方位育人格局逐渐形成，以构建新型军事人才培养体系为目标的现代军事教育体系得以最终确立。总之，伴随着中国特色军事变革的深入发展，我国现代军事教育体系日趋完善，在促进和推动社会现代化转型的改革和探索中最终形成了以培养党的军事人才为目标定位、以多渠道和全方位育人为突出特征、以新型军事人才培养体系为依托的具有中国特色的军事人才培养模式。

第五节　小结

本章通过 1840 年鸦片战争以来社会现代化转型背景下军事教育变革的历史考察，探讨了我国军事人才培养模式的孕育与形成。历史地看，从洋务运动师法英法、致力于培养新式海军专业技术人才和指挥军官，到清末民初学习和借鉴德国、日本经验，加强陆军指挥军官和各兵种专业技术人才培养，一直到孙中山以俄为师、培养具有革命精神的党的军官人才，近代以来中国军事教育的历次变革与整个社会的现代化转型一样，始终是以外国模式为参照系的。至于新民主主义革命时期国共两党的军事教育体系，也是以苏俄模式为原型建立起来的。可以说，一直到新中国成立，军事教育并未找到适合国情、军情的发展道路，只是在改革开放伟大实践中才逐渐走出苏联模式、形成并确立了具有中国特色的军事人才培养模式。

第一，近代军事教育具有求富强以自立的政治动机和明显的技术倾向。

我国近代军事教育兴起的标志是 1866 年福州船政学堂的创办。与强调单骑突进的军事现代化和"船坚炮利"之类的技术因素一致，洋务运动倡导近代军事教育，所关注的也只是西方科学技术知识的学习和引进，始终局限于"中体西用"思想的局限而难以有所超越。然而，对于西方科学技术知识的引进，毕竟在课程体系和教学内容方面突破了科举制度下传统的封建伦理教育，使其开始向现代科技教育转变。

第二，转型中的近代军事教育具有救亡图存的目标指向和强烈的制度诉求。

从甲午战败后的戊戌变法到庚子国难后的清末新政运动，处于社会现代化转型中的近代军事教育具有救亡图存的目标指向。随着新政运动相继提出经济自由化和政治民主化的改革任务，晚清军事变革与社会现代化转型从由器到技的起步阶段开始进入一个以制度创新带动现代化建设全面转型的新的发展阶段。以袁世凯为代表的新政派通过废除科举制度、提倡军国民教育、构建军事教育体系推动军事教育变革。遗憾的是，近代军事教育转型并未在袁世凯推进军事教育变革的过程中完成。一直到1924年孙中山在苏俄政府帮助和中国共产党支持下创办黄埔军校，效仿苏俄模式建立了政治工作制度，坚持将新"三民主义"思想与革命军队建设实际相结合，实现武力与国民的结合，才实质性地推进了近代军事教育的现代转型。

第三，国共两党军事教育体系具有黄埔建军的历史渊源和浓厚的政治色彩。

孙中山先生晚年主张"以俄为师，走俄国人的路"，并在苏俄政府的帮助下联合中国共产党人创办黄埔军校，推动国共合作的北伐战争和党的军官人才培养。然而，由于蒋介石、汪精卫相继背叛革命和宁汉合流，中国共产党人被迫走上了武装反抗国民党统治的斗争，军事人才培养也随之被纳入国内政治斗争的轨道，出现了明显的党派分野和浓厚的政治色彩，逐渐形成国共两党军事教育体系。国民党军事教育体系的形成以抗日战争为界，经历了加强正规化军事院校建设和全面推进军事教育变革两个阶段。共产党军事教育体系的形成经历了十年内战初创、八年抗战奠基、解放战争大发展三个阶段，尽管院校教育规模和水平受到了战争环境和物质条件的较大限制，仍以部队训练和"从战争中学习战争"为主，但已经建立起了具有人民战争特点、土洋结合和体现我军特色的军事教育体系。

第四，新中国军事教育变革在改革开放的伟大实践中实现了历史性超越。

新中国军事教育变革大体上经历了正规化建设、曲折发展、改革开放和全面调整四个时期。目前，经过1999年7月第十四次全军院校会议、2005年7月第十五次全军院校会议和2011年7月第十六次全军院校会议及新一轮改革调整，军事教育变革将进入全面推进、深入发展的新的历史时期。除了全军院校和训练机构新一轮调整改革任务的全面部署和逐步展开，部队训练改革不断推进，对外军事交流和留学生教育、军队继续教育也取得了新进展，多渠道和全方位育人格局逐渐形成，从而确立了与中国特色新军事变革相适应、具有我军特色的现代军事教育体系，最终形成了具有中国特色的军事人才培养模式。

综上所述，近代以来军事教育的不断变革，孕育并形成了具有中国特色的军事人才培养模式。具体来说，按照不同时期的变革主题，可以将我国军事教育变革的历史过程划分为四个阶段：第一阶段，以洋务运动和军事教育内容改革为标志，主题是近代军事教育的兴起；第二阶段，以清末民初社会变迁和军事教育制度改革为标志，主题是近代军事教育的转型；第三阶段，以新民主主义革命和军事教育的意识形态化为标志，主题是国共两党军事教育体系的构建；第四阶段，以新中国社会变迁和中国特色军事人才培养模式形成为标志，主题是现代军事教育体系的构建。

第四章 外国军事教育变革的经验借鉴

他山之石，可以攻玉。通过对于以美国、英国、俄罗斯为代表的外国军事教育变革特点及经验的比较和分析，从中找到一些军事教育变革及其人才培养模式改革的共性或一般规律，有助于深化对军事教育变革理论与实践问题的认识，对于深化当前院校教育和部队训练改革、创新军事人才培养模式也将具有重要的经验借鉴和理论启迪意义。

第一节 美国军事教育变革的特点及趋势

考察美国军事教育变革历史与现状，不难发现，美国确立培养职业军官的目标定位及其相应的一系列制度、形成职业军官培养模式，与其由来已久的职业化军队建设思想和历次战争的经验教训有着很大关系，更与整个社会的现代化转型有不可分割的内在联系。探讨美国军事教育变革的历史、现状及特点，对于正确把握军事教育变革的共性或一般规律、推进我国军事人才培养模式的改革和创新具有重要的理论启迪意义和经验借鉴价值。

一 美国军事教育变革的历史演变

正如上述相关理论分析所指出的，一旦将军事教育变革置于社会现代化转型的宏观历史背景之下，便意味着可以将军事教育变革的历史理解为军事人才培养模式的孕育形成和演变发展过程。回顾美国军事教育变革的历史，职业军官培养模式的形成和演变经历了一个从学习借鉴他国经验到形成并彰显自身特色的漫长过程。

（一）职业化军队建设思想与美国职业军官培养模式的由来

从历史上来看，美国是一个有着军事传统的国家。崇尚武力的军事传统一直根植于美利坚民族孕育、形成和不断强大的历史及其文化传统中。① 正如美国学者所说："自从第一批殖民者踏上美洲海岸之后，我们这个民族就一直忙于战争，只是程度大小有所差异而已。"② 正是战争催生了美利坚合众国，促成美国的不断对外扩张和大国崛起。战争对于美国历史发展的巨大推动作用，取决于建设职业化军队的持久热情，以及多年来致力于培养职业军官的不懈努力和卓有成效。

然而，美国建设职业化军队的热情并非先天，培养职业军官的努力起初也不受重视，甚至可以说早期的美国对于职业军队的存在和职业军官培养是持怀疑态度的，其文化价值取向是限制武力、反对加强军事力量建设的。③ 人们似乎更愿意相信为数甚众的民兵足以保卫国家安全，职业军队（常备军）的发展不仅无助于国家安全，甚至有可能危害民主政治体制。因此，从独立战争结束到 18 世纪末，美国人一直不愿意负担最低限度的常备军，④ 认为职业军队"有可能成为克伦威尔和威廉三世这类人手中实行专制独裁的工具"。⑤ 当时，华盛顿总统极力推动建立一所能够培养军官、传承战争艺术的军事院校，但一直迟迟未获国会批准，由此可见一斑。对发展职业化军队的过分谨慎，以及培养军官不得力，最终酿成了苦果，使得美国在 1812 年美英战争中遭遇了英军火烧白宫、血洗卡普尔顿市的惨剧。

正是 1812 年美英战争之后的痛定思痛，使得美国从以往因民兵散漫、毫无战斗力和军官缺乏训练、纪律性极差而屡屡导致战场失利的深刻教训中感到了培养职业军官、建立一支职业化军队的重要性，开始改变了对于武力的看法，激发了美利坚民族尚武精神。此后，历经对印第安人的战争、南北战争、美西战争、第一次世界大战和第二次世界大战，美国越发认识到建设职业军队的重要性，逐渐形成了根深蒂固的职业化军队建设思想。基于上述认识，美国联邦政府开始重视以西点军校为代表的军事院校建设，加强职业军事教育，围绕职业军官培养的目标定位不断推进军事教育变革，从而逐步形成了具有自身特色的职业军官

① 张博文：《美国的军事传统与大国崛起——基于教育军事学的研究视角》，《黑龙江史志》2008 年第 20 期。
② 厄尔编：《近代军事思想——从马奇维里到希特勒的军事思想》，钮先钟译，军事译粹社 1975 年版，第 3 页。
③ Arthur A. Ekirch, Jr. The Civilian and the Military: A history of the American antimilitarist tradition, Ralph Myles, 1972.
④ 樊高月：《西点军校》，海南出版社 1996 年版，第 4 页。
⑤ Michael S. Neiberg: Making Citizen-soldier, Harvard University Press, 2000: 3.

培养模式。

（二）军事教育制度确立与美国职业军官培养模式的形成

如果说培养职业军官的目标定位体现了对军事人才培养需求的主观认识或理论把握，反映的是一种关于军事人才培养的现实需求，那么，如何培养职业军官，则属于实践层面的具体策略选择问题，也即为满足军事人才培养需求、围绕职业军官培养所开展的军事教育训练活动及其过程由谁组织和怎样实施的问题。

如前所述，美国联邦政府是在经历了 1812 年美英战争之后才开始重视军事院校建设、加强职业军官培养的。[①] 当时，麦迪逊政府将学习借鉴先进军事教育的目光更多地投向了以法国为代表的欧洲国家，陆军部先后派遣西尔韦纳斯·塞耶（Sylvanus Thayer）、丹尼斯·哈特·马汉（Dennis Hart Mahan）等一批青年军官赴法国进行了一系列军事考察。通过为期两年的军事考察，塞耶系统研究了拿破仑的军事思想和教育理论，深入了解欧洲著名警察富歇的军事训练方法，认真学习法国梅茨军校和巴黎理工学校的办学经验，为后来领导西点军校改革、构建规范美国军事人才培养的塞耶体系奠定了坚实基础。马汉为期四年的考察访问更是使美国在工程技术方面受益匪浅，他本人在土木工程和军事工程学、战争艺术、军事思想和战略理论研究等领域也取得一系列突破性进展，并尝试将军事教育课程与具体的工程学相结合，极大地促进了工程技术教育与美国军事战略思想的协调发展。显然，在学习和借鉴法国军事教育经验的基础上，美国培养职业军官更多地从自身的实际出发，尤其是根据当时西进运动中经济大开发对于工程技术人才的实际需要，大力发展军事工程技术教育，逐渐形成了具有工程技术特色的军事专业教育体系——塞耶体系。整个塞耶时期，大约每 4 名西点毕业生中就有 1 人为探测、开发、铺路修桥、开沟挖河、修堤筑坝和铺设铁路等民用工程事业服务效力。陆军部长彼得·B. 波特（Peter B. Potter）于 1828 年对西点军校给予了高度评价，认为西点军校"正在撒播它的科学种子……不仅撒播于陆军，而且也撒播于我们这个年轻的国家，同时也促进了国民普通学校接受实用技术科学的欲望，改变了世界对我国工程师的评价。这些工程师现在遍布美国，很快，在土木工程领域内有造诣的教授也将遍布

---

① 白晓忠、吴玉金、周锐：《西点史话》，国防科学技术大学训练部 1989 年版，第 137 页。

美国各地"①。

后来的战争实践特别是 1861 年爆发的南北战争也表明，塞耶体系是非常成功的。战争中，对于以工程技术教育为知识背景的新型军事人才的巨大社会需求，刺激了西点军校的发展和军事工程技术教育的迅速崛起，使得西点在南北较量特别是联邦政府战胜南部联盟的军事斗争中声名显赫，涌现出了诸如威廉·特库姆塞·谢尔曼（William Tecumseh Sherman）、罗伯特·李（Robert Lee）等许多著名军事将领，以及以杰斐逊·戴维斯（Jefferson Davis）和尤利西斯·辛普森·格兰特（Ulysses Simpson Grant）为代表的政治精英，将西点军校的社会影响由军事和政治领域扩展到经济、文化等各个领域，赢得了普遍赞誉。

这里，所谓塞耶体系，就是按照两个精英的思想（军人是社会的精英，军官是军人中的精英），以斯巴达式的环境（高尚的战士理想，表现为严肃简朴、恪守纪律、战友情谊、献身国家、献身英雄业绩和热爱荣誉）来塑造学员军人的性格和特殊的品质，以雅典式的（强调以数学作为智力训练的中心环节，教育训练"完整的人"）、体现现代技术教育要求的固定课程和先进的教学法来强化学员的学术和智力训练，把学员培养为忠诚于国家、服务于社会、具有高度责任感和强烈使命感的职业军官（军人的领袖）。其中，最重要的有两点：一是纪律与性格养成，即通过实施严格、公正、平等的纪律和塑造性格、个人品质的职业化军事教育，培养正规陆军职业军官；二是文化与学术熏陶，即通过卓有成效的教学法和预先安排好的课程来实施系统、全面而又极其严格的高等学历教育，强调四年一贯制正规教育是实战经验的重要补充和提高。

这里，塞耶体系本质是满足社会现代化转型现实需求、积极适应早期工业化的任务环境变化的重要产物。持续四年多的南北战争造就了西点神话，也对塞耶体系的发展产生了重要影响。以南北战争为标志，美国军事战略思想继 1812 年美英战争之后发生了第二次重大转变，其重点由领土扩张转向商业和贸易等经济领域的对外战略扩张。适应这一战略转变，美国将学习借鉴先进军事教育经验的参照系转向了德国。尤其普法战争之后，随着德国的统一和迅速崛起，职业化军事教育开始取代军事工程技术教育，成为美国军事教育变革的重点。加上西进运动中持

---

① 白晓忠、吴玉金、周锐：《西点史话》，国防科学技术大学训练部 1989 年版，第 137 页。

续不断地对印第安人战争和美西战争的影响，新的任务环境对于斯巴达精神的不断强化，影响甚至改变了美国职业军队建设的目标和方向，使得美国军队建设呈现出欣欣向荣且热情不断高涨的军事专业化发展势头，甚至"成为美国建军史上最繁荣昌盛的几十年"。① 在此背景下，"西点军校越来越同它曾一度为之做出巨大贡献的美国教育界疏远了，越来越走自己的路了"。② 也就是说，西点军校因被战争英雄的光环不断神化而逐渐偏离了原来的轨道，其作为国家在科学和工程方面的开拓者的名望逐渐为实质和形象的日益斯巴达化所取代。此时，海军军官学校也被一种斯巴达精神所鼓舞，一度饮誉全国的科学研究和文化中心的盛名逐渐让位于不断强化的斯巴达精神，甚至后来于1876年创办的海岸警卫队军官学校也极其虔诚地将西点军校作为自己效仿的榜样。于是，塞耶体系在经历了一系列改革之后，更加突出和强调学员的坚强意志、道德成长和性格培养及其数学、物理等工程教育，开始走出了西点，成为美国军事教育历久不衰的传统，并最终奠定了美国职业军事教育的制度基础。

为了推进上述军事教育变革，1875年陆军准将埃默里·厄普顿（Emory Upton）赴欧洲进行军事考察，重点考察了普鲁士的总参军事学院。回国之后，厄普顿建议建立一所高级军事学院，但遭到了当时陆军参谋局的极力反对。③ 在厄普顿的帮助下，海军准将斯蒂温·B. 卢斯（Stephen Temperature B Luce）制订了一个培养高级海军指挥官的教育计划，得到了海军部长的支持，于1884年在罗得岛州纽波特建立了海军战争学院。④ 后来，陆军部长伊莱休·鲁特（Elihu Root）于1901年在华盛顿特区也成立了陆军战争学院（Army War College）。⑤ 到第一次世界大战结束为止，美国职业化军事教育已具有相当规模，军官逐级培训基本得到了落实。

第一次世界大战后，对于培养合格职业军官的战略关注，成为美国

① T. Harry Williams. The History of American Wars from 1745 to 1918, N. Y. 1983.

② 白晓忠、吴玉金、周锐：《变革中的美国军校》，国防科学技术大学训练部1989年版，第28页。

③ National Defense University. Catalog 2002—2004 of National Defense University, http：//www. ndu. edu/.

④ William E. Simons. Professional Military Education in the United States——a Historical Dictionary, London：Greenwood Press, 2000.

⑤ Judith Hicks Stiehm. The U. S. Army War College：Military Education in a Democracy, Temple University Press, 2002.

军事教育变革的新动向。作为战争的亲身经历者，无论是陆军参谋长佩顿·马奇（Peyton Mudgee），还是被任命为西点军校校长的道格拉斯·麦克阿瑟（Douglas MacArthur），都认识到了通过修改教学计划和课程设置、改革不合理的规章制度重振西点军校的迫切性。马奇在接见麦克阿瑟时，明确提出了西点军校落伍于时代的弊端和重振军校、变革西点的必要性。于是，麦克阿瑟下令对军校各方面的工作进行全面调查研究，并在此基础上推进西点军校改革，大力倡导民主精神，将体育锻炼提高到与科学文化教育、军事训练同等重要的地位，积极推行课程改革，从而为塞耶体系的现代化转型和美国现代军事教育的发展奠定了坚实基础。此外，在总结第一次世界大战的经验教训的基础上，美国军界认为战争胜利必须依靠大量物质支持，尤其需要军队和地方紧密合作，由此促成了 1924 年陆军工业学院（Army Industrial College）的建立。①此后，美国职业军事教育得到迅速发展。到了 20 世纪 50 年代初期，美国在三个军种都建立了高级军事学院，使得职业军事教育体系得到了进一步完善。②

（三）军事教育制度创新与美国职业军官培养模式的演变

第二次世界大战后，随着空军军官学校的创办，塞耶体系在美国军事教育中的传统地位受到不可避免的挑战。为了吸引优质生源，该校承诺学员毕业时可以得到学士学位。然而，由于对任务认识不清，空军军官学校将在橄榄球赛中击败陆军和海军作为自己的任务，在选择教职员和校长、教务长时没有过多地考虑他们的学术资格问题，空军军官学校学士学位授予的注册立案资格受到了美国地区大学联合会质疑。一旦通不过注册立案资格的鉴定检查，便意味学员毕业时无法获得学校承诺的学士学位。从组织危机中脱颖而出的教务长罗伯特·麦克德莫特（Robert McDermott）坚持承认学员在其他院校进修的课程所获得的学分，成功地设立了替代免修课程的选修课程科目。这就打破了全盘规定课程的制度，使军校在课程设置方面背离了塞耶体系。伴随着空军军官学校提出硕士学位计划的争论和冲突，各军种院校加强了学术改革，进一步明确了军事教育的任务、目标和层次定位，为构建具有美国特色、任务分工明确、类型层次区分明显、军地高校交叉渗透的联合职业军事教育体

---

① 范玉芳、肖政：《美军高级职业军事教育的历史与发展趋势》，《继续教育》2009 年第 11 期。

② Russell F. Weigley. Towards an American Army, N. Y. , 1962.

系奠定了坚实基础。上述改革对军事教育变革尤其是制度创新产生了巨大的推动作用。

20 世纪 80 年代末、90 年代初以来，国际战略形势发展呈现出复杂多变、安全威胁多元化和非传统性、不确定性等新特点，凸显了掌握应对新的多元安全威胁所必需的高新技术手段和制信息权的极端重要性。所有这些变化，对于联合作战力量构成和组织指挥提出了新的、更多的要求，凸显了联合职业军事教育在信息化军队建设中的重要地位，客观上要求人们将联合职业军事教育体系构建作为信息化军队建设的重中之重。1987 年 3 月，美国众议院武装部队委员会委任众议员艾克·斯凯尔顿（Eicke Skelton）组建了"军事教育专家委员会"（"斯凯尔顿小组"）。该小组经过两年对各中高级指挥院校、参联会和各联合作战司令部的广泛调研，对美军职业军事教育系统培养"联合职责军官"能力进行评估，于 1989 年 4 月提交了一份关于军事教育改革的综合报告。该报告强调美军必须构建一个完善的联合职业军事教育体系，建立"分为两个阶段的联合职业教育模式"，即在第一阶段，各军种中高级院校向学员教授各军种军官必须掌握的联合作战专业知识；在第二阶段，由武装部队参谋学院承训，教授联合作战部队统一部署与运用课程。[①] 后来，经多方修订和完善，上述"联合职责军官教育计划"由两个阶段扩展为全程教育，并先后于 1998 年、2004 年以《参联会主席第 1800.01 号指令：军官职业军事教育政策》和参联会《军官职业教育政策》文件形式颁发，确立了包括预备联合职业军事教育、第一阶段联合职业军事教育、第二阶段联合职业军事教育、单独阶段联合职业军事教育、将官联合职业军事教育在内的五个级别的联合职业军事教育体系。[②]

综上所述，美国职业军官培养模式是在不断学习借鉴基础上结合自身实际需要建立和完善起来的。它不仅在职业军官培养主体上逐渐确立了五个层级的联合职业军事教育体系，而且适应时代发展和战争实际需要，修订培养目标及其质量标准和基本规格，并据此改革教育内容、方式和方法，从而实现了军事教育的历史性变革。

---

① Chairman of the Joint Chiefs of Staff. Officer Professional Military Education Policy, Dec. 2000.

② 王保存：《美军联合作战指挥人才教育培养体制探析》，《外国军事学术》2008 年第 1 期。

二 美国军事教育变革的现状及特点

通过对社会现代化转型背景下美国军事教育变革的历史考察，可以发现，正是内政与外交围绕民族国家利益的实现相互支撑、相得益彰，使社会现代化转型选择了军事助推型现代化战略，加上任务环境中战争氛围日益浓厚，使军事教育斯巴达倾向一再被强化，最终导致了以培养职业军官为目标定位、以融合专业教育与职业军事教育为主要特色的美国职业军官培养模式的形成。

（一）美国军事教育变革的经验与主要做法

当前，在积极推进军事教育变革的过程中，美国依据培养合格职业军官的教育理念，通过宣扬军队国家化、非党化和一系列专业及职业军事教育，将文官治军、分权制衡、保障人权等一系列宪法精神和法治原则贯穿于军事教育训练中，不断地强化民族国家观念、军人职业道德和文化价值观念的灌输，致力于培养忠诚国家、服从文官领袖领导和献身美利坚民族利益的合格职业军官。具体来说，主要有以下几点经验和具体做法。

第一，重视前期培养。美国在全国 3000 多所中学和中等专业技术学校设立后备军官训练团初级部，鼓励优秀中学生参加后备军官训练团。后备军官训练团初级部宗旨是"培养有国防意识和社会责任感的优秀公民"。① 后备军官训练团初级部吸引许多想了解军队、了解社会和丰富人生阅历的中学生，而参加过训练的中学生很多都在中学毕业时选择上军校、参军或参加大学的后备军官训练团。②

第二，注重政策激励，吸引高质量的生源。除了通过军校招生延揽高质量生源，美国联邦政府积极鼓励大学生参加后备军官培训团，依据1916 年国防法和其他相关法律制定了相应的优惠政策，为参加后备军官训练的学员提供奖学金和津贴补助费。③ 奖学金大体分为四类：一是全部奖学金，包括学费、书籍费、住宿补贴；二是部分奖学金，包括部分学费、书籍补贴；三是鼓励奖学金；四是书籍费。美国陆、海、空三

---

① Reserve Officers' Training Corps, May 22, 2009, http：// www. en. wikipedia. org.

② 辛昕：《美国后备军官训练团 人才培养模式及启示》，《人力资源管理》2010 年第 6期。

③ College ROTC：The Way Ahead, Department of the Army Headquarters, United States Army, Fort Monroe, Virginia, April 2000.

军统一规定学员的津贴补助为每人每月 150 美元。① 接受奖学金资助的学生，要求在军队中的总服役期至少为 8 年，其中服现役 2—4 年，后备役 4—6 年。②

第三，严格准入制度，选拔高质量的生源。对申请参加后备军官训练的学生，按照服役的条件进行智力、心理测试，以及"武装部队资格测试"和体检。③ 测试合格者必须开一份可以接触机密的证明，方可录取为后备军官训练团的学员。④ 报考军事院校远比报考州立大学复杂得多。⑤ 例如，凡成为西点军校的学员，都必须通过提名推荐、本人申请、考试考核的程序，择优录取。在参加考试的前一年，还必须得到美国总统、副总统、参议员、众议员、州长、市长或部队主管推荐，才能获得正式报考资格。经过一轮轮考试和测验，入学前最后一关只剩下 2000 多人，入学资格评审委员会还要从德、智、体等方面全面衡量，择优录取，最后有幸被录取的仅约 1400 人。⑥

第四，通过扎实有效的院校教育培养职业军官。美国对依托院校开展职业军事教育极为重视，强调优先发展。美国职业军事教育包括军官任命前教育、初级职业军事教育、中级职业军事教育、高级职业军事教育和将级军官教育五个层次。⑦ 其中，军官任命前教育即基础教育，承担着选拔和培养职业军官的任务，主要有三个途径：①军队初级院校，主要是美国陆、海、空三军和国民警卫队所属的四所军官学校，其毕业生是军官队伍中的精英和骨干力量，每年约占新任命军官总数的 15%；②后备军官训练团，主要由各军种在全国 1000 多所地方大专院校中设立，毕业生是军官队伍的主要来源，每年约占新任命军官总数的 48%；③候补军官学校和军官任职培训学校，主要招收地方大专院校毕业生和具有大学二年级以上文化程度的优秀士兵，毕业生也是军官队伍的重要

———————————

① 辛昕：《美国后备军官训练团 人才培养模式及启示》，《人力资源管理》2010 年第 6 期。

② Reserve Officers' Training Corps，（2009 – 05 – 22）http：// www. en. wikipedia. org.

③ 辛昕：《美国后备军官训练团 人才培养模式及启示》，《人力资源管理》2010 年第 6 期。

④ Ping-hsiung lo. Study of U. S. Military Officers Commissioned Through ROTC, the Service Academies, 1997.

⑤ 李军：《美军人才队伍建设及其启示》，《中国高等教育》2001 年第 21 期。

⑥ 陈蔚红：《从教育角度分析美军军官的培养模式》，《职业时空》2009 年第 1 期。

⑦ Responsibilities of the Office of the Army Chief Information Officer/G – 6. Office of the Army Chief Information Officer/ G – 6, http：//www. army. mil/ciog6/index. html.

来源，每年约占新任命军官总数的 20%。初级职业军事教育，目的是使新任命少尉军官具备所在兵种专业的任职能力，一般在各兵种专业技术学校进行，时间为 3—12 个月，承担该任务的院校有 93 所。中级职业军事教育，主要针对服役满 10—15 年的少尉和少校军官，学习参谋业务、作战理论及诸兵种合同战术，时间为 1—2 年，承担该任务的院校有 14 所。高级职业军事教育，主要针对服役满 16—23 年的中校和上校军官，学习合成军队作战、联合作战的指挥与参谋业务等，时间为 2—10 个月，承担该任务的院校有 6 所。将级军官教育，主要培训高级将领和拟晋升将官的军官，学制短，时间大约为 2—6 周，在各军种或国防大学开设的军官培训班进行。

第五，通过循序渐进的岗位任职锻炼职业军官。一是遵循有条不紊的晋升步骤。① 军官职业生涯发展，一般都严格按照一定阶段和步骤进行，且在每一阶段都要经历兵种、职能和专业方面的教育与训练、作战任职和自我发展的过程。② 二是实行切实有效的岗位轮换制度。③ 美军对军官尤其是高级指挥官实行全方位、大跨度岗位轮换制度，以此来丰富军官的阅历与经验，增强军官跨军种、跨部门之间的指挥或协调能力。按照规定，军官同一岗位任职时间一般不超过 4 年，最长不超过 6 年，到时间必须轮换。④ 同时，非常重视作战部队任职经历，把是否担任过连、团、旅主官作为指挥和参谋军官晋升的必备条件。三是实行公平有序的考核与晋升制度。⑤ 为了准确地判断每个军官的表现和潜力，美军制定了程序规范、客观全面、操作透明、监惩有力的考核与晋升制度。⑥ 在实际操作过程中，强调公平竞争，晋升程序非常严格，整个实施过程是在公开透明的环境中进行。此外，还采取个人查漏监督、官兵投诉监督和监察机构监督相结合的方式，对各类人事腐败案件进行监督防范。⑦

第六，通过个人的自我教育与发展培养职业军官。美军强调军官要终身学习，把自我教育与发展作为衡量军官能力和资格的重要方面，要

① 陈蔚红：《从教育角度分析美军军官的培养模式》，《职业时空》2009 年第 1 期。
② James M. Lutz: America's Armed forces, New Jersey, 1991.
③ 陈蔚红：《从教育角度分析美军军官的培养模式》，《职业时空》2009 年第 1 期。
④ Paul J. Reoyo: Professional Education: Key to Transformation, ADA401044XAB, April2002.
⑤ 陈蔚红：《从教育角度分析美军军官的培养模式》，《职业时空》2009 年第 1 期。
⑥ 同上。
⑦ 同上。

求军官根据专业目标，制定有计划、循序渐进的自我教育与发展规划，以增强和保持军事才能。① 军官自我教育途径和方式多种多样，包括函授、专业阅读、参观博物馆、看电影等，不拘一格。②

第七，将继续教育贯穿于军官的整个职业生涯。美国 113 所军校中，只有 7 所承担着军官的学历教育，其余 106 所均为任职教育院校，这足以看出其院校教育的重点。军官在服役的每个阶段，都有相对应的课程，院校教育与军官职业发展衔接紧密。

第八，贯彻落实训用一致、训升统一的原则。美军将军官任职与教育培训挂钩。军官要得到晋升、转改专业或从事新的工作，通常都要经过院校培训；如果不完成规定的培训，就不能获得晋升的任职资格。因此，纵览高级指挥军官的成长历程，每一级军衔和职务的晋升调整都和不断地进修、学习紧密相连。

第九，鼓励交流任职，限制任期。美军采用全方位、大跨度的岗位轮换，丰富军官阅历，加强跨军种、跨部门之间的指挥或协调。③ 对任职期限和服役年限，美军有严格限制。④ 限制任职期限，有利于不断选拔培养年轻有为的军官，淘汰不称职的军官，有效地促进军官流动，避免腐败现象。⑤

最后，注重立法，健全和完善了军事人才培养制度。《美国法典》的《教育法卷》、《国防法卷》和《军事法卷》有许多关于军事教育的内容。美国参、众两院专门设有军事院校监督委员会。此外，美军非常重视训练法规建设。⑥ 这些政策法规，为美国军事教育提供了基本遵循。

（二）美国军事教育变革的主要特点

美国军事教育变革在策略选择上实行以个性发展为特色的职业军事教育，强调学员既是受训者，也是重要的教学资源。⑦ 尤其是课堂教学普遍采用开放式、讨论式、师生互动式的方法，注意调动学员学习的积极性和主动性。国防大学的集体授课、小组讨论、个人自学与体育活动

---

① 陈蔚红：《从教育角度分析美军军官的培养模式》，《职业时空》2009 年第 1 期。

② 同上。

③ 张大海、李江帆：《美国军官培养之道》，《领导文萃》2005 年第 10 期。

④ 同上。

⑤ 同上。

⑥ 李明海：《大洋彼岸的"育将之道"——透视美军现代军事教育新理念》，《解放军报》2009 年 8 月 20 日。

⑦ 同上。

分别占 20%、45%、30% 和 5%，学员自主活动时间占 80%。① 此外，美军在地方大专院校设立后备军官训练团，形成了"地方大学科技教育 + 军事训练"的军官培养模式。② 在个性化教育方面，美国军事教育变革突出了三个方面的内容和要求：一是灵活设置基础教育的专业与课程，通过分支核心课程和选修课来形成学员自己的"专业"，较好地适应军队的需要，课程目标结构多样、内容松散，知识面相对较宽；③ 二是不断增强职业教育的针对性和应用性，专业设置与课程设置都紧密联系各军兵种的具体实际，内容精练，时间较短，形式灵活多样；④ 三是注重加强爱国主义教育和民主价值观念的渗透，尤其重视培养高级指挥官忠于宪法、忠于国家、忠于民族、捍卫民主自由的价值观念，西点军校设置的 24 门公共核心课程中，宪法、军事历史、军法、哲学、政治科学科目赫然其中。⑤ 可见，"所谓非党派，并不是这些职业军人可对政治制度的事情漠不关心。相反，要求他们积极献身于民主政治的基本思想和基本'法则'"。⑥ 具体来说，美国军事教育变革具有以下主要特点或突出特征。

第一，坚持以强调军队国家化、非党化为军事人才观的逻辑前提，民主与法制观念深入人心。教育是为军事斗争服务的，作为军事斗争实施主体的军队则构成了教育服务的主要对象。因此，军队的政治立场和阶级属性，决定了军事人才的观念，以及相应的军事教育的性质和内容。对于美国来说，强调军队国家化、非党化由来已久，有其文化和制度渊源。反对暴政、向往民主和自由是美国文化的价值取向，也是美利坚民族的立国之本。军队作为国家暴力机关，是否会导致个人专权和暴政一直是美国开国者关注的根本性问题，也是宪政设计者要研究解决的重大现实问题。在向社会现代化转型的探索与实践过程中，美利坚民族通过分权制衡、文官治军的宪政设计，较好地解决了民主、自由与法制的关系问题，将军队置于宪政体制之下，明确界定了军队在维护国家战

---

① 李明海：《大洋彼岸的"育将之道"——透视美军现代军事教育新理念》，《解放军报》2009 年 8 月 20 日。

② 同上。

③ 赵冬、代树兴、钱尧山：《美、俄初级指挥军官培养及对我军的启示》，《高等教育研究学报》2008 年第 4 期。

④ 同上。

⑤ 李明海：《大洋彼岸的"育将之道"——透视美军现代军事教育新理念》，《解放军报》2009 年 8 月 20 日。

⑥ ［美］摩里斯·贾诺威茨：《军人的政治教育》，解放军出版社 1987 年版。

略安全方面的根本职能，从而避免了对于内政尤其是党派纷争的干涉，确保了国家长治久安和社会现代化转型的顺利实现。可见，民主、自由的价值观念，以及与现代法治精神相匹配的法制观念和宪政体制上的制度安排，共同推动了美国社会现代化的转型和发展，使得包括军队在内的整个军事力量建设被置于宪政体制的框架之下，社会矛盾尤其是国内政治矛盾得以通过谈判、妥协等政治方式加以解决，从而避免了武力方式的介入。这样，不仅客观上为军队国家化、非党化提供了制度保障，而且也进一步强化了军人自觉维护民主、自由的价值观念和遵守游戏规则、捍卫法治秩序的法制观念，并在军事人才观中得到了充分体现。

　　第二，坚持以个人主义为军事教育理念的价值取向，个体意识和个人英雄主义精神备受推崇。历史上，美利坚民族承继了古希腊文明以来西方的文化传统和源自基督教的新教伦理思想。后来，在不断推动多种族融合与社会现代化转型过程中，逐渐培育了提倡个人发家致富的资本主义精神，确立了追求人权和平等、崇尚个性自由和自我发展的实用主义思想，其中特别强调以互利为基本原则、以个体利益的实现为宗旨，重视发挥个人的作用。实用主义作为一种看待世界的方式、一种思想方法和处世原则，是美国土生土长的哲学，被前国务卿基辛格博士誉为"美国精神"。它不同于欧洲思辨型哲学传统，而是更加重视行动的实际效果，反映了一种重视未来、探索未来、创造未来的进取精神。[①] 这种乐观向上、务实进取的实用主义，反映的是美利坚民族形成和社会现代化转型过程中多种族融合、多元文化交汇对于个人发展的期待，尤其是注重实际、艰苦奋斗的创业精神，体现了美利坚民族的文化传统和独特精神气质。实用主义思想就像黏合剂一样，将政治民主、经济自由、文化多元有机结合在一起，成为引领时代进步和资本主义发展的哲学思想体系。也就是说，实用主义"并不只是停留在抽象的思想理论层面，它已经实实在在地影响和改变着美国社会中人的价值观"，[②] 成为培育资本主义精神、形成个人主义价值取向的哲学基础。反映到军事教育领域，以个人主义为价值取向、务实进取的实用主义思想便转化为个体意识、个人利益的强调和个人英雄主义的精神或价值追求，使军事教育理念及其价值取向更为关注军人的个人成长，并借助个人发展促进职业化军队建设。

---

① 庞丹：《美国实用主义的源起初探》，《邯郸学院学报》2007 年第 1 期。
② 盛宁：《传统与现状：对美国实用主义的再审视》，《美国研究》1995 年第 4 期。

　　第三，坚持以职业军官为军事人才培养目标的基本定位，现代民族意识和战略扩张倾向明显。之所以将职业军官作为军事人才培养目标的基本定位，最为根本的原因在于民主宪政体制。正是有了民主宪政体制，尤其是社会利益多元化的外部牵制和公权力的分立制衡，将国内政治斗争或党派纷争限制在民主政治的范围内，且主要通过自由选举和投票方式加以解决，才有效地规范和约束了军事力量，将其建设、发展和运用置于宪政体制框架之内。这里，一方面，宪政体制所保障的利益多元化，实际上从外部形成了一种制约公权力、保障社会生活诸领域协调发展的有效机制。正如有学者指出的："考虑到各集团、各种利益和决策的政府各机构之间的相互关系，必须给有组织的利益集团留有一席之地，它们不仅试图施加影响，而且本身就是政治制度的一部分。"① 利益多元化促进和推动了利益集团最大程度的分化，阻止了多数派的形成，客观上有利于对派别之争或政党政治的后果加以适当控制，实现"确保国内安定和平"的宪政目标。另一方面，宪政体制所要求的分权与制衡，实际上从政府机构内部形成了公权力相互制约、保障公民权利和维护社会公共利益的有效机制。正如索尔·帕多指出的："无论政府结构的内部还是外部，都精致地安装了无数相互制衡的齿轮。它们一面按照各自确定的利益轨迹运行，另一面又彼此制约。在这种结构中，公民彼此不相拼争，政府免遭公民侵害，公民不受政府压迫，这些权力部门不受那些权力部门危害，各州无中央政府统治之苦，中央政府无各州造反之虞，运营政治者也不受其他潜在反对者的伤害。"② 概言之，对于公权力行使范围和方式的内外制约，从根本上避免了军事暴政或政治权力对社会生活的不适当干预和控制，使社会生活诸领域得以相互促进、协调发展，并在制度上保证了军事力量建设被用于维护国家战略安全利益或对外战略扩张、促进了民族国家利益不断拓展和军队职业化发展，也从根本上避免了军队集团化和私有化，确保了军队国家化。上述宪政体制对于民族国家利益的强调，凸显了军队职业化、国家化的根本性要求，使美国将职业军官作为军事人才培养目标的基本定位，从而强化了其现代民族意识和战略扩张倾向。

　　第四，坚持以倡导个性化教育为军事人才培养过程的策略选择，能

---

① Roger Hilsman. To Govern America, Harper & Row, Publishers, 1979：263.

② Saul K. Padover, ed；The Complete Madison：His Basic Writings, New York：Harper & Brothers, 1953：13.

力中心主义思想尤为突出。对于美国军事教育变革来说，除了涉及价值取向和培养目标定位，实际上还需要涉及培养方案的制度设计和实际操作的方式方法选择。正如德国哲学家哈贝马斯所指出的："技术性问题的提出，是在给定目标价值或准则的情况下，着眼对手段作合理的、由目标引导的组织，以及对诸多可选择的工具的合理选择。"①美国军事教育从理念到方法都体现了以人为本，尤其在教育方式和教学方法的选择上，倡导个性化教育，比较注重学员的个性发展和创造性培养。所谓个性化教育，就是依据能力中心主义的教育思想和观念，按照职业发展对于知识领域的实际需要，在教师帮助和指导下确立学习目标，并结合学员的兴趣爱好和个人发展的实际需要，自主选择教学科目和内容，重点培养学员获取知识和实际运用知识的能力，强调从个人学习目标出发，选择相应的教学科目和内容，掌握学习方法，以达到培养能力的教学目的。实施个性化教育，是需要一定条件的，即教育资源供给要保障充分，能够满足学员个性发展和创造性培养的现实需求，并在制度上确保教育资源的合理分配和有效使用。美国军事教育资源获取主要是由国会拨款支付，属于一种典型的资本控制型资源供给方式。这种资本控制型资源供给方式，主要由国会这个理想的总资本家根据军事教育的实际需要编制联邦预算，从财政支出中统一拨付，体现了三权分立的宪政原则。通过立法权力对资源供给的强有力保障和刚性约束，军事教育既能够得到所需要的足够资源，又可以不被纳入行政体系中，去屈服于行政权力而背离学术发展的实际需要，避免了内部人控制和权钱交易等腐败现象滋生，实际上节约了资源使用的机会成本。此外，由于国会设有专门性军事决策机构（如参议院、众议院的军事委员会）和研究咨询机构（如咨询性的国会研究服务部），加上借助民间大量的战略咨询公司和政策研究机构，便于直接或间接地从事军事教育需求和军事教育决策的研究咨询工作，相关调研和研究报告为国会了解社会现代化转型对军事人才培养的现实需求、作出军事教育拨款或其他决策提出了科学依据，而且也为个性化教育的实施创造了有利条件。可见，资源分配和使用的去行政化，体现了军事教育遵循的学术自由原则，有利于培养高素质军事人才。

---

① Juergen Habermas. Theory and Practice, translated by John Viertel, Beacon Press, Boston, 1973: 3.

三 美国军事教育变革的主要趋势

进入 21 世纪以来，随着新军事变革不断深入发展，战争形态、作战样式与作战理论、军事战略和军队编制体制等诸多方面发生重大而深刻的变化。为了适应新军事变革的时代要求和国家战略安全的实际需要，美国加快了军事教育变革尤其是军队院校体系结构调整的步伐，使其不断地朝着高效化、精干化、集约化、综合化的方向发展，以培养适应信息化战争要求的军事人才。通过对于美国军事教育变革现状的分析，著者认为，今后一个时期美国军事教育变革的主要趋势如下：

（一）实现军队院校集约化、综合化、规模化办学

在信息化战争时代，战争规模相对较小、双方投入兵力较少、持续的时间较短、使用战术部队，实施战役指挥，就能达到战略目的。因此，对指挥大规模战争的中、高级军事人才的需求也相对减少，要求所培养的中级指挥官具有更宽阔的眼界、更丰富的知识，能够从战略的高度去看待与思考战术、战役指挥问题。为此，美国率先将中、高级职业军事教育院校与国防研究机构合并，整合成为具有多种教育、研究功能的教育研究综合体，以便更好地利用各种教育资源，培养综合型的军事人才。比如，美军早在 20 世纪中叶就将空军军事学院、空军指挥与参谋学院、空军技术学院和空军后备军官训练团等教育训练机构相继并入空军大学或纳入空军大学的管理体系。美军于 2009 年 10 月合并 4 个军事基地的陆军后勤学校和一些教育项目，成立了新的综合型的陆军后勤大学，教育对象主要包括军官、准尉、军士和文职人员，极大地提高了办学效益。①

（二）增设新的教育训练机构

美军注重从发展的视野，通过增设新的院校，优化院校结构，使之与未来战争新特点、新要求相适应。比如，伴随着太空在未来战争中的地位和作用日益突出，太空作战成为未来作战的一个发展方向，美军于 2000 年专门组建了太空作战学院，并在陆军航空队战术学校的基础上组建了航空航天使用原则研究与教育学院，专门培训太空作战人才。

（三）加强院校之间的有机融合和一体化发展

美军在优化院校体系时非常重视加强院校之间的有机联系，以强化

---

① ［美］芭芭拉 . G. 姆罗齐科夫斯基：《美国陆军后勤大学的组建》，董良喜、马蕾蕾译，《外国军事学术》2009 年第 2 期。

体系的"涌现"效应。比如,美国陆军院校多年来一直分别隶属于陆军现役部队、陆军国民警卫队和陆军后备队。由于部门之间自成体系和条块分割,教育训练资源得不到充分利用,教学能力严重不足,同时也造成教学训练内容互相重复,无法衔接,标准不统一,难以适应新形势的要求。为了克服这些问题,美国陆军设想建立一种一体化、更为有效的院校体系——整体陆军院校体系,统一实施陆军现役部队、国民警卫队和后备队的教育训练问题,形成以地区为基础,融院校教育、训练中心、部队训练为一体的军事教育体系。美陆军已委托兰德公司对这一改革进行了评估,以便建立整体陆军院校体系。

(四)联合教育思想贯穿于军事教育的各个层次

未来的战场上,多军种的一体化联合作战将成为主要作战样式,要求军官普遍具备联合作战的视野、理论、知识和能力。因此,美军将联合教育思想贯穿于军事教育的各个层次。适应军事教育变革的新形势、新要求,美军建立了比较完善的联合职业军事教育体系和教育模式,联合教育实施主体由高级任职教育院校延伸到初、中级任职教育院校。

(五)远程教育成为院校教育体系的重要组成部分

由于科学技术的迅速发展,军事职业岗位知识、智力内涵日益凸显,需要进行不间断学习的军官人数猛增,传统军事院校无论怎样建设都已经无法满足日益增长的学习需求。同时,新的安全环境需要军队经常参加快速而意想不到的行动,美军越来越认识到以前"确定时间,确定地点"的学习和对固定培训时间、地点的要求已经不能满足未来需要,为军官提供"随时随地"的教学对于做好信息时代的军事斗争准备至关重要。目前,基于网络的分布协作式教育训练与现代远程教育,就是应对这种挑战不可替代的教育组织形式。美军空军军事学院已开办了所有军种高级学校中规模最大的远程教育课程,每年的入学人数达到4千至5千名。美军正在对 ADL 的学习效果进行评估,为今后的大规模发展提供依据。同时美军准备提供更加有效的网络教学系统。概言之,基于网络的分布协作式教育训练和远程教育能够使得院校学员、部队官兵通过计算机网络得到必须的信息和训练,是实现教育训练长期战略目标和满足实时、短期教育训练需求的有效手段和方法,必将成为美军院校教育发展的重要目标和方向。

(六)任职教育院校与部队训练基地一体化的趋势更加明显

为了最大限度地整合与利用各类教育、训练和科研资源,提高军队院校教育的质量和效益，目前美军一直在积极探求综合办学的有效对策，预计将在建立集院校教育、训练中心、作战部队和科研机构于一身的军事教育训练体系方面取得新进展。

第二节　英国军事教育变革的特点及趋势

英国作为现代化军事变革启动最早的国家之一，在军事教育变革方面曾执世界之牛耳。考察英国军事教育变革的历史与现状，探讨其军事教育变革的经验做法及特点，对于正确把握军事教育变革的共性或一般规律、推进我国军事人才培养模式的改革和创新，也将具有重要的理论启迪意义和经验借鉴价值。

一　英国军事教育变革的历史演变

回顾英国军事教育变革的历史，其军官的正规训练可追溯到 340 多年前。早在 1671 年，英军便开办了短期训练班，主要是训练军械方面的军官。18 世纪初，随着后装线膛枪炮的问世和大量装备部队，欧洲各国普遍开始重视培训掌握新武器装备的技术军官。英国皇家军事学院就是在这个大背景下诞生的。经国王乔治二世批准，该校于 1741 年 4 月 30 日在伍尔维奇创立。这是英国皇家的第一所军校，也是桑赫斯特皇家军事学院的前身。当时，学校的教学目标非常明确，就是要为部队培养炮兵和工程兵军官。

随着时间的推移和不断向外扩张，英国陆军参谋部认为很有必要建立一所培训骑兵和步兵军官的学校。于是，1799 年在马洛成立了另一所皇家军事学院，不久后该校迁到桑赫斯特。第二次世界大战爆发后，伍尔维奇皇家军事学院关闭，直到 1947 年 1 月才与 1799 年成立的桑赫斯特皇家军事学院合并，正式改称为陆军桑赫斯特皇家军事学校。该校学制 18 个月，招收的学员大多为来自英国陆军、英国及英联邦国家的中学毕业生，入学前需要经过全面的入学考试，所学课程主要包括三军军事学科和普通学科，其中最主要的课程是体质锻炼，此外还进行军事和礼仪等方面的训练。当时，英军老学院、新学院、维克多利学院三所学校都在桑赫斯特，直到 1970 年。

此后，桑赫斯特集中了更多的军官训练机构。从 1981 年到 1984

年，军官训练班、妇女军官班也一一并入。① 但是，陆军军士训练班、军需官的训练班等仍另立门户。

另外，英国海军和空军院校也很早就开始创建并发展起来。英国皇家海军军官学院是英国海军军官的摇篮，于 1863 年在达特茅斯创建。英国皇家空军参谋学院于 1922 年在布拉克纳尔成立。这是一所培养空军各级指挥军官和参谋军官的学校。

到目前为止，英国现有各类各级军事院校 82 所。② 其中，各类正规军事院校 41 所，包括高级院校 1 所，中级院校 2 所，初级院校 5 所，专业技术学校 33 所，平均 3900 名官兵就有 1 所院校。③ 另外，还有海、空军基地或陆军训练中心内设的专业技术训练学校 41 所。全国从事国防教育训练的专业人员有 2.9 万人。

二　英国军事教育变革的现状及特点

英国军事院校可分为指挥院校与技术院校两大类，指挥院校又分为初、中、高三个等级，这些院校分属各军种或国防部，它们根据各自的培训计划、标准，分别培训英军各军种初、中、高级军官，形成了军兵种齐全，专业划分合理和初、中、高三级配套的院校教育体系。

（一）英国军事院校体系的构成及主要内容

英国军事院校体系在纵向上分为初、中、高三级，在横向上分为指挥院校与技术院校两类。英军所有军官必须接受初级院校教育，经考试合格，方可授予相应的军衔与职务。在服役过程中，随着军衔与职务的提升，再送往中、高级院校培训。

1. 初级院校的任务与办学情况

英军初级院校教育主要是军官任命前的教育，其培训重点首先是培养和提高学员的领导素质和能力，其次是进行文化知识的学习，使学员扩大知识面，为专业知识的学习和将来的深造打下充分基础。

英军现有初级院校 5 所，但主要的指挥院校是桑赫斯特皇家陆军学院、克伦威尔皇家空军学院和布里塔尼亚皇家海军学院。这 3 所军事学院院长均为少将军衔，培养的对象是高中毕业生、大学毕业生、有若干服役年限并准备晋升为军官的优秀士兵和士官，在校期间曾获得各军种

---

① 于川信：《战争背后：世界著名军校与将帅》，辽宁人民出版社 1999 年版。

② 潘丽娟：《走近英国院校教育：用现代教育理念治学办校》，《解放军报》2006 年 4 月 12 日。

③ 盛红生：《英国军事院校教育的启示意义》，《未来与发展》2009 年第 1 期。

奖学金的大学或中学毕业生也可直接进入这类学院学习，另外还有少量的外籍学员。培养目标是使学员具有最基本的军事知识、军事技术知识、部队管理理论以及相应的能力。学员毕业后一般授予少尉军衔，到部队担任初级军官。

由于初级院校是军官成长的摇篮，既肩负着培养学员成为未来军官的使命，又肩负着使学员掌握军事常识、强化作风养成和完成从普通公民到一名真正军人转变的使命，加上初级军官在军官队伍中所占的比重大，所以初级院校的学制一般比较长，初级院校的数量也要相对多些。

初级院校教育内容大多是基础性的，特别是文化知识的学习，与国民教育中的大学课程是相通或相同的。因此，英军允许初级院校学员到地方大学学习相关课程，学员也可以获得地方大学的学位。这些地方大学虽然不包括在英军院校教育体系中，但它们与初级院校的联系十分紧密。上述情况表明，一方面，英军院校体系是一个开放的体系；另一方面，这些地方大学对英军院校体系尤其是初级院校起着补充和完善的重要作用。

2. 中级院校的任务与办学情况

英军中级院校目前有两所，分别是皇家军事科技学院和联合指挥参谋学院，后者是指挥类学院。

皇家军事科技学院主要负责培养高级工程技术军官，也培训初级技术军官，并对高级指挥与参谋人员进行技术培训。该学院设 7 个系，即数学与弹道学系、物理系、化学冶金系、土木工程系、机械工程系、电机电子工程系和管理科学系。学员分 3 个教学班，即学士学位班、硕士学位进修班和陆军参谋班。

联合指挥参谋学院于 1997 年 1 月由国防学院和陆、海、空军的指挥参谋学院合并而成，招生对象主要是具有发展前途的各军种上尉至少校军衔的指挥与参谋军官，培训的目的是使学员掌握本军种和其他军种的军事专业知识，如军兵种的组织机构、战役战术原则、参谋业务、后勤知识等。学员毕业后担任中级指挥军官或中、高级司令部的参谋。该学院的成立体现着英军对现代军事行动特别是诸军种联合行动的强烈意识。

3. 高级院校的任务与办学情况

英国高级军事学院只有 1 所，即皇家国防研究院。高级军事学院属全军性的军事学院，培训上校和准将军衔、年龄 45 岁左右的陆、海、空军军官及国防部高级文职官员。此外，还要招收英联邦、北约国家的部分准将级军官和高级文职官员，每年招收学员 70—80 名。培训的目的是使学员了解整个西方防务状况、战略思想，以及对国防有影响的政治、经济、社会等问题，提高学员制定国防政策的能力，为学员担任更高级的职务作准备。

皇家国防研究院是英国的最高军事学府，由国防部直接领导。院长为上将军衔，由三军的高级军官轮流担任。院长下设 4 名少将级高级督导官，另有 5 名由中校军官或相当级别的文职官员担任的低级督导官，其中 4 名任高级督导官的助手，1 名负责教学大纲的总协调。学院无固定教官，根据课程需要，邀请军队、政府部门、大学、研究机构等单位的专家、学者与知名人士讲课。该院专设了 1 名学术顾问，负责联系邀请讲课人员。由于规格较高，学员的入学条件十分严格。2002 年 4 月，英国将皇家国防研究院、皇家军事科技学院和三军联合指挥与参谋学院三所院校和训练机构合并组建成了新的国防学院。

（二）英国军事院校体系构建的基本原则

构建军兵种齐全、专业划分合理和初级、中级、高级三级配套的军事院校体系是英国军事教育变革适应新军事变革的时代要求和国家战略安全的实际需要，是进一步推动军队建设转型的重大战略举措，也是英军在新形势下深化院校教育改革、完善军事人才培养体系的必然要求。推进英国军事教育变革、构建军事院校体系，一般需要遵循以下基本原则。

1. 与部队训练相一致原则

英军院校教育的针对性很强，要求培养出来的官兵在分配到战斗部队之后即能合格从事相对应的专业工作；否则，就意味着院校教育的失败。各级院校培养对象不同，各有不同的培训重点和培训标准；所有这些培训重点和标准，都是根据部队的实际需要制定出来的，部队的实际需要与院校的教学内容和教学重点紧密联系在一起。也就是说，部队需要什么样的军官和士兵，院校或训练中心就培养什么样的军官和士兵。

2. 系统、配套原则

相对而言，英军院校数量少，但非常注重专业配套，分工合理，形成层次结构，且都具有必要的培训能力，并使各级指挥院校、技术院校和专科学校保持适当的比例，体系比较完整。

3. 效益原则

在教学成本越来越高的今天，英军院校教育十分重视效益原则。无论是院校的设置、教学内容安排，还是教员队伍配备、学制确定，都遵循"少花钱多办事"的原则，使有限的训练资源尽可能地发挥最大作用。此外，院校教育不求全而求专，各院校有各自分工和特色，以避免院校教育的雷同，保证教学资源配置和训练内容优化，便于学员以较少的时间进行训练，提高训练质量。院校在训练学员掌握本校教程未涉及的某些知识时，鼓励学员到其他兵种院校或军种院校学习相关知识，待该课程学习结束后再返回原校继续学习，而不必由原校另铺摊子。

4. 精英化原则

英军院校坚持高标准，保证教育质量。为此，院校对学员严格筛选、严格训练、严格考核，对训练成绩不佳的学员，院校都要根据有关规定坚决淘汰。

（三）英国军事教育变革的主要特点

英国军事教育改革发展经历了漫长的历史过程，沿着精英化教育和开放式教育的办学思路，积极推进军事人才培养模式的改革和创新。具体来说，英国军事教育变革具有以下主要特点。

1. 针对性突出

由于英军院校体系比较完整，每个院校只担负军官整个培养过程中的某一阶段或某一专业的培训任务，因此各院校的训练目的非常明确，教学计划和教学内容都具有较强的针对性。比如，初级院校比较强调学员的文化水平，重视基础知识的学习，为进一步的学习做准备；中级院校更加侧重于培养学员的专业能力和联合作战能力；高级院校着重培养学员的战略意识和研究、决策能力，开设有同盟国军事情况介绍和英国政治、社会、外交等课程。为保证教学内容的针对性，英军院校的教员经常与部队指挥官进行轮换，并要求各院校根据学员未来任职要求确定教学内容，强调教学内容与部队实际需要相联系；同时，根据学员在部队中的使用情况鉴定院校的训练效果，进一步修订教学计划，形成了良性循环。

2. 注重效益，充分发挥院校的作用

英军院校都非常注重办学效益，主要表现在以下四个方面：一是训练机构精干。为厉行节约和充分利用教学设备和专业教员，不少学校既担负培养军官的任务，又担负培训士兵的任务，有的学校和别的学校设在一起。各学校求专而不求全，许多教学管理人员兼任教学人员。比如，海军战术学校就设在作战学校内，从领导到教员只有12人。二是教学时间短。除专业性较强的班次外，所有的班次都比较短，只要达到了教学目的，学员考试合格即可结业。三是每年多期招收学员。多期招生可以避免教学设备闲置和其他教学资源浪费，还可以多培养学员。比如，陆军参谋学院的初级参谋班，每期只招60名学员，但每年招收多期，满足了部队的需要。四是与地方大学联合培养。学员的许多大学课程，尤其是初级院校学员的大学课程，并不在军事学院内授课，而是将学员插班到地方大学学习。这样做，既充分利用了地方大学的某些专长，又减少了军事院校的经费开支。

3. 人才培养具有较大的开放性

英国军事人才培养不完全是由军队院校教育来完成的，而是与国民教育融合，协作式培养。比如，英国皇家军事科技学院是军方与地方大学联合开办的军事院校，是克兰菲尔德大学的三个学院之一。在皇家军事科技学院，每年有数百名来自皇家陆、海、空三军已服役1—2年的青年军官，到这里接受大学本科教育或研究生教育。在皇家军事科技学院的近1000名在校学生中，除部队生外，有近一半是从英国以及全球30多个国家考入的地方生。此外，院校还实行开放式教学，英军院校都有长短不一的参观见学课，邀请有关专家、学者来院校授课。英军院校之间也经常进行广泛的交流，与盟国之间的院校交流很频繁，不仅包括某一军种院校招收来自其他军种的学员及外国学员，还包括吸收其他军种教员和有关国家的教员讲授有关课程。这种交流有利于互相取长补短和多军种联合作战研究，对提高军官素质具有重要的影响。

4. 具有训用一致的特点

英军建立了与人事制度相配套的军官职业发展制度，构建了与之相适应的培训体制。以陆军为例，英陆军军官培训分初、中、高三个层次，初级培训三次，中、高级培训各两次，每次晋升都需要进一次院校或训练中心，但每次培训时间一般不超过一年，学制5周至11个月不等。英国军官在指挥官、参谋岗位上不断交替，中级以上指挥官既能指挥又会参谋，其长处是当参谋时可领会指挥官意图，当指挥官时又可体察参谋的想法和情况，有助于指挥官和参谋人员的协调一致。英军的士官是指中士以上军衔的士兵。和军官一样，士官晋升之前也需要通过相应考试，进行较为严格的选拔，然后进入院校进行培训，结业后才能担任更高级别的职务并晋升军衔。所不同的是，士官在院校培训的时间较短，训练的重点不同，训练内容相对简单。英军士兵的训练也与院校或训练中心联系紧密。新兵入伍后，分配到新兵训练中心进行共同训练，训练结束后，根据自己的志愿进入不同兵种院校进行专业训练，专业训练考核合格后才能被分配到部队。①

三　英国军事教育变革的主要趋势

近年来，英军的数量有所减少。与此相适应，英军院校体系也进行了一定程度的调整。展望未来，英国军事教育变革呈现出了不同于以往的、新的发展趋势。

（一）更加注重提高效率

为了提高效率，英军裁并学校和训练基地，逐步减少现有院校教职员工和学员数量。比如，为加强培训精通三军合成作战的高级指挥和管理人员，英军于2002年4月将皇家国防研究院、皇家军事科技学院和三军联合指挥与参谋学院等一些院校和训练机构合并组建国防大学。这样做的目的，就是发挥所辖各类院校和中心的综合优势，培养学员先进的指挥和管理理念。实际上，该校只是一个管理班子，并非一个教学实体，其管理和协调下的单位还有国防财务和管理学院、采购训练中心、冲突研究中心和国防领导才能开发研究中心等机构。

（二）更加突出培训重点

近年来，英军加大了对某些未来战争需要的专门人才的培养。比如，英国国防情报与安全中心是英军唯一一所国防情报人员训练机构，于1998年由原来各军兵种分散在英各地的多个情报培训机构合并而成。此举一方面是为了适应冷战结束后英军规模缩小的形势，另一方面是为了适应三军联合作战的情报保障需要。该中心由国防情报与安全学校、联合情报学校、联合图像判读学校和国防特别信号学校四所专业军事情报学校构成，隶属于英国国防情报总局，由国防情报总局所属情报搜集和地图资源局局长（少将）直接领导，由一名准将任中心主任，工作人员426人，每年培训英军各类情报人员和部分外军情报军官约3400人，年度预算为2200万英镑。②

（三）更加重视士官教育

在英军院校教育中，士官和士兵院校训练地位更加突出。由于实行全志愿兵制，士官和士兵的服役时间比较长，而现代战争对士官和士兵的要求越来越高。同时，军事上的新装备、新技术不断出现，客观上要求英军院校加强这方面的培训，以便使士官和士兵适应现代战争的实际

---

① 马燕、王玫：《英军军事人才培养研究》，《陆军航空兵学院学报》2012年第8期。
② 盛红生：《英国军事院校教育的启示意义》，《未来与发展》2009年第1期。

要求，尽快与武器装备结合成战斗力。

（四）全面推进人才培养模式改革

为适应未来信息化战争对于军事教育变革的新要求，英军加强了院校教育，更加注重院校人才培养的可预见性和前瞻性，对全面推进军事人才培养模式改革有了新的认识和具体的工作思路。具体来说，主要是致力于以下三个方面的改革和创新。

1. 着眼于未来军事人才培养的新要求，确定军事人才培养的目标定位

根据英军总参谋部的规定，三所初级军官院校的培养目标是培养在困难和危险环境中，以自己的勇气、意志和个性采取坚决果断的行动完成任务的指挥官。中级培训的培养目标是使学员掌握本军种和其他军种的军事专业知识，比如，军兵种的组织机构、战役战术原则、参谋业务、后勤知识等，为学员夯实理论和实践基础。高级培训的培养目标是使学员认识各军种协同作战的重要性，提高学员对于与防务决策有关的军事、政治、经济、科学和国防关系问题的认识，了解英军及世界主要国家军队当前的武器装备、兵力水平、军队部署及可能的计划；培养思路清晰，口头、笔头具有准确表达能力和有足够知识胜任更高一级职务的军官。

2. 课程设置切合培养目标需求，针对性强

关于初级培训，以桑赫斯特皇家陆军军官学院为例，学院设有标准军事课程、正规职业军人课程、标准研究生课程、皇家妇女队课程和罗瓦兰连课程五种课程，同时还为地方军、志愿预备役军官设了一些短期课程。

关于中级培训，以三军联合指挥与参谋学院为例，学院设有高级、中级两种指挥与参谋课程。课程主要有战略战役条令、作战艺术、高级指挥、作战计划、联合与合成作战、目前与未来作战环境。经过单兵种初级培训后，所有军官必须通过网上进修自己的专业。大多数军官参加兵种初级、中级参谋课程的学习，只有经过选拔的少数人可以参加最高层次或高层次的指挥参谋课程。

关于高级培训，皇家国防研究学院将国际关系和地区安全作为主要教学内容。具体课程安排较为广泛，包括社会、政治、经济、科技、商业、外交、安全和热点问题以及现代管理，等等。

3. 注重实践性教学和学员实际能力的培养

在军官任命前培训中，军官培养重点放在基础训练上。无论学员是

来自部队的优秀士兵，还是在假期经过短期培训的地方大学毕业生，都无一例外地要在入学后首先接受严格的军人基础训练和领导能力培养。

在教学过程中，强调精讲多练，注重培养学员的实际工作能力。为此，在课程设置上，学院增加了实践性课程比重。例如，桑赫斯特皇家陆军军官学院、不列颠皇家海军军官学院的实践性课程均占总学时的70%以上。

在部队实践中，要求学员领会和学习领导艺术，部队特有的问题及要求，部队的历史、传统、习俗和特点，以及各部门的基本职能。例如，学院开设有历险训练课程，组织学员进行远程历险训练，内容以反恐怖、难民救助、维和行动为主，着力培养学员的现场指挥才能和在艰苦复杂环境下正确决策的素质与能力。战术课以演练的方式进行，使其在野外近似实战的训练环境中变得非常复杂和具有挑战性。

第三节　俄罗斯军事教育变革的特点及趋势

俄罗斯是一个非常重视军事教育的国家，高等军事教育始终是国家高等教育的一个重要组成部分，军队院校教育十分发达，很多军事院校都有近300年历史。作为苏联遗产的主要继承者，俄罗斯自然也承袭了苏联时期军事教育的衣钵，其教育变革不可避免会留下历史的痕迹，从而与我国军事教育变革有着很大的交集。考察俄罗斯军事教育变革历史与现状，探讨其军事教育变革的特点及趋势，对正确把握军事教育变革的共性或一般规律、推进我国人才培养模式的改革和创新，也将具有重要的理论启迪意义和经验借鉴价值。

一　俄罗斯军事教育变革的历史由来

俄罗斯军事教育变革的历史最早可以追溯到18世纪初的沙皇俄国。俄罗斯早期军事院校主要是为培养海军军官而建立的。俄历1701年1月14日，沙皇彼得大帝签署最高命令，决定创建数学和航海科学学校。该学校既承担普通教育任务，也承担为海军和地方培养专业人员的职业教育任务，奠定了俄国世俗教育和军事教育的基础。

后来，随着俄国海军取得一连串胜利，建设海军、培养海军军官成为俄国在18世纪初期的重大任务。为此，彼得一世于1715年10月1日签署命令，在圣彼得堡开办一所新的海军教育机构——海军学院，又称为海军近卫军学院。航海学校继续留在莫斯科，为海军学院培养预科生。从 1715 年起，俄国海军军官教育已分为两个等级的职业教育，航海学校主要提供中等职业教育，海军学院主要提供高等职业教育。①

在彼得一世的推动下，俄国的军事教育得到了很大的发展。到苏联时期，已经形成了一个庞大而完善的军事教育体系，拥有 162 所军事院校；其中，主要包括 18 所军事学院、3 所军事专科学院、126 所高等军事专科学校，以及地方大学的 7 个军事系和 8 所中等军事专科学校。②

苏联解体后，军事院校教育体系遭受严重破坏。从 1992 年开始，伴随着俄军的重建与改造，俄罗斯军事院校体系逐渐得到恢复。世纪之交，世界范围内广泛兴起的以信息化为本质和突出特征的新军事变革，使俄罗斯军队加快了改革和建设步伐。为了尽快适应军队的重建、改造和新军事变革的时代要求，建立一支能达到信息化战争要求的高素质军官队伍，俄罗斯进行了一系列军事教育改革，以重塑辉煌。

二 俄罗斯军事教育变革的历史过程

按照军事教育改革发展的目标和任务，可以将俄罗斯军事教育变革的历史过程划分为四个阶段。

（一）1992—1997 年，主要是恢复与重建时期

俄军院校教育的改革始于 1992 年 5 月，是伴随俄联邦武装力量的建立而开始的。当时改革的基本目标，就是要建立与武装力量的新结构和新任务相适应的军官培训体系，并从根本上提高军事教育质量。这一阶段院校教育改革采取了以下主要措施。

1. 恢复了军事院校体系，重建院校和专业

苏联解体后，其 162 所军事院校中，有 47 所是在俄罗斯境外，其中有些专业学校是俄罗斯境内为数不多或者根本没有的，比如，核武器院校、陆军防空院校、航空工程院校和海军院校，这种情况造成俄军院校布局失衡并失去 53 个专业。③ 为此，俄军通过新建或对一些院校专业或职能进行调整，迅速恢复了院校体系的完整性。

2. 裁减并合并了一些军事院校

根据军事教育改革发展的实际需要，撤销了政治院校和规模过小的

---

① 张宝书：《俄罗斯海军教育》，总参军训与兵种部编译，2003 年。

② ［俄］斯米尔诺夫：《俄罗斯军事教育体系介绍》，常拉常译，《中国军事教育》2005 年第 12 期。

③ 来斌：《俄罗斯军事院校的改革》，《外国军事学术》1993 年第 6 期。

工程技术院校，将裁减政治院校时保留下来的科系并入其他院校，组建一所综合性军事大学；将几所高等工程技术学校合并组建一所军事工程大学。经过调整，合并和裁减院校 14 所，保留 102 所，设置 185 个学科和 456 个专业，在校学员 12.5 万名，每年毕业 2.3 万名，培养军官 2 万余名。[①]

3. 实行高等军事教育与国家普通高等教育并轨

为了得到国家的承认，俄国防部于 1994 年 4 月颁布了新的《高等军事院校条例》，将高等军事教育纳入国家普通高等教育体系，明确规定了俄军院校实行国家统一的教育标准，采用与地方高等院校相同的三级教育体制。同时，为兼顾学员接受国家普通科学文化教育和军事技能训练两方面的需要，俄军于 1996 年 9 月 1 日将所有高等军事学校改为 5 年制，部分重点专业、重点系改为 6 年制。军事院校学员必须在 5—6 年内完成双重学习任务，既达到全民教育标准所规定的要求，接受相应等级的非军事专业教育，又完成有关军事领域的专业学习。

4. 探索建立新的军队院校管理体制

在俄罗斯建军之初，作为俄军院校主管部门的军事教育局是与干部调配局合在一起的，被编为一个总局。后来，为了突出军事院校的地位和院校教育的重要作用，俄军将军事教育局独立出来。但是，时隔不到 1 年，这两个部门又合到了一起。此后，在 1992—1997 年的改革中，这种分分合合达 4 次之多，可见探索新体制的反复和不易。

（二）1998—2002 年，主要是调整时期

经过一段时间的恢复和重建，到 1998 年 9 月为止，俄军院校共有 101 所。其中，有 17 所军事学院，2 所军事大学，82 所军事专科学院、高等军事学校和中等军事学校，编制人数占俄军总员额的 10%，每年毕业学员约 2.2 万人。

1. 俄罗斯军事院校调整面临的突出问题

由于恢复和重建工作过于匆忙，院校教育出现了一些问题，使得院校调整成为今后一个时期军事教育变革的主要目标和任务。概括起来，当时存在以下主要问题：

一是院校数量太多。101 所军事院校是按武装力量 200 万人设置的。在武装力量裁减到 120 万人的情况下，军事院校在武装力量中所占

---

① 陈治平、王春茅：《新军事变革条件下俄罗斯军事高等教育》，《比较教育研究》2004 年第 4 期。

的比例显得过高。

二是院校重复设置，整体效益不高。据俄报披露，在校学员 1000 人以下的学校占俄军全部院校的一半左右，相同类别的军校在全军乃至同一军种内重复设置现象较为突出。这种情况的存在，显然加大了干部培养的成本，造成了资源上的浪费。

三是院校结构不合理，毕业生供需严重失衡。俄军院校总体上培养能力过剩，毕业生数量远远超过实际需求，1998 年全军军官的实际需求量仅为军校毕业生的 1/3。与此同时，有些军种和专业的毕业生却严重短缺，如陆军连、排职初级军官的编制职务缺编达 30%—50%，个别缺编的连、排职初级军官达 80%。

四是预备役军官培养体制不合理，片面强调数量指标。为此，俄军于 1997 年 7 月全面启动军事改革，加快了军事教育体制改革的步伐。接着，俄国防部于 9 月出台《完善武装力量干部补充体制和军事教育体制的设想》，叶利钦总统也于 11 月发表重要讲话，进一步明确了军事教育改革的框架和方针。根据改革设想和总统确定的方针，俄国防部干部与军事教育总局于 1998 年 3 月制定了《完善军事干部培养体制的计划》草案，提出了要建立与武装力量结构、任务，及国家现实经济能力相适应的军官培养体制，以保证及时稳定地为部队补充高素质军官。1998 年 8 月 11 日，俄召开军事建设委员会会议，正式确定军事教育改革计划和时间表，启动了军事教育改革。

2. 俄罗斯军事院校教育改革的实施与阶段性任务

根据国防部制订的计划，俄军事教育改革分两个阶段实施。第一阶段，从 1998 年到 2000 年，改革的主要任务是优化军事院校网络、容量和组织结构，改组地方高校的军事教研室网络，逐步确立新的军事教育体制。第二阶段，从 2001 年到 2005 年，改革的主要任务有三项，一是建立若干个大型教学科研综合体，使其在校学生的数量达到 1500 人以上；二是对军事院校进行鉴定和授权，按新的教学计划和大纲培养军官；三是采用国家对军事专业人员的干部预订体制培养军官。

3. 俄罗斯军事院校教育改革的主要举措

为了完成上述任务，整个改革采取以下几个方面的重大举措：

一是削减军事院校，组建若干大型教学科研综合体。此举分两步走。第一步是撤并院校，方法是在通盘考虑院校教学设施和师资条件、地理位置等因素的基础上实行合并，不宜合并的院校予以撤销。具体作法是先以合并方式，将 101 所院校减至 69 所，后以撤销的方式，进一步将院校减至 55 所。院校的合并采用两种方式，一是横向合并，即同类和同等教育等级院校进行合并，如将同属指挥类院校、同为培训中级干部的伏龙芝军事学院、装甲兵学院和一所中级军官进修学校，合并为俄联邦武装力量合成军队学院，而高等军事学校合并则是先将一所教学条件好或地理位置合适的学校升格为军事专科学院，再并入若干所相同的学校作为其分院；二是纵向合并，即将教育等级不同但专业相同的院校合并，如将若干所相同专业的军事学校并入一所军事学院，组建成军事大学。撤并后的军事院校只保留 8 所军事学院、10 所军事大学、37 所军事专科学院这三种类型，不再有高、中等军事学校之分，后者由军事专科学院附设的中专班或系实施。第二步是在新的院校体系基础上，组建大型教学科研综合体，将于 2001—2005 年实施。

二是制定军事专业的国家标准。俄军认为，第一代国家高等教育标准不够完善，只注重工程技术方面，而军事学首要的指挥专业却被排除在外，这显然是不合理的。在实际执行中，也的确出现了较难办的问题，如指挥专业学员，既要按照国家标准学习自然科学和工程技术等课程，又要根据军队的特殊要求学习军事课程，如分队指挥与管理、训练与教育、武器装备的使用与维护等，这必然导致学制的延长，造成人力物力的浪费。因此，迫切需要制定一系列军事专业的国家标准。有了这样的标准，问题就会迎刃而解，某些军事专业，如指挥专业，就可以恢复 4 年制。

三是建立国家对军事干部的预订体制。该体制的实质是武装力量和其他强力部门先根据每年对干部的需求预先定出培训计划，后再由各院校根据计划组织招生和教学。在这一体制中，各强力部门既是预订者，也是执行者，而国家则是总订货方，也是执行干部预订计划的组织者和保障者。该体制的运作程序是，首先由国防部和其他强力部门根据实际需求，确定各级干部的培养数量、专业、学制、负责培训的院校（包括地方院校）等数据，并编制专业目录和预订计划。接着，由政府负责汇总各强力部门的预订计划，确定培养军事专业人员的院校，批准专业目录并在此基础上编制国家的军事干部预订计划，同时提供应由国家负担的资金，检查军事干部培训的规模等。这种预订体制下，通过使用武装力量及各强力部门统一的专业目录，可彻底消除重复现象，大大压缩专业数量，减少浪费，并通过订立合同方式提高甲乙双方对干部培训质量的责任感。

此外，整个改革还涉及增加中等教育的比重、拓宽军官培训渠道、利用地方院校培养人才等。①

（三）2003—2010 年，主要是全面改革时期

经过前两个阶段的改革，俄罗斯军事教育初步取得了一些成效。为了从国家层面推动军事教育改革的全面发展，俄国防部于 2002 年出台《2010 年前俄联邦军事教育体系改革方案》，由此启动新一轮院校改革。进入 2003 年，上述改革方案开始全面实施。该次改革的重点是，优化现行军事教育体系，通过合并军队各部门重复设置的院校，解决部分院校职能重叠的问题，形成资源共享的一体化军事教育体系。改革分为两个阶段，第一个阶段从 2003 年到 2005 年，第二个阶段从 2006 年到2010 年。

改革进一步优化了军事教育体系。至 2003 年 3 月，在俄军 55 所军事院校中，军事学院增为 10 所（含 1 所最高军事学府——总参军事学院），军事大学减为 9 所，军事专科学院仍为 36 所。但俄罗斯院校数量的减少也产生了不少新的问题：由于大规模裁减军队人员和军校数量，军官和在校学员大量流失，导致俄军官队伍后继乏人，特别是基层连、排军官严重缺编。为缓解这一问题，到 2004 年，俄军又将军事院校数量调整到 78 所，其中包括 16 所军事学院，4 所军事大学，58 所军事学校。俄国防部于 2005 年出台《2010 年前俄联邦军事教育系统改革计划》，准备审查所属军事院校的数量和配置位置，对一些学校进行调整，对一些院校进行撤并，计划到 2010 年前关闭 20 所军事院校；到 2009年后，凡在校学生数量达不到 1200 人的军事院校都将关闭，使全军院校数量到 2010 年后达到理想的 60 所左右。②

（四）2013 年以来，主要是加速转型时期

伴随着俄罗斯经济的全面复苏和国家安全战略的新调整、军事院校体系结构的全面优化和深度融合加快，俄罗斯军事教育变革正在进入一个全面转型的新阶段。

三　俄罗斯军事教育变革的主要特点

目前，俄罗斯军事院校包括军事专科学校、军事大学、设于地方大学的军事系、各军兵种和专业的军事学院，以及总参军事学院。俄罗斯军事教育变革有如下特点。

---

① 李鸿林、王丽珍：《俄军事教育改革》，《外国军事学术》1998 年第 11 期。
② 李小燕：《俄罗斯军事院校的教育改革》，《政工导刊》2008 年第 8 期。

（一）基础文化教育与军事专业教育同校

俄军坚持基础文化教育与军事专业教育并重，两大要素在大多数院校中都同时存在、同校实施。由于既要实施基础学历教育，又要实施军事专业教育，俄军院校的学制都比较长。

（二）指技合一

俄军坚持将战役（战术）训练与工程技术训练相结合，中级院校中指技合一型院校占有很大的比重。

（三）中初级培训混合

军事专科学院以培养初级军官为主，同时也担负中级军官培训任务。军事大学全部为中初级混合型院校，既要培养中级军官，又要培养初级军官。军事学院有一部分为中级院校，只负责培养中级指挥和专业技术军官，另一部分为中初级混合型院校，既要培养中级军官，又要培养生长军官。高级院校只承担高级培训任务。

（四）高等军事教育与国家高等教育完全并轨

俄军自 1994 年 9 月起，针对苏军院校体系结构相对封闭的弊端进行了调整和改革，使得军事教育体系由相对封闭走向开放。目前，军事专科学院、军事大学和中初级混合型军事学院的生长军官班均实行了与地方高等教育完全相同的三级教育体制和统一的国家高等教育标准。

四　俄罗斯军事教育变革的主要趋势

自 2008 年俄格冲突以来，俄军院校开始了进一步的改革和调整。

（一）俄军院校教育改革和调整的基本思路

根据俄罗斯于 2008 年年底制定的《俄罗斯军事教育发展规划》，俄军院校新一轮改革和调整的主要思路是：第一，合并、扩充院校，建立实施各层次、领域和专业教育大纲的军事教育科研中心。第二，跨军种、兵种合并军事院校。第三，使军事教育和军事科研一体化，保留科研机构、学位委员会、教授、讲师等人员。第四，最大限度地利用军事院校现有的基础设施和物质技术基础，并使其得到进一步发展。第五，把调整后剩余的资金重新投入军事教育中。第六，无条件地履行培训外国军人、为联邦执行权力机构培训专业技术人员的合同义务。第七，分阶段、持续地把国防部现有的 65 所军事院校整合成 10 所综合性院校（包括 3 个军事教育科研中心、6 所军事学院和 1 所军事大学），以建立强大的综合院校和军事教育科研中心。

（二）俄军院校教育改革和调整的目标和任务

根据 2008 年 10 月中旬俄国防部的决定和 12 月下旬俄政府的命令，未来十年间，俄国防部体系军事院校布局调整和教育改革，将分两个阶段实施。[①]

1. 第一阶段，从 2008 年年底到 2013 年之前

主要目标是组建 3 个军事教育科研中心，保留、扩充 11 所军事学院和 2 所军事大学，形成 16 个军事教育机构的基本布局。

围绕上述目标，需要完成以下主要任务。

（1）创建新的教育模式——军事教育科研中心。作为一种新型教育机构，军事教育科研中心有其自身特色，类似于大学或学院的综合体。按俄国防部的解释，在军事教育体系中组建的军事教育科研中心是军事教学和军事科研一体化的一种新方式，目的是为了提高教学效率、质量，合理利用智力、物质和信息资源培养专业技术人员，开展优先领域的军事科研、武器装备和技术兵器研发工作。军事教育科研中心是建立在军事学院基础上的，任务是联合、合并各级教育机关，以及包括科研在内的其他机构和组织，落实各层次教育大纲。

（2）调整、整合其他军事院校。通过并入一系列军事院校的方式，改组 8 所军事学院和大学，即扩编 6 所军事学院和 2 所大学，另有 5 所军事学院（含 1 所军事科学院）将暂时予以保留。

2. 第二阶段，从 2013—2015 年

主要目标是俄罗斯国防部军事教育体系最终形成 3 个军事教育科研中心、6 所军事学院和 1 所军事大学的结构格局。

围绕上述目标，需要完成以下主要任务。

（1）继续充实 3 个军事教育科研中心，即以俄联邦武装力量诸兵种合成学院为基础，通过合并 12 所院校，组建陆军军事教育科研中心；以茹科夫斯基和加加林空军学院为基础，通过合并 6 所军事院校，组建空军军事教育科研中心；以库兹涅佐夫苏联元帅海军学院为基础，通过合并 9 所军事院校和科研院所，组建海军军事教育科研中心。第一阶段暂保留的俄联邦武装力量陆军防空军事学院、朱可夫苏联元帅空天防御军事学院、米哈依洛夫军事炮兵学院将合并到相应的军事教育科研中心。随着综合院校基础设施建设的成熟，一旦各方面条件具备，接下来

① 朱长生：《俄罗斯深化军事教育体系改革情况研究（上）》，《外国空军训练》2009 年第 5 期。

将把学员的培训统一集中到综合院校进行。下一步，面临的将是把专业科研机构、初级和中级职业教育机构、苏沃洛夫学校和武备中学并入综合院校的编制序列。

（2）进一步调整其他军事院校。俄军计划将后勤与运输军事学院迁往沃利斯克，军事通信学院迁往新切尔卡斯克或斯塔夫罗波尔，铁道兵军事运输大学并入后勤和运输军事学院后，将根据相应专业技术人员培训需求，决定其进一步的命运；在圣彼得堡的其他军事院校也将采用这种方法，从而使军事院校数量达到适度规模。①

经过上述改革和调整，俄军院校将向着组建大型综合院校和建立实施各层次、领域和专业教育大纲的军事教育科研中心的方向继续改革发展，以加紧培养高素质军事人才。

第四节　外国军事教育变革的特点及启示

对于上述美国、英国、俄罗斯等国军事教育变革的研究和分析，至少表明军事教育变革并非单纯军事领域的教育改革发展问题，而是与任务环境的变化尤其是军队建设的转型联系在一起的。尽管他们都在适应着各自军事变革的实际需要，推动军事教育发生了不同程度的变革，但还是表现出一些共同的特点及启示。

一　外国军事教育变革的主要特点

目前，世界各国尤其是主要大国的军事教育变革在关注体制机制改革的同时，开始将重点转向军事人才培养模式的改革和创新。概括起来，主要有以下特点。

（一）教学内容具有很强的针对性

一般来说，用什么学什么，需要什么教什么，初、中、高三级院校教育之间的相互衔接已经成为教学内容改革的重点。其中，初级（战斗级）任职教育课程内容大致分为兵种专业技术理论、分队战术和作战指挥、基层领导管理与训练组织等几大类，主要培训担任连、排级职务的军官，兼顾准尉和士官；中级（战役级）任职教育课程内

---

① 朱长生：《俄罗斯深化军事教育体系改革情况研究（上）》，《外国空军训练》2009 年第 5 期。

容分为军种、军兵种联合与联军作战的理论和原则、司令部指挥与参谋业务、战役层次的部队管理和领导艺术等，主要对于晋升前的少校、中校军官进行指挥与参谋业务培训，兼顾中级文职官员；高级（战争级）任职教育课程内容分为国家安全和军事战略、联合战役、军事历史、军事高科技等，主要对晋升前的中校、上校军官及相应级别的政府官员进行指挥、领导、管理、决策方面的培训，为国家和军队提供高级指挥、参谋、决策与领导人才，兼及接受他国军官的学习和交流。

（二）培训制度日益完善

外军普遍规定，军官在军队院校或地方高校完成学历教育后，都要再进入任职教育院校进行岗位任职培训，而且每晋升一次职务都要经过院校的相应培训，做到"逐级培训，先训后晋，晋训结合，不训不晋"。通常情况下，一名军官从少尉到上将，有着 9 个军阶需要逐级晋升，在升职的过程中需要完成相应的职业教育和岗位培训。外国军官的任职教育已经基本达到了一职一训、一岗一训、一级一训的要求。据有关资料统计，美军一个生长军官要晋升到将军军衔，至少要经过 8 年的军事院校培训，占整个服役期的 1/4 左右。也有资料显示，有的外军一名军官在服现役期间，接受各种教育的时间大体占服役年限的 30%—40%，个别有发展潜力的军官接受教育时间可达到 50% 以上。通过任职教育，岗位、教育与能力形成一个比较完整的系统，军官能够在这样的系统中不断地接受教育，不断地更新知识，为培养和造就高素质军事人才奠定了坚实的基础。

（三）充分利用各种教学资源，实行开放办学

目前，世界各国军事院校都非常注重开放办学，特别是西方发达国家的军校，在实行开放办学方面更显得突出，开放的渠道多，涉的内容广。比如，美军认为，军事人才培养需要综合利用各种教育环境和教育资源。基于这种认识，美军建立了较完善的军校与部队、军校与地方高校、军校与军校之间的合作教育机制，把部队、社会、军地高校、科研院所等多种不同的教育环境和教育资源，纳入军校教育体系；同时，与一些国家军事院校签订了人员交流和培训协定；不少军校与部队或社会还联合建立了合作教育基地，与地方高校、科研院所签订了合作教育协定，等等。①

---

① 刘超：《外军院校任职教育的主要特点》，《中国军队政治工作》2008 年第 1 期。

（四）高度重视联合职业军事教育在军事教育体系中的重要地位

根据信息化条件下联合作战成为主要作战样式的新特点、新要求，外军逐渐把联合职业教育纳入培训体系中，以提高军官联合作战指挥能力。目前，美军已形成比较完善的联合职业军事教育体系和全程教育模式，其联合职业军事教育按照军官生长的过程和级别分为任命前、初级、中级、高级和将官五个阶段，并设置了相应的联合教育课程，要求严格按照联合教学大纲分阶段进行教学。[①] 初级联合职业军事教育中，各军种初级或高级兵种学校或作战专业学校对少尉、中尉、上尉进行联合事务培训，重点是联合特遣部队的组织、联合出版物和军种条令的关系、战术战斗空间武器装备的一体化、联合与军种的武器系统、各军种在联合作战中作用等内容。

二 外国军事教育变革的启示

上述关于外国军事教育变革历史与现实的分析中，至少可以启示我们，推进中国特色军事变革尤其军事教育变革，必须"将政治、经济和社会因素综合考虑进来"，尤其应"重视经济和社会因素对军事教育的影响"。[②]只有从更为宏观的、宽广的视野审视军事教育变革，才能从理论与实践的结合上推动军事人才培养模式的改革创新。具体说来，外国军事教育变革主要有以下几点启示：

（一）必须进一步明确军事教育变革的目标和方向

正是海湾战争和世纪之交科索沃战争及随后的阿富汗战争、伊拉克战争等几场 高技术局部战争，使我们开始关注高技术局部战争、加强世界新军事变革和高素质军事人才培养追踪研究，积极借鉴外国军事教育变革的经验和做法。在中国共产党第十七次代表大会上，时任中共中央总书记、中央军委主席胡锦涛同志提出"军队要为党巩固执政地位提供重要的力量保证，为维护国家发展的重要战略机遇期提供坚强的安全保障，为国家利益的拓展提供有力的战略支撑，为维护世界和平和促进共同发展发挥重要作用"，[③] 首次将军队使命概括为"三个提供，一个

---

① 潘武玲：《美军联合职业军事教育体系的构成、特点及对我军的启示》，《高等教育研究学报》2009 年第 1 期。

② Thomas Bickford，Thomas Bickford；罗岳（编译）：《中国军事教育大变局》，《财经文摘》2009 年第 1 期。

③ 胡锦涛：《高举中国特色社会主义伟大旗帜为夺取全面建设小康社会新胜利而奋斗》，《人民日报》2007 年 10 月 15 日第 1 期。

保障"，为军事教育变革指明了目标和方向。近年来，人民解放军海军编队在印度洋的反恐和护航行动，以及在外海及专属经济区的护渔和打击海盗行动，正是上述对外职能和服务、保障国家现代化经济建设中心任务的具体表现。可见，中国的军事力量建设和发展能够为商业和自由贸易的对外扩展提供足够的安全保障，充分发挥军事力量建设对社会现代化转型的促进和推动作用，不仅是美国的成功经验，也是中国可以借鉴的。

（二）必须更新思想观念，牢牢掌握军事教育变革的主动权

外国军事教育变革的经验表明，更新思想观念是推进军事教育、创新人才培养模式的先导。比如，美国军事人才培养模式形成和改革创新，尤其塞耶体系的确立、马汉海权论的提出、麦克阿瑟的西点军校改革和美国空军军官学校的创办及改革、斯凯尔顿报告的提出，不仅是学习、借鉴他国经验和做法基础上的超越，更是从实际出发、立足自身国情军情而在军事教育领域的不断丰富、完善和发展。美国军事教育变革实践诠释了思想是行动的先导，思想上的解放是观念更新的前提和先导，思想观念更新必然导致新的、更为深刻的变革。思想观念更新带来的不仅仅理论上的重大发现或创新，更是向先进学习的开放意识和超越现有经验做法的国际化视野！如今，理论创新已成为牵引军事教育变革的强大精神动力和思想保证。理论创新是由具有开放意识和国际化视野的人来推动的，美国历史上塞耶、马汉、麦克阿瑟、麦克德莫特、斯凯尔顿都是这样的人。也只有充当了思想家、改革者的角色，才能率先确立新的、适应战争发展实际要求的军事教育理念，牢牢把握军事教育变革的主动权。当前，推进我国军事教育变革，迫切要求转变教育思想观念，尤其是需要那些引领时代、推动发展的思想家和改革者！当今世界，美国军事教育变革能领先世界，离不开这样的思想家和改革者。我国要尽快缩小与先进国家差距，同样也需要这样的思想家和改革者，因为他们走在教育变革的前面，能够在引领时代和推动发展中把握主动权！

（三）必须准确把握军事教育变革的关键点和突破口

相对美国比较健全和完善的军事人才培养制度体系而言，中国以联合作战指挥人才为重点的高素质军事人才培养，不仅军事教育体制不够顺畅，军事人才的选拔、培养、考核、评价与任用机制也有待进一步健全和完善。体制不顺畅、机制不健全、制度执行过程中缺乏刚性约束一直是制约我国军事教育变革的关键性因素。以任职交流为例，传统的将

人才"管死"、"困死"的干部任用制度与"不求所用、但为所有"和防止"人才流失"的单位本位主义已经成为军事人才成长和进步的制度性、观念性障碍。事实上，换岗培养、交叉锻炼是丰富干部任职经历、提高复合素质的有效途径，也是美国在高素质军事人才培养上的主要经验和做法。因此，拓宽岗位交流渠道，进一步拓展交叉任职干部的培养空间，加快培养联合作战指挥人才，应从改革军事教育的领导决策体制和管理运行机制入手，重点加强以军事人才选拔、培养、考核、评价、任用等机制建设。只有搞好体制机制创新，才能从根本上推进军事教育变革，为以改革创新促进联合作战指挥人才培养提供强有力的制度保障，从而加快中国军事教育改革发展的步伐。

（四）必须贴近实战和部队实际，将从难从严作为军事教育变革的根本要求

紧贴军事斗争准备和部队建设实际，开放办学于作战前沿又服务于作战前沿，这是外军实战化教学的显著特征。[1] 近年来，为了加强外军人才培养先进经验的学习和借鉴，我军积极开展了各个层次和领域的出国考察活动，开展了实战化教学尝试。比如，空军指挥学院针对教学与信息化战场相脱节的现象，拆除挡在教学与战场之间那道看不见的"墙"，盘活部队、院校和机关的训练资源，不断扩展军事指挥员培养的新内涵。一方面，与一线部队组成教学领导小组，确立依托一线部队互动共享的教学思路，建立工作协调机制，制订了实战化教学计划，建立健全相应的教学组织、实施、考核和管理制度。另一方面，在教学内容选择上，精心设计"信息化条件下空中作战"、"复杂电磁环境下防空作战"等具有前沿性的教学内容，加大新技术、新战法、新训法的教学比重，用研究任务催促学员上战场，[2] 提高学员解决作战现实问题的能力。此举，促进了课堂与战场的对接，加速了空军新型中高级指挥人才生长。[3] 可见，只有贴近军事斗争和部队建设的实际，坚持从难从严，增强教育训练的实战性、针对性，才能提高军事人才培养实际效果，将深化教育教学改革和创新军事人才培养模式落到实处，从根本上、实质性行为上推进军事教育变革。

---

① 胡昀、谭洁：《打造没有围墙的空战学院》，《解放军日报》2008 年 9 月 12 日第 3 版。
② 同上。
③ 同上。

第五节　小结

通过对于以美国、英国、俄罗斯为代表的外国军事教育变革特点及经验的比较和分析，将军事教育变革置于社会现化转型的宏观历史背景之下，从比较军事教育的研究视角，探讨了美国、英国、俄罗斯军事教育变革的历史演变和主要特点，从比较和分析中把握了外国军事教育变革的共同特点及发展趋势，为深刻理解和把握军事教育变革的共性或一般规律、推进我国军事人才培养模式的改革和创新提供了重要的经验借鉴

首先，考察了美国军事教育变革的历史与现状，得出"美国确立培养职业军官的目标定位及其相应的一系列制度、形成职业军官培养模式，与其由来已久的职业化军队建设思想和历次战争的经验教训有着很大关系，更与整个社会的现代化转型有不可分割的内在联系"的基本结论。围绕上述基本结论，追溯了 1812 年美英战争以来社会现代化转型背景下美国军事教育变革历史演变，通过分析职业化军队建设思想对美国军事人才培养目标定位的影响，以及塞耶体系的确立和第二次世界大战后军事教育制度的不断创新对美国军事人才培养模式的影响，探讨了美国军事人才培养模式的由来、形成和演变，从纵向的历史发展阐释了美国军事教育变革的社会历史条件；通过分析美国军事教育变革的经验和做法，阐述了美国军事教育变革的特点及趋势。著者认为，正是1812 年美英战争之后痛定思痛，使得美国确立职业化军队建设思想和培养职业军官的目标定位；塞耶体系作为具有工程技术特色的军事专业教育体系，奠定了美国军事教育变革的制度基础，标志美国军事人才培养模式已经开始形成；"二战"后罗伯特·麦克德莫特推动的空军军官学校的一系列改革及其对于塞耶体系的挑战，成为美国军事教育新一轮历史性变革的前奏，对于军事教育制度创新起到了巨大的推动作用。同时，也正是长达 200 年的历史演变，使美国军事教育变革积累了丰富的成功经验，包括重视军事人才前期培养、注重政策激励对高质量生源的吸引、通过严格准入制度选拔高质量的生源、通过扎实有效的院校教育培养职业军官、通过循序渐进的岗位任职锻炼职业军官、通过个人自我教育与发展培养职业军官、将继续教育贯穿于军官的整个职业生涯、贯彻落实训用一致和训升统一原则、鼓励交流任职和限制任期、健全和完

善军事人才培养制度等一系列做法，从中也折射出美国军事教育变革在军事人才观、价值取向、目标定位、策略选择等方面的突出特点，进而探讨了美国军事教育变革的主要趋势。

其次，考察了英国军事教育变革的历史与现状，重点探讨了英国军事院校体系的构成及主要内容、英国军事院校体系构建原则，揭示了英国军事教育变革的特点及趋势。著者认为，英国军事院校体系，在纵向上分为初、中、高三级，在横向上分为指挥院校与技术院校两类，这些院校都分属各军种或国防部，根据各自的培训计划、标准，分别培训英军各军种初、中、高级军官，已形成了军兵种齐全、专业划分合理和初、中、高三级配套的院校教育体系，其中5所初级院校承担军官任命前的教育，2所中级院校主要负责培养高级工程技术军官，1所高级院校承担高级军官培训任务。英国军事院校体系构建主要遵循与部队训练相一致，系统、配套，效益、精英化等原则。英国军事教育变革具有针对性突出，注重效益、充分发挥院校作用，人才培养上较大的开放性，训用一致等主要特点。从近年来英军院校体系的调整看，英国军事教育变革呈现出了更加注重提高效率、更加突出培训重点、更加重视士官教育、全面推进人才培养模式改革等新趋势。

第三，考察了俄罗斯军事教育变革的历史与现状，分析了俄罗斯军事教育变革历史过程，重点探讨了俄罗斯军事教育变革的特点及趋势。著者认为，俄罗斯军事教育变革历史最早可以追溯到18世纪初的沙皇俄国，到苏联时期已形成了一个庞大而完善的军事教育体系，但苏联解体使其军事院校教育体系遭受了严重破坏，被迫重建与改造，通过不断调整和改革，致力于军事教育改革，以重塑辉煌。目前，从目标和任务看，俄罗斯军事教育变革已经经历了恢复与重建时期、调整时期、全面改革时期等三个发展阶段。伴随着俄罗斯经济的全面复苏和国家安全战略的新调整，军事院校体系结构的全面优化和深度融合加快，俄罗斯军事教育变革正在进入一个全面转型的新阶段。从现实状况看，俄罗斯军事教育变革具有基础文化教育与军事专业教育同校、指技合一、中初级培训混合、高等军事教育与国家高等教育并轨等特点。自2008年俄格冲突以来，俄军院校开始了进一步的改革和调整，其军事教育变革呈现了新的发展趋势，向着组建大型综合院校和建立实施各层次、领域和专业教育大纲的军事教育科研中心的方向继续改革发展，以加紧培养高素质军事人才。

最后，探讨了外国军事教育变革的特点及启示，揭示了军事教育变革的共性或一般规律。著者认为，外国军事教育变革具有教学内容上很强的针对性，培训制度日益完善，充分利用各种教学资源、实行开放办学，高度重视联合职业军事教育在军事教育体系中的重要地位等突出特点，并从明确目标和方向、掌握主动权、把握关键和突破口、落实从难从严的根本要求等四个方面，为推进我国军事教育变革、创新人才培养模式提供了重要启示。

第五章　我国军事教育变革的时代背景

探讨我国军事教育变革理论与实践问题，还必须进一步把握社会现代化转型对军事人才培养提出了哪些现实需求，也就是深刻认识我国军事教育变革的时代背景。只有正确把握社会现代化转型对于军事人才培养的现实需求，才能明确军事教育变革的目标和方向。事实上，我国之所以在高素质军事人才培养上相对滞后，就是因为军事人才培养模式存在问题。导致上述问题产生的最为核心也最为关键的因素是军事教育理念与培养目标定位。也就是说，无论军事教育理念还是培养目标定位，都已经与新军事变革的时代要求和国家战略安全的实际需要不相适应，亟待在军事教育变革中加以更新或调整。可见，深刻认识我国军事教育变革的时代背景，科学揭示新军事变革背景下国家战略安全形势的新变化及其对军事教育变革的重要意义，有助于准确把握当前我国军事教育变革为什么要加紧推进这一理论认知或根本性前提问题。

第一节　世界新军事变革的大势所趋

当前，之所以要加紧推进军事教育变革，就是因为我国在高素质军事人才培养上相对滞后，难以取得根本性突破，其症结在于我国军事教育变革与社会现代化转型的根本要求不相符合，尤其是人才培养模式难以适应新军事变革时代要求和国家战略安全实际需要。因此，必须搞清楚社会现代化转型对于军事人才培养提出了哪些现实需求，准确把握世界新军事变革的时代要求。目前，世界新军事变革由机械化军事形态向信息化军事形态的不断演变，极大地推动了各国在军事领域的综合创新，加剧了以高新技术特别是信息技术为核心、以经济和军事实力为后盾的综合国力的竞争，使得我国全面建设小康社会所面临的国际安全环境更趋复杂，也使得我军担负的打赢和遏制未来可能发生的信息化条件下局部战争的根本任务更为艰巨。对于我国军事教育变革来说，适应上述变化，最为重要的是更新军事人才观念，培养信息化军事人才。所谓信息化军事人才，是指适应军队信息化建设和打赢信息化战争要求的、在复杂电磁环境下具有良好信息素养的军事人才。[1] 具体来说，信息化军事人才主要有以下四个方面的基本要求或突出特征。

一　具有高度的政治觉悟、良好的思想品德和顽强的战斗精神

高度的政治觉悟，是对军人素质的核心要求，是确保人民军队沿着正确方向前进的根本保证。[2] 未来信息化条件下的局部战争，不仅是装备、技术的较量，更是战斗精神、战斗意志、战斗作风的对抗。对于信息化军事人才来说，必须在思想过硬、技术高超的同时，培育英勇善战、敢打必胜的战斗精神，始终保持坚强的战斗意志和高昂士气，增强敢打必胜、决战能胜的信心和力量。[3]

二　具备以现代信息技术为主体的多维知识结构

未来信息化条件下的局部战争将以信息系统为支撑，大量地使用信息化武器装备，对参战人员的知识结构提出了更高的要求。[4] 对于信息化军事人才来说，必须掌握与信息化战争相适应的现代高技术知识，打牢扎实的信息技术功底；具有较扎实的计算机和网络知识功底，能够熟练操作计算机，精通软件编程、网络入侵、网络防护等基本技能；掌握信息化武器装备全过程全寿命管理的知识，能够熟练地使用各种先进设备和仪表工具，使之始终处于良好状态。[5]

三　具备以信息作战理论为基础的较高军事素养

信息化战争不仅仅是武器装备的较量，更是敌我双方之间斗智斗勇的激烈对抗。因此，信息化军事人才除了具有厚实的现代科技知识，还要对信息作战有比较深入、系统的了解，能够准确把握信息作战的发展

---

[1]　李珊：《"信息化条件下军事人才培养"学术研讨会综述》，《西安政治学院学报》2007 年第 6 期。

[2]　乔清晨、邓昌友：《培养忠实履行我军历史使命的新型高素质军事人才——学习宣传思想技术双过硬的英雄飞行员李中华的思考》，《求是》2007 年第 3 期。

[3]　同上。

[4]　翁世平、向浩：《军队跨越式发展与信息化军事人才培养——学习贯彻党的十六大关于国防与军队建设的思想》，《湖北社会科学》2004 年第 1 期。

[5]　同上。

趋势，及时掌握先进的信息战攻防理论和战法技法，注重提高军事谋略素养，练就超前的预测能力、严密的逻辑思维能力、准确的判断能力和敏锐的战场直觉能力。①

四　具备以信息作战为核心的联合作战驾驭能力

未来战争是信息化条件下的诸军兵种联合作战。就作战形式而言，是以信息战为核心，融火力战、机动战于一体的。就作战地域而言，涉及陆、海、空、天、电等多维空间。仅以信息战为例，就包括了情报战、电子战、心理战和计算机网络战等多种样式，既有精确打击"硬摧毁"，又有政治、心理"软杀伤"，指挥控制十分复杂。② 对于信息化军事人才来说，除了积累信息作战模拟和演习的经验，还必须具有战略思维能力和全局观念、多军兵种任职经历，能够驾驭联合作战，善于在战场上"造势""谋形"，③ 只有这样，才能扬长避短，先机制敌。

第二节　中国特色新军事变革的迫切要求

作为世界新军事变革的重要组成部分，中国特色新军事变革既反映了世界新军事变革的一般规律，又体现了国情和军情的特殊要求。探讨中国特色新军事变革的由来、内涵及其对军事教育变革的影响，有助于准确把握军事人才培养的现实需求，确立适应新军事变革要求、符合军事人才培养实际的军事教育理念。

一　中国特色新军事变革的由来

早在海湾战争爆发之初，时任中央军委主席江泽民同志就开始关注世界新军事变革及其对中国战略安全的影响。他不仅明确指出："海湾战争表明，高技术战争已经成为当今一种基本的战争形态"④，而且敏锐地察觉到高技术将对未来战争产生决定性影响，作出了"现代战争正

---

① 雷学平、包国建：《信息化条件下军事人才应具备的素质和能力》，《基层后勤研究》2007 年第 8 期。

② 翁世平、向浩：《军队跨越式发展与信息化军事人才培养——学习贯彻党的十六大关于国防与军队建设的思想》，《湖北社会科学》2004 年第 1 期。

③ 同上。

④ 江泽民：《论国防和军队建设》，解放军出版社 2003 年版，第 92 页。

在成为高技术战争，成为立体战、电子战、导弹战，技术落后就意味着被动挨打"① 的科学判断。此后，江泽民同志多次在重要会议上强调要大力发展国防科技，并将其摆在战略位置。② 党的十四届一中全会后，江泽民同志密切关注国际战略形势的变化，指出："现在国际形势变化很快，要密切注视和把握形势的发展变化，正确决定我们的军事战略。"③ 于是，1993 年 1 月军委扩大会议上江泽民同志提出了新时期军事战略方针，即"把未来军事斗争准备的基点，放在打赢可能发生的现代战争特别是高技术条件下的局部战争上"，"军队建设实行由数量规模型向质量效能型、人力密集型向科技密集型转变"。④ 世纪之交，江泽民同志又提出："新军事革命，实质上是一场军事信息化革命。高技术战争，是以信息化为主要特征的。"⑤ 基于上述认识，胡锦涛同志和中央军委于 2002 年 12 月明确提出了"积极推进中国特色军事变革"的战略思想和"建设信息化军队，打赢信息化战争"的战略目标。2004 年年底，中央军委根据形势发展的实际要求，对新时期军事战略方针作了进一步的充实和完善，将军事斗争准备的基点明确为打赢信息化条件下的局部战争。⑥ 2005 年 4 月 1 日，胡锦涛同志在中央军委民主生活会上指出："必须把中国特色军事变革与军事斗争准备、机械化建设和信息化建设、当前建设和长远发展统一起来……走出一条投入少、效益较高的国防和军队现代化建设路子。"⑦ 2015 年 5 月中国政府发表《中国军事战略》白皮书，根据党的新形势下的强军目标，提出贯彻新形势下积极防御军事战略方针，强调把军事斗争准备的基点放在打赢信息化局部战争上。至此，中国特色军事变革得以全面启动和逐步展开。

二 中国特色新军事变革的发展阶段

推进中国特色军事变革是中央军委依据我国战略安全新形势和军队建设实际需要作出的重大战略决策。从世界新军事变革的发展历程看，无论是观念转变阶段、战略更新阶段，还是体系调整阶段，各主要国家

---

① 江泽民：《论国防和军队建设》，解放军出版社 2003 年版，第 32 页。
② 张文超、欧凯：《中国特色军事变革思想发展考察》，《党史文苑》2011 年第 20 期。
③ 江泽民：《论国防和军队建设》，解放军出版社 2003 年版，第 72 页。
④ 同上书，第 83 页。
⑤ 江泽民：《江泽民文选（第 3 卷）》，人民出版社 2006 年版，第 162 页。
⑥ 张文超、欧凯：《中国特色军事变革思想发展考察》，《党史文苑》2011 年第 20 期。
⑦ 全军深入学习实践科学发展观活动领导小组：《国防和军队建设贯彻落实科学发展观重要论述选编》，解放军出版社 2008 年版。

选择自己的发展道路、推进军队建设转型发展，都是基于本国军队的实际。同样，推进中国特色军事变革，也必须从我国社会主义初级阶段的基本国情和我军尚处于机械化半机械化阶段的现实状况出发，稳步实施。正如时任副总参谋长熊光楷上将所指出的，"军事改革的最终目标是实现军事形态由机械化向信息化转型，军队改革从初期主要围绕装备发展、运用和采办体制展开，到中期改革重心转向军事理论、管理体制和制度的创新，再到后期军队组织体制的全面转型占据主导地位"[①]，中国特色军事变革大体上也会经历三个不同的发展阶段，即信息嵌入阶段、系统集成阶段、体系融合阶段。[②] 第一阶段是信息嵌入阶段，是中国特色军事变革的初级阶段，时间从 20 世纪 90 年代初到 21 世纪 20 年代前后。第二阶段是系统集成阶段，是中国特色军事变革的中级阶段，时间从 21 世纪 20 年代前后到 21 世纪中叶。第三阶段是体系融合阶段，是中国特色军事变革的高级阶段，时间从 21 世纪中叶开始。[③] 目前，中国特色军事变革正处于第一个阶段的末期。

三　中国特色新军事变革的基本内涵

所谓中国特色新军事变革，就是从我国的国情和军情出发，走以信息化带动机械化、以机械化促进信息化的跨越式发展道路，通过深化改革，实现军队建设的整体转型，建设一支能够打赢未来信息化战争的强大的现代化正规化革命军队。具体来说，中国特色军事变革具有以下几个方面的基本内涵。

一是从发展理念和目标定位看，确立"建设信息化军队、打赢信息化战争"的战略目标和"建设一支听党指挥、能打胜仗、作风优良的人民军队"的强军目标，不仅为中国特色新军事变革指明了方向，也为新的历史条件下推进国防和军队现代化建设、实现军队转型发展提供了现实依据。随着"冷战"的结束，世界新军事变革加速推进，对我国战略安全提出了新的、日益严峻的挑战，同时也为应对挑战、推进中国特色新军事变革提供了机遇。近年来，在江泽民同志、胡锦涛同志、习近平同志和中央军委的正确领导下，全党全军围绕新的历史条件下国防和军队建设的主题，密切跟踪世界军事发展前沿动态，积极开展理论创

---

① 熊光楷：《世界新军事变革与中国应对》，《世界知识》2004 年第 9 期。
② 张云、林勇：《中国特色军事变革路径思考》，《南京政治学院学报》2009 年第 2 期。
③ 叶征：《信息化作战概论》，军事科学出版社 2007 年版，第 32—35 页。

新，先后提出并进一步丰富和完善了新时期军事战略方针，明确了军队建设要"完成机械化和信息化建设的双重历史任务，实现我军现代化的跨越式发展"、"以推动国防和军队建设科学发展为主题，以加快转变战斗力生成模式为主线"和"将国防和军队现代化建设融入国家经济社会现代化转型进程"等一系列重大战略思想，在质量建军、科技强军和富国强军等方面取得了突破性进展。2005 年 3 月，胡锦涛同志在十届全国人大三次会议上提出"要加速推进中国特色军事变革，努力提高我军信息化建设水平"，强调"中国特色军事变革的战略目标是建设信息化军队、打赢信息化战争"。① 2013 年 3 月，习近平同志在十二届全国人大一次会议解放军代表团全体会议上讲话，进一步明确了党在新形势下的强军目标。此后，他又根据国家战略安全形势的新变化，提出新的历史时期"坚决维护中国共产党的领导和中国特色社会主义制度，坚决维护国家主权、安全、发展利益，坚决维护国家发展的战略机遇期，坚决维护地区与世界和平"的军队使命。所有这些目标、任务和使命，不仅明确了中国特色军事变革的战略目标，而且逐渐地理清了中国特色军事变革的基本思路，为探索中国特色军事变革道路及其发展模式奠定了坚实基础。

二是从发展模式和路径选择看，坚持"在总体机械化半机械化的基础上向信息化变革"，强调"以机械化为基础，以信息化为主导，推进机械化和信息化的复合发展"，实际上是一种具有中国特色的跨越式发展的路径选择，区别于以美国为代表的西方军事变革之路。我军在现代化建设上坚持机械化与信息化的复合式发展，甚至跨越机械化的某些阶段谋求军队信息化建设目标的实现，既是科学的，也是可行的，体现了中国特色新军事变革的独特之处。这是因为，以美国为代表的西方军事变革处于"领头羊"地位，没有可供参照的赶超坐标，只能采取渐进式运行方式，即在总体高度机械化的基础上向信息化战争变革；中国的军事变革处于后发状态，要想跟上世界新军事变革进程，必须采取超常运行的跨越式发展途径，即在总体机械化半机械化的基础上向信息化变革。② 这里，问题不在于能否选择这样的道路，而主要在于如何后发赶超。对于谋求后发赶超的中国来说，正如江泽民同志所指出的："我们

① 胡锦涛：《坚决履行新世纪新阶段我军的历史使命 努力开创国防和军队现代化建设的新局面》，《解放军报》2005 年 3 月 14 日。
② 世界新军事变革与我军现代化的跨越式发展，http://journalismfyg. ycool. com/post. 2705115. html。

必须乘国家加快国民经济和社会信息化发展之势，在加强军队机械化建设的同时，加快信息化建设……以信息化带动机械化，最大限度地发挥后发优势，努力争取我军现代化的跨越式发展。"① 上述关于跨越式发展的战略思想，不仅科学回答了如何建设信息化军队的问题，而且明确了中国特色新军事变革的发展模式，为我军在推进机械化的进程中信息化改造和转型发展找到了现实道路。

三是从发展阶段和实施步骤看，确立"三步走"的发展战略，体现了中国特色军事变革与国家发展战略相适应、相配套的规划设计和具体部署。1997 年 10 月，党的十五大制定了我国社会主义现代化建设的长远发展战略，为今后 50 年国家发展作出全面部署。当年年底，江泽民同志主持召开中央军委扩大会议，明确提出："国防和军队现代化建设，作为国家现代化建设的一个重要组成部分，必须与国家经济建设协调发展……我们要有一个与国家经济发展战略相配套的战略构想，从总体上把握好国防和军队现代化建设的发展进程，量力而行，尽力而为，逐步推进。"② 此后，他明确提出了新世纪国防和军队建设"三步走"的战略构想，即从 20 世纪末到 21 世纪中叶，国防和军队现代化建设主要分三步实施：第一步，到 2010 年，国防和军队现代化建设打下坚实基础；第二步，到 2020 年，国防和军队现代化建设有一个较大发展；第三步，到 21 世纪中叶，实现国防和军队信息化的战略目标。③ 按照这一战略构想，到 21 世纪中叶实现国防和军队信息化，将为中国特色军事变革进入第三阶段的体系融合奠定坚实基础。可见，国防和军队建设"三步走"的构想是中国特色军事变革的具体实施策略，是上述目标定位、发展模式和实施步骤的具体化。

四 中国特色新军事变革对军事人才培养的影响

当前，中国特色军事变革尽管仍在总体上处于"理念形成和信息嵌入"的初级阶段，尚未进入"制度创新和系统集成"的中级阶段，离结构优化和体系融合的高级阶段更是相距遥遥，但从我军转型发展的实际情况和国际及周边安全环境看，军事领域的信息化发展趋势和发展程度已经日益明显，机械化战争的诸多特征正在不断消失，而信息化战争

---

① 江泽民：《江泽民文选（第 3 卷）》，人民出版社 2006 年版，第 163 页。
② 江泽民：《论有中国特色社会主义（专题摘要）》，中央文献出版社 2002 年版，第 478 页。
③ 张文超、欧凯：《中国特色军事变革思想发展考察》，《党史文苑》2011 年第 20 期。

尤其是信息化作战诸多特征逐渐凸显，以一体化联合作战为主要形式的信息化作战开始成为一种主导性的局部战争形式或作战样式。对于我国军事教育变革与人才培养模式改革来说，适应中国特色军事变革的新要求和国家战略安全形势的新变化，最为紧要的是破除以往机械化战争时代的军事教育思想和理论观点，确立与信息化军事变革相适应、能够满足国家战略利益不断拓展新需求的军事教育理念。也就是说，推进军事教育变革，要率先在思想观念上更新，确立与信息化战争相适应的军事教育理念。这里的信息化战争时代的军事教育理念，是指能够适应未来信息化战争和信息化军队建设实际要求的军事教育思想和军事人才培养观念，集中体现为包括国防和军队现代化在内的整个社会现代化转型对于军事人才培养的现实需求。具体来说，确立信息化战争时代的军事教育理念，主要涉及以下两个主要方面。

一是要切实转变机械化战争时代的思维方式和价值观念，按照建设信息化军队的实际要求，牢固树立面向未来、面向世界、面向现代化的军事教育思想。

对于未来信息化战争来说，真正的较量是从课堂上开始的。与机械化战争中强调火力及其机动力的关键性作用不同，信息化战争的制胜因素是制信息权或掌握信息优势。这里，决定战争胜负的根本性因素是军事人才素质的高低，其核心是军人的信息素质和信息化作战能力。从这个意义上讲，一场关系国家前途和民族命运的信息化战争实际上已经在今天军事院校的课堂上打响了。在推进中国特色军事变革的今天，过去那种"从战争中学习战争""从历史中学习战争"的教育思想应该更多地向"从实验室中学习战争""从未来中学习战争"的方向转化。而这个"未来"，正是通过先进的信息化教学手段在实验室中创造出来的，实际上是一种"虚拟实践"的方法。利用模拟仿真技术创造出来的"虚拟实践"方法，可以使我们彻底改变以往受制于特定时空和环境、相对比较单一和僵化的现场教学模式。

显然，只有从战略上高度关注并切实落实院校教育在中国特色新军事变革中的优先地位，充分重视军事教育变革，善于创造性地运用信息化技术手段，才有可能摈弃机械化战争时代那种"课堂永远滞后于战场""课堂远不如战场，无法与战场同步或超越战场"的经验主义和线性思维方式。也只有如此，才能确立信息化条件下"战场与课堂双向互动、实时转化"的思维方式和"军事变革，院校为先；战场制胜，人才为本"的价值观念，从而转变军事教育思想和人才培养观念，使得军事教育理念真实地反映和体现中国特色军事变革乃至整个社会现代化转型对于军事人才培养的现实需求。

反思以往军事教育思想，其之所以滞后于军事人才培养实际，在很大程度上是因为受到了机械化战争时代那种单向的线性思维和片面的、形而上学的火力或机动力制胜观念的严重束缚，难以跳出机械化战争的窠臼去迎接信息化战争的挑战。对于信息化战争来说，信息优势在于它改变了传统的时空观念及其战争制胜机制，使得军人的主观能动性和创造力发挥到了极致。军事教育作为开发军人主观能动性和创造力的根本途径，实际上扮演了培育和保持信息优势的先行者这一关键角色。可见，强调军事教育先行，将军事教育变革置于中国特色军事变革的优先地位，将培养掌握制信息权的信息化军事人才作为克敌制胜的根本大计，是军队转型发展的前提和基础，体现了中国特色军事变革对于军事教育思想的新要求、新期待。

二是要切实转变机械化战争时代的教育模式和办学理念，按照打赢信息化战争的实际要求，积极倡导贴近信息化作战实际的军事人才培养观念。

从所处的发展阶段和历史方位看，中国特色军事变革正在由机械化半机械化向信息化过渡，尚未完成向信息化战争转变的历史过程，仍属于自身发展的初始阶段。但是，这些并不影响它对于军事人才的现实需求。军事人才培养观念正是对于上述现实需求大体上的、主观的反映，其实质是对于未来信息化战争或遂行非战争军事行动任务所需要的理想人格的塑造和如何培育这样的理想人格的理论把握。信息化战争逐渐取代机械化战争，不只是使其战场环境和战役形式、作战样式发生了根本性变化，还将对从事战争的人的素质尤其是信息素养和信息化作战能力提出新的需求。为此，必须解放思想，更新观念，按照打赢信息化战争的实际要求，转变教育思想和办学理念，树立军事人才培养的一系列新观念。

其一，树立超前培养观念。人才培养是有特殊的规律性和周期性的，正如有学者所指出的，"如果把上小学和中学的时间计算在外，培养本科生需要4年，硕士生需要6—7年，博士生则需要10年左右，再加上岗位适应性培养，一个人真正成为有用之才的时间是相当长的"①。只有坚持"需求牵引、适当超前"的教育原则，努力做到"宁可人才

---

① 李庆民：《树立全新的人才培养观念》，《解放军报》2002年4月2日。

等装备，不可装备等人才"，准确把握未来信息化战争对军事人才培养的现实需求，才能正确处理部队当前需要与长远发展的关系，强化超前培养人才的观念，才能培养出符合未来信息化战争需要的高素质军事人才。

其二，树立复合培养观念。信息化条件下局部战争对人的综合素质要求越来越高。战争实践中需要的创新精神和实战能力不是凭空产生的，而是来自知识的多方面复合与系统集成。知识的高度复合与系统集成会产生巨大的"聚变"效应。正是知识的"聚变"导致思维在高度扩散、快速"裂变"基础上的集中，从而最终激发了灵感、顿悟和想象等创造性思维，成就了无数战争决策与作战指挥的高超艺术或神来之笔。对于信息化作战来说，创新来自知识的复合与"聚变"显得更为明显，因为知识本身就是一种信息、一种处于高度整合状态的信息，信息优势更多体现为知识复合程度和"聚变"效应的空前强化。因此，强化知识的复合，体现了未来信息化作战对人的素质的新要求，包括培养者和被培养者都必须经由知识的复合、聚变来实现素质的综合、全面和不断提升。简言之，要按照既懂政治又懂军事、既懂指挥管理又懂专业技术的基本标准和质量规格，加强复合培养，[①] 造就一大批知识上高度复合、素质上全面性和综合性较强的信息化军事人才。为此，必须加强军事教育立法，确保复合型军事人才培养的制度化、机制化。

其三，树立联合培养观念。一体化联合作战是未来信息化作战的基本形式，也是信息化条件下局部战争的主要作战样式或战场表现形式。所谓联合，不仅仅是指作战力量构成的多元化对于作战行动协调与配合的要求，更多地强调的是作战力量、战争资源的整合与联合行动，是战略上集中统一与战役联合作战、战斗协调配合的综合性要求。实现联合行动的战略意图、战役目的和战斗目标，关键是各级指战员联合意识的强化和联合能力的提升。加强联合意识和联合能力的培养，必须打破传统的封闭式、模块式的教育模式，坚决摒弃军种兵种单独办学和部门办学的体制机制，将军事人才培养置于开放的办学环境中，通过加强院校协作、院校与部队之间干部挂职、交叉任职、岗位互换、代职锻炼和依托国民教育培养干部、选派军事留学生等措施，推进院校之间、院校与部队之间、院校与国民教育体系之间、院校及部队与社会之间、我军院校与外军院校之间的联合培养，着力构建体系开放、机制灵活、渠道互

---

① 李庆民：《树立全新的人才培养观念》，《解放军报》2002 年 4 月 2 日。

通、选择多样的军事教育模式和办学体制。在日益开放的信息化环境中，教育资源的整合与联合办学不但有利于充分发挥军事人才培养的资源优势和综合效益，而且更能够促进军事教育体系与整个社会现代化转型的深度融合，加速军事教育变革的历史进程，使得军事人才培养尽快驶入科学发展的"快车道"。从办学的联合延伸到作战的联合，是军事人才培养体系融合、教育变革助推军事变革的必然趋势，也是中国特色军事变革的内在逻辑，而联合培养观念的确立则构成了上述变革的逻辑起点。可见，联合培养是军事教育变革的客观要求，更是整合军事教育资源、培养和提升联合作战能力的必由之路。

其四，树立个性化培养观念。创新固然来自知识的复合与"聚变"，然而知识需要人掌握和推动，是由人来完成复合与"聚变"过程的。说到底，创新是由人推动的。一个人的创新能力往往取决于其独特的个性，因为知识的高度复合与快速"聚变"不是任何人都能够完成的，只有那些个性鲜明的人也即具有超越常人的专注力和执着精神，甚至有些偏执或喜欢特立独行的人才可能完成。从这个意义上说，创新是与个性发展联系在一起的，缺乏个性的教育是不可能激发人们的灵感而走向成功的。未来信息化作战需要的创新意识和创新能力是需要在鼓励个性发展、尊重个性发展的教育环境中加以培育的。因此，强化个性化培养应成为军事教育变革的优先选择、最佳选择。所谓个性化培养，就是关注军事人才培养的个体和个别化需求，通过科学、合理的制度设计，优化教育资源配置，选择灵活、有效的培养路径和针对性较强的教学策略，引导个性化发展，促进创新精神与实践能力的培养。个性化培养强调的是因材施教，根据培养对象的不同特点、发展潜质和能力倾向，确定个性化的发展路径。实际上，个性化培养与严格纪律、强调步调一致和整齐划一的共性要求并不冲突，前者是以后者为前提的。说到底，个性的发展和创新能力的培养是为了完成国家赋予军队的使命任务，而铁的纪律和统一意志的形成是军队凝聚力和战斗力的根本保证，只有在严格纪律、坚持共性要求的前提下，个性化培养才能更好地适应信息化作战的实际需要。

第三节　我军使命任务不断拓展的新要求

进入 21 世纪新阶段后，随着世界新军事变革的蓬勃发展和中国特色军事变革的加速推进，维护国家战略安全利益对人民军队的历史使命和任务提出了新的更高要求。2002 年 10 月，江泽民同志在党的十六大上正式提出要完成我军机械化与信息化建设的双重历史任务。2004 年 12 月，时任中央军委主席的胡锦涛同志进一步提出"军队要为党巩固执政地位提供重要的力量保证，为维护国家发展的重要战略机遇期提供坚强的安全保障，为维护国家利益提供有力的战略支撑，为维护世界和平与促进共同发展发挥重要作用"。① 2013 年 3 月，中共中央总书记、中央军委主席习近平同志在出席十二届全国人大一次会议解放军代表团全体会议时提出："建设一支听党指挥、能打胜仗、作风优良的人民军队，是党在新形势下的强军目标。"接着，习主席在纪念中国人民抗日战争暨世界反法西斯战争胜利 70 周年大会上的重要讲话中强调"全军将士要牢记全心全意为人民服务的根本宗旨，忠实履行保卫祖国安全和人民和平生活的神圣职责，忠实执行维护世界和平的神圣使命。"② 他根据新世纪新阶段对军队建设的新要求，进一步明确了新的历史时期"四个坚决维护"的军队使命，即"坚决维护中国共产党的领导和中国特色社会主义制度、坚决维护国家主权、安全、发展利益，坚决维护国家发展的战略机遇期，坚决维护地区与世界和平，为全面建成小康社会、实现中华民族伟大复兴提供坚强保障。"③ 新世纪新阶段我军使命任务、强军目标的提出和新的历史时期军队使命的进一步明确，抓住了军队建设的根本性问题，充实了军事力量运用原则和军事指导理论，对军事教育变革尤其是人才培养目标定位产生了深远影响。

一　维护国家战略安全利益与我军使命任务的新拓展

军事斗争是维护和实现国家战略安全利益的基本手段，而军队作为国家武装力量的主体，则是维护和实现国家战略安全利益的根本力量。国家战略安全是指与国家生存和发展密切相关的土地、人口及资源保障等方面的安全和可持续发展，主要包括领土完整、主权安全、国家统一和各种资源保障及其他发展条件的保障。军事是指基于国家战略安全的实际需要，对于武装力量的建设、使用和管理。军事斗争的根本任务是

---

① 社论：《肩负起新世纪新阶段的历史使命》，《解放军报》2005 年 10 月 1 日。

② 习近平：《在纪念中国人民抗日战争暨世界反法西斯战争胜利 70 周年大会上的讲话》，新华社北京 9 月 3 日电，见 http://news.xinhuanet.com/2015-09/03/c_1116456504.htm。

③ 闫文虎：《新的历史时期军队使命——"四个维护"》，《国际教育》2015 年第 7 期。

维护国家战略安全利益。伴随着新军事变革的不断推进，旨在维护国家战略安全利益的军事斗争形势发生了重大而深刻的变化。具体来说，包括世界新军事变革和中国特色军事变革在内的新军事变革对国家战略安全利益产生了两个方面的重要影响。

一是凸显了经济安全、信息安全在国家战略安全利益中的重要地位和作用，促进了国家战略安全观念的不断更新。以信息化为本质与核心化的新军事变革不同于近代以来的机械化军事变革，它极大地改变了传统的国家战略安全观念，使得与国家生存和发展密切相关的各种资源保障及其他发展条件的保障等经济安全、信息安全及相关领域的利益被提升到国家战略的层面，成为与领土完整、主权安全、国家统一等传统国家战略安全同等重要的核心利益。上述利益结构的新变化实际上反映了国家生存和发展新的现实需求，客观上要求人们把握新的现实需求，重视经济安全、信息安全对于国家生存和发展的重要意义，并在国家战略安全观念上有所体现。

二是凸显了海军、空军和火箭军在现代军事力量体系中的地位和作用，推动了国家战略安全保障的不断强化。国家战略安全利益在结构上的新变化迟早要反映到观念上。一旦确立新的、反映新的现实需求的国家战略安全观念，必然引起军事领域更为深刻而长远的变革，加速军队信息化建设步伐，从而导致军队转型发展。其中，最为明显的变化就是以信息作战力量为主导的现代军事力量体系构建，以及相应的信息安全领域的监管措施和保障能力建设的不断强调。这种作战力量建设的新变化是与国家战略安全利益在结构上的新变化相一致的，体现了军事力量建设对于国家战略安全保障的强有力支撑。这是因为，经济发展对于资源的巨大需求及其安全保障，与和平稳定的国际及周边安全环境一起，构成了国家生存和持续发展的重要条件。强调上述战略安全利益，确保稳定的资源来源和战略通道的安全，迫切需要加强以远程作战和远洋作战为重点的海、空两军力量建设，大力发展以火箭军为主体的战略突击力量建设。正如党的十八大报告所指出的，要"加快形成精干、联合、多能、高效的信息化军事力量体系"。① 可以预见，构建起了这样一个军事力量体系，军队战斗力将会有质的飞跃，国家安全将会得到更加坚实可靠的保障。当前，面对新军事变革

① 胡锦涛：《坚定不移沿着中国特色社会主义道路前进 为全面建成小康社会而奋斗——在中国共产党第十八次全国代表大会上的报告》，《人民日报》2012 年 11 月 18 日。

引发的国家战略安全利益的诸多新变化、新挑战，必须加强军队信息化建设，进一步拓展我军的使命和任务，才能有效地维护国家战略安全利益。正是基于上述分析，胡锦涛同志提出了我军建设要完成机械化与信息化的双重历史任务，明确了新世纪新阶段我军历史使命，准确地把握了新军事变革对于军队建设的现实需求，为实现军队转型发展、确保国家战略安全利益指明了方向。至于强军目标的提出和新的历史时期军队使命的进一步明确，以及国防和军队改革的全面推进更是将维护国家战略安全利益落到了实处。

二　国家战略安全形势的新变化对军事人才培养的影响

进入 21 世纪，世界主要国家纷纷调整军事战略，聚焦信息化战争。近年来，影响我国安全的不稳定因素日益增多，国际上霸权主义和强权政治仍有所抬头，国内民族分裂势力、极端势力、恐怖势力不断策划渗透、破坏活动。胡锦涛同志在 2005 年军委扩大会议上对国家战略安全形势的新变化作出了科学判断，为军队转型发展提供了基本依据。他指出："传统安全威胁和非传统安全威胁因素相互交织，影响我国安全的不稳定不确定因素增多，国家安全问题的综合性、复杂性、多变性进一步增强。我国依然面临着军事安全威胁，同时政治安全、经济安全、信息安全、能源安全、海上战略通道安全等方面面临的威胁也不容忽视。"[1] 尤其近几年来，我国正处在由大到强的关键阶段，既有机遇，更有挑战，实现和平崛起的外部阻力和挑战逐步增多。生存安全问题和发展安全问题、传统安全威胁和非传统安全威胁相互交织、地区恐怖主义、分裂主义、极端主义活动猖獗，维护国家统一、维护领土完整、维护发展利益的任务艰巨繁重。加上改革进入攻坚期和深水区，各种社会矛盾问题叠加传导，影响社会稳定的因素明显增多。所有这些，都对军队履行神圣职责和使命提出了新的更高的要求，并将实现强军目标，建设世界一流军队提上了日程。

当前，应对国家战略安全形势的新变化，加强军队的信息化建设，奋力实现强军目标、建设世界一流军队，人才是关键，人才培养必须先行。为此，中央军委制订了《2020 年前军队人才发展规划纲要》，强调军队转型发展过程中要坚持"人才率先转型"，努力在"五个方面"推

---

[1]　汪维余、张前程：《论中国特色军事理论创新》，国防大学出版社 2009 年版，第 185 页。

进人才转型：一是围绕上述"四个方面人才"培养，突出信息能力建设，加紧提高人才的信息化素质；二是坚持战斗力标准，紧贴军事斗争准备需要培养人才，形成基于信息系统的体系作战能力；三是坚持以新型作战力量建设为人才发展的战略重心，把新型作战力量人才建设作为战斗力新的增长点，放在重要位置上，优先配置、优先开发、优先保障；四是统筹谋划，加紧做好以救援处突为重点的专业人才培养；五是借鉴国家干部人事制度改革的先进理念和有益做法，构建科学完备、充满活力的制度机制，创造良好的生态环境。[①]

适应军事人才的上述转型，必须加强基于信息系统体系作战能力建设的人才培养，实现军事人才培养目标定位尤其是人才培养规格与质量标准的高度复合。具体来说，主要是实现四个方面的"复合"：一是机械化素质与信息化素质的复合，二是指挥素质与技术素质的复合，三是信息化作战核心能力与完成多样化任务能力的复合，四是战术运用能力与战略思维能力的复合。[②]

第四节　培养高素质军事人才的必然选择

通过新军事变革对于军事人才观念和教育理念更新，以及我军使命任务新拓展对于军事人才培养目标定位的现实需求的分析，不难看出，培养适应新军事变革时代要求和国家战略安全实际需要的高素质军事人才是加强国防和军队现代化建设、维护和实现国家战略安全利益的根本举措，也是推进中国特色新军事变革、实现"建设信息化军队、打赢信息化战争"战略目标和"建设一支能打胜仗、听党指挥、作风优良的人民军队"强军目标的关键环节。满足上述以军事变革为先导、包括国防和军队现代化在内的整个社会现代化转型对军事人才培养的现实需求，除了要更新军事教育理念，牢固确立适应新军事变革时代要求和国家战略安全实际需要的信息化军事人才观念，还必须根据我军使命任务的新拓展，重新审视军事人才培养目标定位，努力实现军事人才由单一型、专家型向复合型、通才型的发展转型，切实

①　于爽、徐军、武天敏：《我军人才建设继往开来的战略部署——总政干部部领导就〈2020年前军队人才发展规划纲要〉答记者问》，《解放军报》2011年4月19日。
②　王新海：《人才培养：聚焦体系作战谋划布局》，《解放军报》2011年1月27日。

按照培养目标的新定位尤其是培养规格和质量标准科学设计培养方案、合理选择培养途径和方式，其核心是以深化专业教学改革为突破口、全面推进军事人才培养模式的改革和创新。简言之，培养高素质军事人才是应对世界新军事变革挑战、实现中国特色新军事变革战略目标、强军目标和完成我军新世纪新阶段使命任务的根本举措，而推进军事教育变革则是培养高素质军事人才的必然选择。之所以这样说，主要是基于以下几点现实考虑。

一　作为一种理念与价值层面的目标导向，高素质军事人才体现了在培养规格和质量标准方面的指标性要求

当前，推进中国特色军事变革，实现我军机械化和信息化的复合式发展，关键是军事教育变革要跟上，要能够培养大批高素质军事人才。高素质军事人才是指适应以信息化为目标和方向的新军事变革时代要求和国家战略安全实际需要的军事人才。高素质作为军事人才培养目标定位的一般性概括，集中反映了人才培养目标及其培养规格和质量标准符合社会现代化转型（突出表现为新军事变革背景下国家战略安全形势的新变化）现实需求的程度。也就是说，对于人才培养模式而言，高素质军事人才是一种军事教育理念与价值层面的目标导向。从教育的价值取向看，强调军事人才的高素质实际上反映了社会现代化转型对于军事教育变革尤其是人才培养质量水平提升的现实需求，并具体体现在人才知识能力素质结构的复合型、全面性、综合性、创造性、适应性等诸多方面。因此，探讨人才培养模式为什么要改革的理论认知问题，有必要首先关注社会现代化转型现实需求，并将社会现代化转型对于军事人才培养的需求程度作为宏观上规划学科专业设置和定位培养目标、微观上研究制订专业培养规格和质量标准的现实依据。

从宏观上看，人才培养目标定位主要是根据社会现代化转型现实需求，尤其是新军事变革背景下国家战略安全形势的新变化，规划并确立与高素质军事人才培养直接相关的学科专业设置和人才培养总规格、总要求，需要自上而下的统筹、规划与设计，重在为人才培养提供目标牵引，属于军事教育发展战略规划与设计的范畴。比如，中央军委于2011年4月颁发的《2020年前军队人才发展规划纲要》，就是对未来十年我军人才建设和发展作出的中长期战略规划。该《规划纲要》强调了军队信息化建设对人才的需求重点，明确提出了"以联合作战指挥人才、信息化建设管理人才、信息技术专业人才、新装备操作和维护人

才培养为战略抓手,加快实现关键领域人才建设局部跃升,带动人才建设整体发展"。① 这里,将信息化军事人才划分为联合作战指挥、信息化建设管理、信息技术专业、新装备操作和维护四类,实际上体现了新形势下人才培养的总规格、总要求,为进一步规划学科专业设置、明确各个专业领域人才培养规格与质量标准指明了方向。

从微观上讲,人才培养目标定位主要是依据人才培养总规格、总要求,按照基于信息系统的侦察情报、指挥控制、火力打击、通信保障、后装保障、全方位维防护等实际作战需求,将各个专业领域人才的知识能力素质加以具体化,并通过专业人才培养规格和质量标准的研究制定,实现人才知识能力素质结构自下而上的论证与评估,重在为人才培养提供具体需求分析,以便于功能性军事教育训练活动的展开和组织实施。对于各个专业领域的人才培养规格来说,除了本专业的特殊要求之外,还必须遵循信息化军事人才培养的共性要求,坚持信息主导与多维支撑相结合,进一步优化人才的知识能力素质结构,突出信息化素养的核心地位,强调提升军事人才在信息意识、信息知识和信息技能方面的基本素养,并将其与军事人才在基础性、综合性能力和多维能力的建设结合起来,从而实现以信息化素养为牵引的整体能力提升。对于各个专业领域的人才培养质量标准来说,只有依据上述培养规格的基本要求,明确本专业在基于信息系统体系作战能力建设方面的地位与作用,才能进一步搞清楚在相关知识能力素质发展方面究竟达到什么程度,从而确立一个可以测量和评估的客观标准。简言之,培养规格和质量标准分别从该专业领域人才究竟需要哪些知识能力素质、这些知识能力素质究竟需要发展到什么程度两个维度界定了培养目标的具体内涵,使其变成具有可操作、可测量和评估的指标性要求,从而使培养什么样的人得以具体落实,并在技术上最终解决了如何满足社会现代化转型对于人才培养的现实需求,以及在多大程度上满足需求的培养目标定位问题。

总之,无论从宏观还是微观上看,高素质军事人才都反映了社会现代化转型对于人才培养的现实需求,且从人才培养的总规格、总要求和具体专业领域人才的培养规格、质量标准两个层面,具体落实培养目标定位,从而科学回答了培养什么样的人能反映社会现代化转型现实需

---

① 于爽、徐军、武天敏:《我军人才建设继往开来的战略部署——总政干部部领导就〈2020 年前军队人才发展规划纲要〉答记者问》,《解放军报》2011 年 4 月 19 日。

求的根本性问题，为在制度上、技术上推进军事教育变革提供了目标和方向。可见，正是新的教育理念与培养目标的牵引，使得新军事变革的时代要求和国家战略安全的实际需要日益凸显，充分暴露了以往人才培养模式僵化、保守等诸多弊端，促进了人才培养模式的改革和创新，推动了新一轮的军事教育变革。

二　作为一种制度与技术层面的策略选择，如何培养高素质军事人才是人才培养模式最为核心的实质性内容

作为军事教育变革的核心，人才培养模式改革涉及观念、制度和技术三个层面，不仅要从观念或理论认知上围绕质量水平的提升探讨培养目标定位问题以满足社会现代化转型对于军事人才培养的现实需求，而且更要从制度规范和技术操作两个层面促进军事人才培养质量水平的不断提升，以确保能够培养出适应新军事变革时代要求和国家战略安全实际需要的高素质军事人才。这是因为，从概念上讲，人才培养模式本身就包含了人才培养目标、实现目标的手段和方法、对实现目标情况进行评价以及整个过程的管理。也就是说，人才培养模式改革不仅涉及培养什么人这个根本性问题（包括人才素质不能满足社会现代化转型现实需求，尤其是创新能力不强、适应性不强、发展后劲不足等突出性问题），而且更涉及如何培养高素质军事人才的根本性问题，需要从培养制度的科学设计和培养方案的组织实施两个方面加以推进。

从培养制度的科学设计看，制度作为一种教学内容、手段和方法的策略性选择，始终是围绕培养目标的定位和实现而精心设计的。这里，培养制度的设计实际上涉及三个方面的问题。首先，要解决如何将培养规格和质量标准要求的知识能力素质具体化、落实为相应的教学内容与课程体系的问题，核心是教学内容与课程体系的构建。其次，课程与教学内容作为联系教育者与被教育者的中介，有一个如何通过选择合适的表达方式、传播手段或表现形式发挥自身桥梁和纽带作用的问题，其中包括培养途径、培养方式和方法、具体教学手段的选择与运用，核心是课程教学过程或教育训练环节的组织实施。再次，是教学内容与课程体系的构建，以及培养途径、培养方式和方法、具体教学手段的选择与运用是否合理、有效的问题，核心是包括培养质量和效益在内的人才培养实际效果的评价与反馈。只有从研究解决上述三个方面的问题入手，对军事人才培养进行整体设计，才能制定出符合国防和军队建设实际、能

够满足社会现代化转型现实需求的军事人才培养方案，从而使得培养制度的设计科学、合理。事实上，上述三个方面的问题，无论是教学内容与课程体系的构建，还是课程教学过程或教育训练环节的组织实施和人才培养实际效果的评价、反馈，都存在着与培养目标定位和培养规格、质量标准相脱节的现象，迫切需要加强军事人才培养的制度设计。可见，从制度层面推进人才培养模式改革刻不容缓，是培养高素质军事人才的根本举措之一。

从培养方案的组织实施看，方法作为课程教学过程或教育训练环节的一种具有实际操作意义的策略性选择，始终是围绕教学内容的表达和传授来灵活使用的。这里，人才培养过程中具体方法的使用实际上涉及培养途径、方式和教学方法、手段两个层面的操作策略的选择与运用，其中培养途径、方式的选择与运用属于较为宏观的院校教育层面，教学方法、手段的选择与运用则属于较为微观的教学实施层面。目前，教育信息化技术的推广使用极大地影响了军事教育发展，甚至在一定程度上改变了整个人才培养过程的组织实施。仅就院校教育层面而言，在培养途径方面，除了传统的依托军事院校教育、自我培养军队干部和依托国民教育、实行军地并举培养军队干部之外，逐年加大选派军事留学生的力度、在依托全球教育资源和发展留学生教育方面也取得了明显进展，院校与部队共建共育、合力培养军队干部的探索与实践也在全军上下深入开展，多元化已经取代过去相对单一的培养主体而成为军事教育发展的必然趋势；与培养途径的多元化相适应，培养方式选择和运用的多样化同样是军事教育发展的重要趋势。至于教学实施层面，不管是教学方法选择和运用的多元化，还是教学手段选择和运用的多样化，也都反映了教育信息化技术的深刻影响，使得远程教育、网络课堂和虚拟教学等教学组织形式与教学手段日益丰富完善。问题在于，如何将多元化的培养途径和教学方法加以优化组合，并将其与多样化的培养方式和教学手段有机结合起来，才能推进军事教育变革，使得人才培养模式的改革和创新符合高素质军事人才培养的实际要求。遗憾的是，上述多元化培养途径和教学方法、多样化培养方式和教学手段的选择和运用的进一步优化组合很不到位，使得课程教学实施或教育训练环节的实际效果大打折扣。可见，从技术方法或实际操作层面推进人才培养模式改革同样刻不容缓，是培养高素质军事人才的根本举措之一。

三　作为一种过程控制与效果反馈的管理手段，质量和效益评价是人才培养模式最为直接的功能性活动形式

任何人才培养模式都是有着自身的内在结构与外在功能的。对于军事教育来说，人才培养模式除了培养目标、培养方案、培养途径和方式方法等结构性要素，还包括了极具渗透意义的功能性要素，比如人才培养的实际效果。这里，人才培养的实际效果往往通过人才培养的质量水平和效益状况两个指标加以衡量。其中，人才培养质量水平是衡量培养目标与社会现代化转型现实需求一致性，以及培养结果与培养规格及质量标准一致性的指标，集中反映了培养目标满足社会现代化转型现实需求的程度和培养目标的实现程度；人才培养效益状况是衡量全程培养过程中产出与投入的比例关系的指标，集中反映了人才培养比较成本的高低。所谓全程培养，是指人才成长过程的各个环节的培养，包括人才选拔、教育训练、部队锻炼和岗位任用等诸多环节的培养和素质提升。所谓产出，是指人才培养的质量水平，包括毕业学员的质量和数量、教学质量和师资、科研水平等相关支撑条件建设状况。所谓比较成本，是指同类或相近专业院校人才培养成本的比较及其差异。在人才培养质量水平大体相当的情况下，比较成本相对较低，表明人才培养效益好；反之，则人才培养效益差。

关注质量和效益是推进军事教育变革、加强人才培养的战略管理尤其是质量监控的重要举措，也是以评促建、以评促改、推动人才培养质量和效益水平不断提升的必然选择。反思以往军事教育变革，之所以多元化的培养途径和教学方法、多样化的培养方式和教学手段难以优化组合，课程教学实施或教育训练环节的实际效果大打折扣，就是因为未能充分重视评估环节，未能将质量和效益评价纳入人才培养过程，也就无法通过评估及时将评价结果反馈给人才培养的各个环节，从而使得教学改革和建设尤其是学科专业设置、科研和师资等教学基本建设缺乏面向国防和军队建设实际需要的现实针对性与目标指向性。这里，人才培养质量和效益的评价包括院校教育和课程教学两个层面，其中院校教育评估一般由院校自我评价、毕业学员所在的部队或其他用人单位评价、院校主管部门或总部机关评价三部分构成，重点评价培养目标定位符合社会现代化转型尤其是新军事变革时代要求和国家战略安全实际需要的程度，旨在为修订和完善培养规格和质量标准提供依据；课程教学评估一般由专业院系自我评估、学校教学评估、总部或上级主管部门专项教学

评估三部分构成，重点评价课程教学符合培养规格和质量标准的程度，旨在为课程教学过程的组织实施，包括教学改革、建设和专业发展，提供改进意见和现实依据。

不难看出，质量和效益评价是人才培养模式功能实现的重要环节，是人才培养实际效果这一极具渗透意义的功能性要素借以发挥自身信息反馈作用的实现形式，对于军事人才培养模式的改革和创新具有不可替代的重要意义。对于军事教育变革与人才培养模式改革来说，只有重视评估环节，进一步加强人才培养的战略管理，及时将院校教育和课程教学两个层面存在的突出问题及改进信息反馈到教育教学过程，才能在宏观的社会现代化转型现实需求和微观的教学过程组织实施两个层面确保人才培养质量和效益的不断提升。可见，加强人才培养的战略管理尤其是质量和效益评价这一关键环节，对于推进人才培养模式改革同样刻不容缓，也是培养高素质军事人才的根本举措之一。

第五节　小结

本章从世界新军事变革、中国特色军事变革、我军使命任务新拓展三个方面对我国军事教育变革与人才培养模式改革的时代背景进行了探讨。本章的目的在于通过分析新军事变革和我军使命任务新拓展对军事人才培养的影响，揭示新军事变革背景下国家战略安全形势的新变化及其对军事人才培养的新要求，为深刻理解和准确把握当前我国军事教育变革与人才培养模式为什么要改革这一理论认知问题提供现实依据。

当前世界新军事变革极大地推动了各国在军事领域的综合创新，加剧了以高新技术特别是信息技术为核心、以经济和军事实力为后盾的综合国力的竞争，使得我国全面建设小康社会所面临的国际安全环境更趋复杂，也使得我军担负的打赢和遏制未来可能发生的信息化条件下局部战争的使命更为艰巨。对于我国军事教育变革与人才培养模式改革来说，适应上述变化，最为重要的是更新军事人才观念，培养信息化军事人才。

作为世界新军事变革的重要组成部分，中国特色军事变革既反映了世界新军事变革的一般规律，又体现了国情和军情的特殊要求。对于我国军事教育变革与人才培养模式改革来说，适应中国特色军事变革的新要求和国家战略安全形势的新变化，最为紧要的是破除以往机械化战争时代的军事教育思想和理论观点，确立与信息化军事变革相适应、能够满足国家战略利益不断扩展新需求的军事教育理念。具体来说，主要涉及以下两个主要方面：一是要切实转变机械化战争时代的思维方式和价值观念，按照建设信息化军队的实际要求，牢固树立面向未来、面向世界、面向现代化的军事教育思想；二是要切实转变机械化战争时代的教育模式和办学理念，按照打赢信息化战争的实际要求，积极倡导贴近信息化作战实际的军事人才培养观念。

伴随着新军事变革的不断推进，军事斗争形势发生了重大而深刻的变化。一是凸显了经济安全、信息安全在国家战略安全利益中的重要地位和作用，促进了国家战略安全观念的不断更新。二是凸显了海、空两军和火箭军在现代军事力量体系中的地位和作用，推动了国家战略安全保障的不断强化。正是基于军事斗争新形势和国家战略安全利益的新判断，胡锦涛同志在继续强调我军建设要完成机械化与信息化双重历史任务的同时，明确了"三个提供、一个保障"的历史使命，提出要将军事斗争准备作为军队建设的首要任务；习主席更是提出了新形势下强军目标，进一步明确"四个坚决维护"的新时期军队使命。完成我军使命任务，人才是关键，人才培养必须先行，重点是加强基于信息系统体系作战能力建设的人才培养，实现军事人才培养目标定位尤其是人才培养规格与质量标准的四个"复合"（机械化素质与信息化素质的复合，指挥素质与技术素质的复合，信息化作战核心能力与完成多样化任务能力的复合，战术运用能力与战略思维能力的复合）。

实现我军机械化和信息化的复合式发展，关键是军事教育变革要跟上。作为军事教育变革的核心，人才培养模式改革涉及观念、制度和方法三个层面，必须从培养目标定位、制度设计和方法创新等诸多方面整体推进。只有从理论与实践的结合上推进军事人才培养模式改革，才能适应新军事变革的时代要求和国家战略安全的实际需要，从而破解难以培养高素质军事人才的根本性问题，确保军事人才培养质量和效益的不断提升。

第六章　我国军事教育变革的现状分析

如上所述，当前我国军事教育难以培养高素质军事人才，问题的症结在于人才培养模式难以适应新军事变革的时代要求和国家战略安全的实际需要。也就是说，无论是对于高素质军事人才的理论认知，还是对于培养目标的准确定位，抑或培养方案的制度设计，以及培养途径和方式、方法的选择，都难以满足高素质军事人才培养的实际要求。研究解决难以培养高素质军事人才的现实问题，必须深刻理解和把握我国军事教育变革的现实状况，具体分析社会现代化转型对我国军事人才培养提出了哪些新的要求，进一步探讨影响或制约我国军事教育变革的诸多因素，以及当前我国军事教育变革及其军事人才培养模式的问题及原因。

第一节　我国军事教育变革的现状及特点

正确理解我国军事教育变革现实状况，必须明确社会现代化转型对于军事人才培养的现实需求，分析社会现代化转型背景下我国军事人才培养的新要求、新特点，正确理解和把握我国军事教育变革的内容及特点。只有从总体上把握我国军事教育变革的内容及特点，才能为推进我国军事教育变革提供现实依据。

一　社会现代化转型背景下我国军事人才培养的新要求、新特点

基于近代以来军事教育变革的历史分析，笔者认为，我国军事教育变革之所以能够孕育形成以培养党的军事人才为目标定位、以多渠道和全方位育人为突出特征、具有中国特色的军事人才培养模式，与社会现代化转型有着不可分割的内在联系。社会现代化转型作为一个整体性的社会历史变迁过程，不仅内在地包含经济、政治、文化、军事等社会生活诸领域的一系列变革，而且更因其在不同国家各个领域变革及其相互

关系和作用方式的差异而形成了各具特色的现代化模式。对于我国来说，近代以来社会现代化转型最初是从军事变革开始的，是一种军事主导、单骑突进的现代化模式，因其未能将军事变革与经济、政治、文化等社会生活其他领域的深刻变革相融合，最终导致了中央政府对地方当局的控制下降乃至失控，引发了军阀割据和强权政治，严重迟滞了整个社会的现代化进程。新中国成立彻底结束了军阀割据，加上土地改革、民主改革和思想改造等一系列影响深远的社会变革，为继续推进社会现代化转型、探索并创立一种具有中国特色的现代化模式提供了某种可能性。遗憾的是，由于社会主义建设经验的缺乏和理论准备的不足，从1957年反右派斗争扩大化到1959年党内反"右倾"斗争，再到1963年社会主义教育运动，一直发展到1966年开始的十年之久的"文化大革命"，党和国家的指导思想不断"左"倾化，使得一味地突出政治、强调政治挂帅的政治变革主导了整个社会生活，同样犯了将政治变革与经济、文化、军事等社会生活其他领域深刻变革割裂开来的历史性错误，严重影响和干扰了社会现代化转型。党的十一届三中全会以来，经过拨乱反正，确立以经济建设为中心，实现了党和国家工作重心的历史性转移，才逐渐将经济、政治、文化、军事等社会生活各个领域的变革相融合，不仅创立了包括邓小平理论、"三个代表"重要思想、科学发展观在内的中国特色社会主义理论体系，而且实现了物质文明、政治文明、精神文明、生态文明的协调发展，最终走出了一条富强、民主、文明、和谐的社会主义现代化道路。这是一种以经济变革为基础、政治变革为主导、文化变革为支撑、军事变革为保障，具有中国特色的社会主义现代化模式。就军事变革与社会现代化转型的关系而言，军事领域的一切变革，包括军事教育变革，都是为了服务和保障社会主义现代化建设。具体到军事教育变革，上述中国特色现代化模式使社会现代化转型对于军事人才培养具有了一些不同于以往的新要求、新特点。

（一）从执政条件的新变化看我国军事人才培养

社会现代化转型对于军事人才培养的影响，首先是通过政治领域的深刻变革而得以实现的。新中国成立以来，中国共产党不仅领导全国各族人民进行了社会主义革命和建设的伟大斗争，巩固了人民政权，而且在改革开放的新形势下全面开创了社会主义现代化建设的新局面，使党的领导日益坚强有力、党的群众基础和执政基础得到了不断加强，党的执政地位日益稳固，从而实现了自身由革命党向执政党的根本转变。如果说，新中国建立前后，党的根本任务是夺取全国政权和巩固新生的人民政权，包括军事教育变革在内的一系列军事变革目的在于夺取政权和巩固新生政权，那么，目前看来，随着执政地位的巩固和执政条件的改善，党所领导和推动的社会现代化转型正在顺利实现，实现社会主义现代化和中华民族的伟大复兴已经成为党的根本任务。相应地，军事领域的一切变革，包括军事教育变革，从根本上讲，目的在于要为社会主义现代化建设提供强有力的安全保障。对于我国军事人才培养来说，要服务和保障社会主义现代化建设，就必须充分认识党的执政地位、执政条件和根本任务的新变化。具体来说，党的执政条件新变化对军事人才培养提出了三个方面的新要求。

首先，必须强化宗旨意识和大局观念，将培养党的军事人才、服务和保障社会主义现代化建设作为根本指导思想。紧紧地和中国人民站在一起，全心全意为人民服务，是党的宗旨，也是人民军队的唯一宗旨。尽管改革开放大的时代背景和党的执政条件发生了新变化，但培养党的军事人才的目标定位并未发生任何改变，始终是我国军事人才培养的根本目的和任务，也是我国军事人才培养的主要特色之一。对于我国军事人才培养来说，强化宗旨意识和大局观念，既是坚持军事人才培养的中国特色、加强党的军事人才培养的根本要求，又是新形势下推进中国特色的军事变革、更好地服务和保障社会主义现代化建设的现实需要。宗旨意识涉及政治立场、公仆意识、勤谨为民的服务态度和维护民族、国家根本利益的爱国主义思想，强调的是要始终保持人民军队的政治本色和共产党人先人后己、大公无私的高风亮节。大局观念涉及国防建设和经济建设、军队与政府、军人与社会、个人与国家等诸多关系的正确认识和处理，强调的是要坚守军人的本分，履行军队的使命和守护国家安全、人民安宁，切实能够为我国社会主义现代化建设提供强有力的安全保障。当前，推进军事教育变革，加强党的军事人才培养，必须进一步突出思想政治建设，从课程入手，深化政治理论课教学改革和专业课教学改革，切实将强化宗旨意识和大局观念具体落实到军事人才培养的全过程及各个环节。

其次，必须强化军魂意识和纪律观念，将加强党对军队的绝对领导、自觉服从国家经济建设大局作为根本原则。从三湾改编到古田建军，我军在革命战争年代之所以能够将以农民为主的武装建设成为一支无产阶级领导、全心全意为人民谋利益的人民军队，根本原因在于确立了党对军队的绝对领导等一系列原则和制度。新中国成立后，在继续加强革命化、正规化军队建设的过程中，我军始终坚持党指挥枪的根本原则，将党对军队的绝对领导作为人民军队不变的军魂，使得军队即使处于像"文化大革命"那样的大动乱年代也能较好地保持集中统一和团结稳定。改革开放新形势下，面对西方敌对势力的颠覆和渗透，面对日益复杂、严峻的周边安全形势和国内社会稳定问题，加强党对军队的绝对领导、保持军队的集中统一和团结稳定对确保社会主义现代化建设的顺利进行更是具有了特别重要的意义。对于军事人才培养来说，强化军魂意识和纪律观念，从思想上、行动上坚定不移地坚持党对军队的绝对领导，自觉抵制军队国家化、非政治化等资产阶级自由化论调，增强服从、服务国家经济建设大局的自觉性，是新形势下加强思想政治建设、培养和造就高素质军事人才的根本要求，也是加强军队的集中统一、维护安定团结的政治局面和国内社会稳定、确保社会主义现代化建设顺利进行的现实需要。当前，针对西方国家不断鼓吹军队国家化、非政治化等资产阶级自由化论调，以及广大官兵中存在的军魂意识淡薄、思想认识模糊等倾向性问题，加强反渗透、强军魂、严守政治纪律的一系列教育和宣传活动，并将其融入军事人才培养工作，具有极其长远的战略意义。同时，不断强化纪律观念，通过形势政策教育和周边热点或突发性事件的正面宣传，引导广大官兵认清形势、自觉维护和服从国家经济建设大局，对于保持安定团结的政治局面、确保社会主义现代化建设的顺利进行，也将具有关系现代化建设全局的重要意义。

再次，必须强化守法意识和法制观念，将加强依法治军、切实转变作风和树立军队良好形象作为根本突破口。作风是一个人的思想和行为的外在表现。作风好坏，不仅仅是官兵个人修养的问题，更关系到军队的形象。强化守法意识和法制观念，坚持依法治军、从严治军是加强新形势下部队作风建设、全面提高官兵素质的根本举措，也是深入开展军队反腐败斗争、树立军队良好形象的必然要求。军队能不能打仗、政治上合不合格，遵纪守法是底线，也是对于官兵的基本要求。然而，改革开放以来，由于权力和金钱的侵蚀，军队腐败问题也和社会上的消极腐败现象一样呈愈演愈烈之势，不仅败坏了人民军队的良好形象，更为严重的是影响和误导风气，削弱了部队战斗力和凝聚力。像徐才厚、谷俊山之流的军内巨贪，不是个别情况，而是一种贪腐风气的存在和较为普遍的社会现象。深刻反思这一现象，作为军队的高级将领，他们之所以贪婪无度、没有守住遵纪守法的底线，从个人讲是法制观念淡薄，是个人凌驾于法律之上、以权代法、权大于法、无法无天的产物；从体制上看，是依法治军没有从观念上升到制度，进而在具体操作层面和官兵的日常教育管理中加以贯彻落实，说到底是没有形成并确立一种法治的传统，而这些军内巨贪、军队大老虎只不过是人治传统、权力政治的产物。法治与人治的最大区别，是权力是否受到制约、是否受到监督和管理。遗憾的是，过去普遍缺乏法制观念，对依法治军制度化、机制化重视很不够，习惯于依赖不受限制的权力、靠人去管理，缺乏治理的理念和依法治军的法治意识。对于军事人才培养来说，强化守法意识和法制观念，以体制机制改革为突破口，从制度建设和作风建设推进依法治军、从严治军，是进一步加强干部教育和管理的治本之举，也是长久之策。可见，在普法教育的基础上，加强守法教育和现代治理理论宣传，对高素质军事人才培养不仅必要，更刻不容缓！

（二）从任务环境的新变化看我国军事人才培养

所谓任务环境，是指影响和制约我国军事教育变革的现代化发展战略目标及其实现条件。作为后发赶超的社会主义大国，中国要走向自信和复兴、实现和平崛起的梦想和现代化强国的战略目标，就不可能重走老路、步历史上英美德等大国崛起的后尘，而只能将古老中华文明与时代精神相融合，走自己的路，通过"一带一路"战略的规划和实施，努力寻求一种大国崛起的新模式。① 事实上，随着国际战略环境的新变化和中央政府在 2013 年成功换届，"一带一路"已经成为关系中国未来发展尤其是能否和平崛起的新的国家战略。从国内经济发展和区域布局新调整看，建设"一带一路"，是全方位开放的大战略，其目的在于打通我国向西向南开放的通道，稳定周边，一方面，通过与周边国家的错位竞争和优势互补，找到中西部地区及相关省份开放开发的切入点和区域经济发展的增长点，另一方面，密切我国与周边国家及丝绸之路沿线国家之间的全面合作关系，粉碎某些西方国家企图海上封锁和陆上围堵我国的战略阴谋，极大地拓展国家生存能力和发展空间，确保国家战略安全和经济社会可持续发展。从我国对外开放和外交战略思维新转变看，建设"一带一路"，是 21 世纪中国进一步扩大国际影响力、实现从和平共处到和平崛起的战略选择，其根本着眼点在于巩固和发展我国与广大发展中国家之间的全面合作关系，营造一个和平稳定、有利于共同发展的周边及国际安全环境，尤其通过优先发展经贸领域的交流与合作、妥善处理与周边国家关系，以实际行动表明我国政府和人民维护和

① 张博文：《从大国崛起的新模式看"一带一路"战略》，《贵州财经大学校报》2014 年9 月 15 日。

平、共谋发展的决心，充分体现我国和平崛起的积极努力。从我国扩大对外开放和外交战略视野新调整看，建设"一带一路"，是21世纪中国外交战略由周边战略向全球战略的根本性突破，其立足点是巩固周边、率先通过加强我国与周边国家及丝绸之路沿线国家之间关系的良性互动，构建一种基于和平与发展的国际关系体系和新型外交模式，将古老中华文明所孕含的自信、进取、包容的开放精神与谋和平、求合作、促发展的时代精神相融合，以促进共同发展来增进互信和共识，不断增强综合实力和国际影响力，最终实现21世纪中国的和平崛起。具体来说，上述任务环境的新变化所反映的经济变革和外交战略的调整，使得我国军事人才培养呈现出了三个方面的新特点。

首先，更加关注经济发展对于国家战略安全的重要意义。目前，对于我国军事人才培养来说，服务和保障社会主义现代化建设，就必须充分认识推进"一带一路"建设的重大战略意义。建设"一带一路"至少具有以下三个方面的战略意义。一是有利于加快中西部地区及相关省份开放开发和跨越式发展的步伐，进一步调整和优化我国经济社会发展的区域布局。就国内而言，"一带一路"作为扩大对外开放的重大战略选择和国家层面的经济发展区域布局，涉及了诸多地区及省份，并非仅仅局限于某些特定省份。只有在继续扩大地域规模和涉及省份数量的基础上，不断深化相关地区及省份之间的交流与合作，才能最终实现全面提升区域发展和对外开放水平的战略目标，使西部地区真正得到大开放大开发，尽快缩小与东部地区经济社会发展的差距。也就是说，建设"丝绸之路经济带"和"21世纪海上丝绸之路"，将有可能扭转改革开放以来向东开放、优先发展东南沿海省份所形成的东西部差距拉大和区域发展失衡的不利局面，为加快西部地区开放开发和跨越式发展提供难得的历史性机遇，使全面建设小康社会的奋斗目标最终得以实现。二是有利于巩固和发展我国与周边国家及丝绸之路沿线国家的全面合作关系，确保国家战略安全和经济社会可持续发展。我国与周边国家及丝绸之路沿线国家进一步加强经贸领域的交流与合作，不仅潜力和空间是巨大的，而且前景也是诱人的。据测算，未来5年，我国将进口10万亿美元商品，对外投资将超过5000亿美元，增加游客数量约5亿人次，[①]会使周边国家及丝绸之路沿线国家率先受益。加上这些国家多为发展中

---

① 习近平：《今后5年中国将进口10万亿美元左右商品》，《人民日报》2014年4月7日。

国家，在能源、矿产等自然资源和产业开发及经济社会发展等诸多方面对我国就近开辟市场非常有利，且双边和多边合作已经具有一定的基础，交通也相对比较便利，因此，西部地区及相关省份应抓住有利时机，充分利用自身所拥有的自然资源条件、生态和人文环境及区位等诸多优势，加强双边和多边经贸合作及文化交流，巩固和发展与中亚、南亚及东南亚等周边国家及丝绸之路沿线国家之间的全面合作关系，进一步加强对这些国家的调查研究和市场分析，尽快实现金融贸易投资等领域的互通互联，并充分利各自在市场、技术、资金、资源等方面的比较优势，抓好项目落实，推进次区域合作、自由贸易区和区域经济一体化建设。也就是说，以经济融合促进和推动与周边国家及丝绸之路沿线国家之间全面合作关系的深入发展，以稳定周边、深化与周边国家全面合作关系来巩固和拓展国家战略安全利益，是西部地区在区域布局中凸显独特优势、提升自身在国家安全与发展中战略地位和作用的必由之路。三是有利于引导我国区域发展战略重心西移，形成由东部地区向中西部地区扩散的全方位开放新格局。早在 1988 年 9 月，小平同志就从我国社会主义现代化建设的实际出发，提出了"两个大局"的战略思想，强调要坚持轻重缓急、全国一盘棋和加强中央权威三位一体，形成了地区间协调发展的有效机制，从而确保"两个大局"思想的贯彻和落实。[①] 经过 30 多年的改革开放，随着东部地区进入了较成熟的经济发展阶段，亟须调整经济结构，实现产业升级，而西部地区在东部沿海地区带动下也有了一定发展，具备进一步扩大开放开发和跨越式发展的现实基础，周边及国际环境的变化更是为西部地区沿边省份的大开放大开发提供了有利条件，加上分税制改革以来，中央财政实力大大加强，宏观调控能力尤其是财政转移支付力度大大加强，实现国家发展战略重心西移的时机已经成熟。因此，通过"一带一路"战略的规划和实施，举全国之力，加快中西部地区开放开发和跨越式发展的步伐，实现我国区域发展战略重心西移，不仅是必要的，也是可行的。

　　其次，更加关注外交战略调整对于国家战略安全的重要影响。这里，军事人才培养对于我国社会主义现代化建设的服务和保障作用，更多地体现为国家战略安全意识的日益强化和军队维护国家战略安全能力的不断增强。对于我国军事人才培养来说，更好地服务和保障社会主义

[①]　张博文、陈永利：《论邓小平"两个大局"战略思想与西部大开发》，《唐都学刊》2001 年第 1 期。

现代化建设大局，必须将推进"一带一路"建设、服务国家经济建设和对外拓展国家利益作为自身的使命和价值追求，准确把握推进"一带一路"建设所面临的风险和挑战。目前看来，建设"一带一路"至少反映了我国对外开放和外交战略三个方面的基本考虑。一是我国化解矛盾和冲突、进一步扩大国际影响力的必然要求。经过 30 多年经济高速发展，我国的国际影响力虽然在日益扩大，但却遭遇中日岛屿与海域纠纷、南海危机和美国主导的 TPP 战略的潜在遏制与排斥。① 也就是说，我国在对外拓展国家利益、确保国家发展和战略安全的过程中，与现有区域秩序和国际体系产生了矛盾和冲突。建设"21 世纪海上丝绸之路"，不仅意在加强与东南亚各国传统友好关系，以替代过去几年间南海问题的不断升级，还意味着中国将周边关系本身置于外交优先考虑。② 至于建设"丝绸之路经济带"，更是提供了另一国际拓展方向，将欠发达的西部内陆地区融入国际战略之中，③ 无疑也大大提升了西部地区在国家发展和对外开放中的战略地位，从而拓展了国家生存能力和发展空间。当务之急，主要是充分利用我国已经形成的劳务输出、商品输出和工业制造能力输出等方面的独特优势，积极开拓周边国家及丝绸之路沿线国家的市场。只有通过市场开拓，努力实现劳务、商品和技术服务的不断输出，才能扩大我国在经济领域的国际影响力，进而为我国在政治、安全和文化、学术等其他领域扩大国际影响力创造有利条件。二是因应国际及周边环境新变化、实现我国从和平共处到和平崛起的战略选择。建设"丝绸之路经济带"和"21 世纪海上丝绸之路"，巩固和发展与广大发展中国家之间的全面合作关系，促进共同发展，才能找准我国外交工作的立足点。毕竟，近年来国际及周边环境的新变化已经表明，寻求与西方发达国家和平共处的愿望是美好的，但能否和平共处并不取决于美好愿望，而取决于国家综合实力与和平崛起的现实努力。进一步增强国家的综合实力，实现 21 世纪中国的和平崛起，仅仅寄希望于与西方发达国家合作是不现实的，也是极其危险的。西方发达国家尤其是某些西方大国为了在战略上遏制、围堵和牵制中国，不断制造矛盾、引发地区危机、肆意挑起诸如领海和海洋权益等国际争端或武装冲突，进而分化、瓦解我国与周边国家的合作关系，以符合自己的战略利

---

① 刘玉海：《地方诉求如何支撑国家对外战略？》，《21 世纪经济报道》2014 年 2 月 22 日。

② 同上。

③ 同上。

益。因此，坚定地站在一切爱好和平、赞成共同发展的国家和人民一边，紧紧地依靠广大发展中国家，优先考虑巩固和发展与周边国家之间的合作关系，将对外开放和外交工作的立足点放在广大发展中国家，不仅是必要的，而且也是明智的。对于我国与周边国家来说，只有在深化合作、扩大交流的过程中，才能增进共识、化解矛盾和分歧，才能促进共同发展，才能不断增强各自国家综合实力，从根本上粉碎某些西方大国从中作祟，分化与瓦解双方合作关系的战略企图。三是我国对外开放和外交战略思维的新转变。尽管有某些西方大国从中作祟、肆意分化与瓦解我国与周边国家的合作关系，妄图在战略上围堵和牵制中国，但谋求和平稳定、促进共同发展毕竟是大家的共识，是符合包括周边国家在内的全世界人民的根本利益的。因此，我国在处理与周边国家关系时，始终坚持和平协商的睦邻外交方针，坚持从发展中国家谋求和平与发展的根本利益及双边关系大局出发，尽可能保持克制，努力将地区危机或国际争端控制在不影响大局、有利于和平解决的框架之内，同时积极倡导建设"丝绸之路经济带"和"21世纪海上丝绸之路"，以实际行动表明我国政府和人民维护和平、共谋发展的决心，因而赢得了包括周边国家在内的广大发展中国家和人民的理解和信任，体现了我国和平崛起的积极努力。

再次，更加关注战略文化建设对于维护国家战略安全的重要作用。所谓战略文化建设是指适应维护和实现国家战略安全利益的实际需要，对国家战略安全的现实需求、发展愿景与历史传统的深切理解和把握。对于我国军事人才培养来说，加强战略文化建设，必须聚焦"一带一路"战略的科学设计和有效实施，确立起与我国和平崛起新形势相适应的全球战略视野。具体来说，推进"一带一路"建设，至少具有以下三个方面的战略文化价值。一是具有极其丰富的战略内涵。作为国家层面的战略布局，建设"丝绸之路经济带"和"21世纪海上丝绸之路"是中国政府围绕如何实现21世纪中国和平崛起而制定的全球战略。该战略旨在加强经济与贸易合作，强调以经济融合来谋和平、求合作、促发展，以促进与周边及丝绸之路沿线国家的共同发展来增进互信和共识，是一种区别于欧美等西方发达国家依靠武力和征服、主要通过和平与发展实现大国崛起的新战略。从2013年9月和10月习近平主席访问中亚四国和印度尼西亚时提出建设"丝绸之路经济带"和"21世纪海上丝绸之路"，到2013年年底中央经济工作会议将其纳入2014年全年工作任务，再到2014年4月10日中国国务委员杨洁篪在博鳌亚洲论坛

年会的"丝绸之路的复兴：对话亚洲领导人"分论坛上发表演讲，将
"一带一路"提升到"亚洲大家庭的事"，希望有关国家和中国共同商
量、共同建设、共同受益，①"一带一路"战略构想对地区稳定乃至世
界和平与发展的重大影响，引起越来越多的关注和认同。其中，强调向
西开放、建设"丝绸之路经济带"，体现了从陆上寻求战略安全通道的
努力，意味着一旦马六甲海峡受制于人、海上战略通道被阻断，我国还
有陆路上回旋的余地，国家经济发展空间与战略安全是有保障的。至于
强调向南开放、建设"21 世纪海上丝绸之路"，更是为了加强与东南
亚、南亚、西亚乃至非洲之间的联系，打造一个由港口城市构成的网
络，以提高中国的地缘战略地位，② 实际上体现了中国政府坚持走和平
发展道路的郑重承诺，其意义远远超出单纯的经贸合作或商路拓展，在
增进互信、睦邻友好和促进共同发展方面具有丰富的战略内涵。二是具
有极其长远的战略眼光。作为实现 21 世纪中国和平崛起的新战略，建
设"丝绸之路经济带"和"21 世纪海上丝绸之路"，是围绕国内和国外
两大市场依次展开的，涉及国内经济社会发展的区域战略布局和向西向
南扩大开放的国际战略布局两方面。其中，国内市场的建设和区域发展
重心西移更为关键，对于我国社会的稳定和经济可持续发展具有长远的
战略意义。毕竟，区域战略的布局、经济发展的规模和速度都离不开资
源的配置和不断消耗。在国际及周边环境发生新变化和资源越来越有限
的情况下，只有服从国家整体发展大局，坚持全国一盘棋，科学规划与
协调区域发展，在发挥市场机制引导功能基础上用好财政与金融政策杠
杆，不断强化宏观调控对于区域发展的服务、保障和引导，才能稳定全
局，着力解决区域发展不平衡、东西部差距拉大等影响稳定发展的诸多
矛盾和问题。至于对周边国家及丝绸之路沿线国家市场的开拓，本身就
是这些国家发展和安全稳定的内在需要。对于它们来说，经济欠发达、
政局不稳定和社会动荡都与发展问题密切相关。一旦有了外来投资、技
术和商业机会，经济发展了，这些问题便会迎刃而解。可见，建设"一
带一路"不仅有利于解决国内区域发展失衡、地区差距拉大和社会不稳
定等经济社会可持续发展问题，形成由向东开放到向西、向南开放，从
发达国家到发展中国家的全方位开放新格局，而且有利于利用周边及丝

---

① 《"一带一路"体现中国全球战略创新》，http：//news. xinhuanet. com/world/2014 - 04/
14/c_ 126386241. htm。

② 同上。

绸之路沿线国家谋求发展的迫切愿望，推进亚洲区域合作，甚至扩展到整个欧亚大陆和非洲，向大洋洲和美洲延伸，形成一个基于和平与发展、合作共赢的利益共同体和命运共同体。三是具有极其悠久的战略传统。自信、进取、包容的开放精神一直是古老中华文明的特质，正是这种开放精神，使古老中华文明得以远播，并在与西方文明或西域文化的交流、融合中开创了著名的"丝绸之路"。实际上，古代中国的"丝绸之路"从来就是由陆上丝绸之路和海上丝绸之路组成的。① 陆上丝绸之路是指向西，通过中亚、中东与欧洲连接，如西汉张骞出使西域、东汉班超出使西域，走的是陆上丝绸之路。至于海上丝绸之路，有史记载，从秦汉开始就进行着海上贸易，尤其与东南亚国家的贸易。一直到唐、宋，由于实行开放政策，海上贸易是合法的，海上丝绸之路始终没有中断过。② 近代以来，第一次鸦片战争、第二次鸦片战争中西方列强是通过这条海上丝绸之路入侵中国的。反思历史，欧亚大陆历来是大国争夺、竞相称雄的中心地带，伴随刀光剑影的武力征服与毁灭持续几千年，唯独丝绸之路作为中国沟通西方的重要走廊，不仅没有武力的征服和战火的毁灭，反而传播着友谊与善意，架起了一座中国与中亚、中东乃至欧洲的和平、发展、繁荣之桥。究其原因，和平发展、互利共赢的价值理念和自信、进取、包容的开放精神始终是古老中华文明所特有的战略思想和文化传统，已融入丝绸之路文化精髓。可见，建设"一带一路"有其历史渊源，与我国悠久的战略传统分不开。

二 我国军事教育变革的主要内容及特点

如上所述，我国军事教育变革实际上是中国特色军事人才培养模式孕育、形成和改革创新的历史过程。就现状而言，其主要内容和特点集中体现为我国军事人才培养模式的内涵及其人才培养模式改革的特点。我国军事人才培养模式是在学习和借鉴苏俄经验、推进军事教育变革过程中逐渐形成的，它秉承培养党的军事人才的教育理念，通过在军队中建立各级党组织、健全相应的工作机构和加强思想政治工作，将政治建军、思想建党原则贯穿于军事政治训练和科学文化教育，不断根据军事斗争的实际需要，对学员进行革命思想和专业理论知识武装，强调要将

---

① 《准确领会"一带一路"内涵 通过合作谋共赢》，http：//www.jiajia.net/zw–572557.html。

② 郑永年：《"丝绸之路"与中国的"时代精神"》，http：//www.ipp.org.cn/a/1402416766000.html。

学员培养成为忠诚于党、听党指挥的革命军人，也即通过加强党的理论武装和思想政治建设，致力于培养党的军事人才，实际上是一种以政治化为目标导向的军事人才培养模式。可见，我国军事人才培养模式是在学习和借鉴苏俄模式基础上的超越。它不仅突出军事人才的政治立场和阶级属性，而且有一套健全的组织体系和完善的政治工作制度，从而确保了培养党的军事人才这一教育理念和目标定位的实现。通过上述分析，著者认为，我国军事教育变革及其人才培养模式改革具有历史承继性、经验独特性、政治倾向性、现实针对性、历史局限性五个方面的基本特点。

（一）从孕育与形成的发展过程看历史承继性

作为近代以来军事教育变革的产物，我国军事人才培养模式是有深厚历史根基的。回顾历史，我国军事人才培养模式孕育于晚清军事变革与新型军事人才的培养。正是"师夷长技以制夷"的开放心态、挽救民族危亡的强烈动机和"求自强以自立"的爱国主义情怀，激励洋务派和无数仁人志士，推动了以洋务运动为开端、以晚清军事变革为先导的社会现代化转型，使以引进西方科学知识和军事技术、改革军事教育内容为侧重点的近代军事教育迅速兴起。然而，这种单骑突进的军事现代化和军事变革中对于"船坚炮利"之类技术因素的强调，使洋务运动局限于"中体西用"思想而难以有所超越，它所推动的社会现代化转型也因制度障碍而无法实现。

甲午中日战争的失败，使清政府认识到仅有"船坚炮利"是远远不够的，能够发挥先进武器装备和军事科学技术作用的军事制度改革才更具有决定性的意义，于是清政府开始关注武科举制度对于军官选拔和任用的消极影响。经过八国联军侵华的庚子国难，清政府便有了改弦更张、推进军事制度改革的强烈愿望，相继废除了武举制度和科举制度，实施了以军事变革为核心、涉及经济政治等社会生活诸领域的新政运动的具体行动。随着辛亥革命的短暂胜利和革命果实被窃取，从废除封建帝制、建立民主共和国到袁世凯恢复帝制失败、逐步陷入北洋军阀统治和新旧军阀混战的长期动荡局面，社会现代化转型一再受到干扰和破坏，时代条件和任务环境的急剧变化使得军事教育变革难以深入发展。

不难看出，从最初学习法国、英国的"船坚炮利"，致力于培养近代中国新式海军专业技术人才和指挥军官，到清末民初学习和借鉴德国、日本的陆军建设经验，加强陆军指挥军官和各兵种专业技术人才培养，一直到后来孙中山以俄为师、决心走俄国人的道路，努力培养具有革命精神的党的军官人才，近代以来中国军事教育变革与社会现代化转型始终是以外国模式为参照系的。至于后来国共两党军事教育体系，也是以苏俄模式为原型建立起来的。可以说，一直到新中国建立，我国军事教育并未找到适合国情和军情的发展道路，始终未能形成自己独特的军事人才培养模式。然而，上述探索和努力，毕竟为最终走出苏联模式、形成中国特色军事人才培养模式提供了必要的经验积累，使我国军事人才培养模式能够承前启后、具有了历史的承继性，客观上导致路径依赖，增加了军事教育变革的难度。

（二）从理论与实践结合的探索看经验独特性

任何模式本质上都是经验的产物。对于我国军事教育来说，人才培养模式也是苏联军事教育经验、解放区或根据地军事教育经验与新中国军事教育经验相互融合的产物，是军事教育变革理论与实践从以苏为鉴到逐渐走出苏联模式的必然结果。从理论上讲，它坚持以培养党的军事人才为目标定位，强调教育为军事斗争服务，突出军事人才的政治立场和阶级属性，体现了人才培养的政治标准与战斗力标准的统一。相应地，在实践上，它坚持政治建军、思想建党，通过军队中党的组织建设和思想理论武装培养党的军事人才，强调人才培养的党性原则，体现了我军在人才培养中所特有的思想政治工作优势。

之所以要培养党的军事人才，固然受到了苏俄建军经验和教育训练模式的影响，但最为根本的原因是社会现代化转型过程中政治体制构建使然。由于受大一统的皇权体制和根深蒂固的人治传统的深刻影响，近代中国社会现代化转型一直拘泥于技术层面而难以在制度上有所突破。尽管清末新政运动试图在制度改革上取得突破，但因辛亥革命的爆发而被迫中断。民国初年建立民主共和国、学习和借鉴欧美宪政体制的努力并不成功，除了袁世凯复辟帝制的因素，更多地受到了传统文化的羁绊，根本原因在于缺乏推行宪政的法制意识和文化土壤，以欧美为代表的西方共和政体在中国水土不服。历史一再表明，社会现代化转型首先需要有一个强大、稳定而又富有活力的中央政府与集中、统一的政治权力核心，这是社会现代化转型能否顺利实现的政治前提。传统社会结构尤其是皇权体制因皇帝拥有对军队的绝对控制权而形成了强有力的政治权力中心，能够确保政治权力的高度集中和统一。然而，近代以来，先是晚清政府皇权体制在应对内忧外患的过程中逐渐被地方分权和军阀体制所动摇，接着是民国初年中央政府无力控制地方军阀，中国社会始终难以形成一个集中、统一的政治权力中心。过去，皇权体制的根基是军队，皇帝的权威来自对军队的绝对控制。如何改变军阀体制、构建一个稳定而又强有力的政治体制来加强对军队的绝对控制是实现国家统一、推进社会现代化转型顺利实现的关键。孙中山和国共合作领导北伐战争，提出"打倒列强、除军阀"的口号，目的就是建立一个强有力的中央政府，将军队置于政府统一领导之下，甚至早期共产党领导人还为此放弃了对于军队和军事斗争的领导权。但是，现实是残酷的，蒋介石和汪精卫相继发动"四一二""七一五"反革命政变，使共产党人被迫走上了武装反抗国民党反动统治的道路，军事人才培养也被纳入国内政治斗争的轨道，出现了非常明显的党派分野。加强党对军队和军事斗争的领导，不仅是夺取和巩固政权的现实需要，更是我国军事斗争的独特之处，是改变军阀体制、构建新型的政党政治体制和推进社会现代化转型的客观要求。

由此可见，培养党的军事人才是加强党对军队的绝对领导、实现现代政党体制取代近代军阀体制的必然选择。中国革命和建设的成功实践也充分说明了培养党的军事人才的重要性和正确性。历史已经证明，唯有培养对党绝对忠诚、全心全意为人民服务的党的军事人才，才能够有效实现党对军队的绝对领导、确保夺取或巩固政权这一革命的政治任务的完成，才有利于形成一个强大、统一的政治权力中心，从而确保国家长治久安和社会现代化转型的顺利实现。简言之，培养党的军事人才是中国特色的军事人才培养模式的独特之处，更是中国革命与建设事业一步步走向胜利的宝贵经验和重要法宝。

（三）从政治军事化的发展道路看政治倾向性

所谓政治军事化，实际上有两层含义，一是指我国特定时代条件和任务环境下社会现代化转型对于军事力量建设和发展的路径依赖，这是一种发展倾向；二是指从近代军阀体制走向现代政党体制的路径选择，也就是毛泽东同志提出的"枪杆子中出政权"、武装夺取政权的革命道路，这是一种发展道路。

历史地看，正是政治军事化倾向的不断强化，导致了武装斗争、夺取政权这一中国革命道路的最终选择。近代中国社会的现代化转型是从鸦片战争开始的。正是鸦片战争引发的民族危机，以及为摆脱这种危机、求自强以自立的洋务运动，促进和推动了社会现代化转型，日益凸显了现代化转型中的军事因素。发端于湘军勇营"兵为将有"的军事制度改革，实为晚清军队私人化、集团化的滥觞。此后，湘淮军事集团凭借军事政治实力和卓越战功建立了东南半壁的督抚专政，并由此滋生了封建军阀势力或军事官僚阶层，助长了强权政治、强人政治，促进了军阀体制的形成。在这种军阀体制下，军人热衷于通过政治参与来谋求社会地位上升，将接近或获取政治权力而不是提高军事领导水平和作战指挥能力视为个人奋斗目标，势必造成军人官僚化，从而不断强化军事政治化倾向。这里，军事政治化作为一种军事力量建设和发展的特点或建军模式，实际上反映了军阀体制对于军队建设和军事斗争的影响，而作为发展道路的政治军事化，则反映了军事力量建设和发展对于政治体制构建乃至整个社会现代化转型的影响。也就是说，两者是互为因果、相互促进的关系。伴随着晚清社会危机的不断加剧，以曾国藩、李鸿章、袁世凯等军事官僚为核心的集团政治势力迅速崛起，并在学习西方、推进洋务运动的过程中逐渐扩大政治权势和社会影响力，实际上也助长了政治权力对于军事力量建设和发展的依赖，推动了政治军事化的历史进程。至于民国以来军阀体制向政党体制的过渡，其政治军事化倾向更是被大大强化。孙中山多次武力北伐、国共合作推动的北伐战争，以及后来共产党独立领导的新民主主义革命，无一不把武装斗争作为夺取或巩固政权、完成国家统一的根本手段，且越来越认识到军事力量建设和发展的重要性，最终选择并走上了通过武装斗争夺取政权的现实道路。

不难看出，新中国的建立本身就是党指挥枪、枪杆子中出政权的伟大实践，是武装夺取政权的胜利，因而是政治军事化的成功探索与实践。其中，党的军事人才的培养无疑发挥了不可替代的重要作用，从中也折射出中国特色军事人才培养模式所特有的政治倾向性。如今，在改革开放和推进中国特色军事变革的过程中，强调人才培养的政治倾向性仍具有现实意义，是确保枪杆子永远掌握在忠于党的人手里、实现国家长治久安和社会现代化目标的必然选择。正是强调政治倾向性，高度重视思想政治工作和军队政治工作制度建设，才确保了培养党的军事人才这一教育理念得以实现，使军事人才培养模式的"中国特色"更加突出和鲜明。

（四）从军事政治化的建军模式看现实针对性

所谓军事政治化，是指将军事力量建设置于夺取或巩固政权、维护阶级统治的现实政治利益之上，强调对于军事力量运用的党派原则与国内政治目的，以及由此所导致的对于军事领域的政治干预，使其成为国内政治斗争的重要工具和根本手段。

作为一种建军模式，军事政治化最大弊端在于政治权力的干涉，使得军事力量建设和发展往往难以坚持战斗力标准，甚至将在一定程度上误导军事力量建设，将其目标和功能定位更多地引向非战争领域。当然，军事政治化也并非没有其合理性。从我军建设的历史经验看，它对于明确军事斗争的政治方向、鼓舞官兵士气和加强军队革命化建设具有不可替代的重要意义。

客观地讲，正是军队政治工作制度的建立和不断巩固，使得初创时期的红军克服了单纯军事观点和军阀主义作风。更为重要的是，党在创建人民军队的过程中通过发挥思想政治工作的独特优势，解决了如何将以农民为主体的工农武装建设成为一支无产阶级领导、用党的理论和革命思想武装起来的新型人民军队的根本问题。军事政治化反映到军事教育变革上来，就是强调教育为军事斗争和现实政治利益服务，突出军事人才的政治立场和阶级属性，确立培养党的军事人才的目标定位。从土地革命战争时期到抗日战争时期，再到解放战争时期，我军在人才培养方面始终将坚持"坚定正确的政治方向"作为首要原则和根本标准。新中国成立后，无论南京军事学院等指挥院校，还是哈尔滨军事工程学院等工程技术院校，都将培养"又红又专"、政治上过硬的军队指挥干部或技术干部作为办学指导思想。改革开放后，我国军事教育进入改革发展的新时期，仍然将培养政治合格的军事人才、确保军队"不变色"放在了头等重要的地位。显然，对于革命精神和思想政治教育的强调是有利于激励和鼓舞官兵士气、确保军事人才政治上合格的。同时，也应看到，军事政治化毕竟发端于近代以来的晚清军事变革，难免会滋生政治投机行为和不良作风，使得军事人才培养偏离战斗力标准。尤其是强调服务现实政治利益，固然有利于贴近实际、突出军事人才培养的现实针对性，但军事教育变革很难兼顾军队建设的长远发展，对于任务环境的新变化和国家战略安全形势的新发展也无法充分适应。

由此可见，我国军事人才培养模式的现实针对性是历史的产物，在服务现实的政治利益尤其是满足革命战争实际需要和部队建设实际需要方面效果很好。但从军队建设的长远发展看，实现国家利益的不断拓展、确保国家战略安全，军事教育变革仍需要超越现实政治利益的局限性，站在民族国家根本利益的立场上，以确立面向未来、具有科学性和预见性的发展目标与战略策略。

（五）从军队职业化的长远发展看历史局限性

之所以说我国军事人才培养模式难以适应新军事变革时代要求和国家战略安全实际需要，就是因为它在本质上是过去战争与革命时代的产物。也就是说，它在教育理念上主要反映了夺取或巩固政权这一任务环境的特殊要求，更多强调的是满足机械化战争条件下对于军事人才培养的现实需求，因而在军事教育理念和培养目标定位上还难以摆脱过去阶级斗争观念和机械化战争思维的束缚。由于受制于任务环境和时代条件，我国军事人才培养模式被打上了以阶级斗争为中心、解决社会矛盾方式武力化和强调人才培养的政治标准等历史烙印，军事教育变革相对滞后，难以满足社会现代化转型对军队职业化建设和职业军官培养的现实需求。

事实上，军队职业化是无产阶级政党由革命党转变为执政党对军事力量建设的必然要求，也是我党在执政条件下加强国防和军队现代化建设、确保国家长治久安的根本举措，更是我军适应新军事变革的时代要求、打赢信息化条件下局部战争和应对多元化战略安全威胁的重大选择。军队职业化是指军队作为专门从事战争活动的唯一合法军事组织，必须按照军事职业标准和忠诚于宪法及民族国家利益的根本要求，选拔和任用军官，并引导军官通过提高自身素养来实现军阶和职务的升迁，而不是依据社会地位来分配军官职务；同时，国家或政府通过健全的收入保障制度和社会福利政策为军人职业发展提供稳定、可靠的生活来源或其他安全保障。可以设想，一旦放弃军队职业化对于军事职业标准和忠于宪法及国家利益的根本要求，也即按照职业标准和个人实际表现获得晋升受到阻碍，或者收入来源和个人及家庭生活得不到应有的安全保障，军官将不再追求提高自身的军事素养，势必导致军官队伍素质严重退化，甚至会直接影响甚至危及国家战略安全乃至政权的稳定。晚清军队的衰败正是既得利益集团偏离军队职业标准、谋求政治权力与社会地位的必然结果。当然，影响军队职业化的因素是非常复杂的，除了政治体制，还有许多其他因素。比如，革命战争时期我党领导的人民军队就不具备职业化的条件，除了打仗，还必须担负起筹粮、筹款和做群众工作等项任务，扮演战斗队、宣传队、生产队等多重角色，具有政治、军事、经济、社会文化等多方面的功能；相应地，军事人才培养的目标和功能定位也必然是多元化的，不仅仅局限于战争领域或完成军事斗争任务。新中国成立以后，我军在社会主义革命和建设中发挥了重要作用，仍然延续了扮演战斗队、宣传队、生产队等多重角色，甚至在"文化大革命"中实行了"三军两支"、直接参与地方的政治斗争与派别之争，军事政治化发展到了极致，严重背离了军队自身的职能。显然，军队不去履行自身职能、广泛介入社会生活其他领域是不利于国家长治久安的，甚至会影响战斗力，直接危及国家战略安全。当前，以现代政党体制为标志、多党合作与政治协商的民主政治体制在我国已建立并日益完善，国家财力的强有力保障和军队使命任务的新拓展也在客观上为军队职业化提供了有利条件或时机，军队职业化发展的外部条件已经具备。

不难看出，军队职业化的长远发展对于军事人才培养提出了新的现实需求，而政治体制的民主化发展和国家财力的强有力保障也为军队职业化提供了有利的外部条件，加上新世纪新阶段我军使命任务的新拓展，必将推进军队职业化发展。上述新形势、新要求将对军事教育变革产生极其深远的影响，只是我国的军事人才培养模式尚未摆脱革命党特有的阶级意识与现实政治利益的束缚，难以超越阶级斗争的政治立场而将民族国家利益与国家战略安全保障置于军队建设的现实基础之上，也就无法适应我党已经成为执政党、我军将承担"三个提供、一个保障"和履行"四个坚决维护"等使命的新现实。可见，从军队职业化建设的长远发展看，我国军事教育变革的上述历史局限性极为明显，有待于在改革发展过程中加以突破或超越。

第二节　影响或制约我国军事教育变革的主要因素

作为军事教育领域对于社会现代化转型的应对或主动适应，军事教育变革集中体现了军事人才培养对于社会现代化转型的现实需求的满足程度。当然，能否满足以及能够在多大程度上满足社会现代化转型对于军事人才培养的现实需求，也就是军事教育变革的广度和深度，取决于军事、政治、经济、文化等诸多领域的变革及其融合水平，且具体受到实战环境和战争实践锻炼机会、体制机制和利益结构调整力度、财政状况和教育经费保障水平、思想观念和教育理论创新水平等诸多因素的影响或制约。其中，战争实践对于教育改革的推动、理论创新对于教育改革的牵引、管理体制对于资源配置的驱动、运行机制对于利益关系的调整、经费投入对于教育发展的保障，对于军事教育变革的成败而言，都是至关重要的，因而构成了影响或制约我国军事教育变革最为主要的因素。

一　实战环境和战争实践的推动是影响或制约我国军事教育变革的直接因素

正如在导论中分析我国为何难以培养高素质军事人才的问题时所指

出的，"从客观原因看，军事教育受制于外在的环境和条件，缺乏必要的实践平台和实战机会，因而难以营造有利于军事人才成长和进步的教育场景或环境氛围"。事实上，对于军事教育来说，从战争中学习战争，不仅是高素质军事人才培养的根本途径，而且更是军事人才成长的捷径。军队就是为了战争而存在的，所谓养兵千日用兵一时，这用兵一时讲的就是打仗，就是通过赢得战争来维护国家安全和人民的安宁，从而实现自身的存在价值。作为构成庞大军队的个体，军人天生是要打仗的，其从事的军事职业的根本任务和历史使命是赢得战争、维护国家的战略安全和人民的安宁。军事人才是军人中的精英，自然也是要为了赢得战争而存在的，且检验其是否具有高素质的根本标准是战争实践。只有在战争中经受住了生与死的考验、能赢得战争的胜利，才能称之为名副其实的高素质军事人才。没有打赢过任何一场战争的和平将军，实为国家的悲哀、军人的不幸！之所以会出现像徐才厚、谷俊山之流的军内巨贪一步步官至上将、中将，位列军队最高指挥机构的中枢，说到底是军事人才的选拔和使用机制有问题；其中，最为重要的是，没有将是否有过实战经历且能够指挥打赢至少一场战争作为高素质军人才的基本标准和晋级高级军官的必要条件。作为高级军官的将军，应该是宁缺毋滥的，绝不能仅仅根据政治需要或出于其他非战争的原因，就人为地制造出那么多将军；否则，后果极为严重，不仅仅是腐败问题，甚至会败坏军队风气、使军队丧失战斗力，从而最终导致亡党亡国！相对打赢一场信息化条件下的局部战争而言，我们国家、我们军队需要更多的具有狼性的军人，尤其需要众多能够带领"群狼"冲击敌阵厮杀的"头狼"和指挥千军万马的"狼王"。遗憾的是，我们的和平将军太多，而能够冲杀敌阵、威震敌胆的"头狼"式的将军太少。军人的狼性是经过战场的厮杀用敌人的鲜血喂养出来的，一支能够打仗、具有强大战斗力的军队需要在战争中锻造，而能够打赢战争的将军也需要在战争中产生。因此，军事活动作为基于国家战略安全的实际需要，对于武装力量的建设、使用和管理，更加需要在战略层面上筹划和运用好军队这一国家武装力量，为一时之需的用兵，更为千日养兵、能够造就出威震敌胆的"头狼"式的将军！对于军事教育变革来说，战争实践的推动作用具体体现为实战环境的刺激、战争实践的锻炼、作战需求的拉动、战场氛围的熏陶四个重要方面。

（一）实战环境刺激与军人战斗精神的激发

如何激发军人的战斗精神是加强高素质军事人才培养、推进我国军事教育变革的重大现实问题。对于一个军人来说，缺乏战斗精神、丧失战斗意志就等于被抽去了灵魂，没有了精气神。军队能不能打仗，取决于军人不畏强敌、慷慨赴死的勇气和临危不惧、克敌制胜的胆略，更取决于军人旺盛的战斗精神和顽强的战斗意志。所有这些，构成了军人更为本质、为着赢得战争而存在的精神气质。长期和平环境对于战斗精神的消磨，加上市场经济环境下金钱和权力的腐蚀，军人的本质和为着赢得战争而存在的精神气质已经很少被人们所关注和重视，使得军事教育变革逐渐偏离了战斗力的生成和不断增强。对于军事教育变革来说，我们这个时代欠缺的不是歌舞升平的和平景象，而是一场能够极大地激发军人战斗精神的战争，一场能够有效地维护国家战略安全、遏制周边地区危机和诸多争端进一步恶化的局部战争！面对即将到来的战争威胁，应对我国周边一触即发的地区危机或潜在的武装冲突，回避和退让根本解决不了问题，只会使矛盾和危机升级，使得已经存在的争端问题更加复杂化。21世纪中国的和平崛起和"一带一路"战略的有效实施，离不开强大的现代化国防和战无不胜的人民军队的强有力保障。毕竟，和平崛起中的"和平"从来就不是别人或别的国家恩赐的，而是靠政治、外交和军事领域的不懈斗争争取来的，是以强大的国防和军队的强有力保障为后盾、以做好战争充分准备为前提的。推进"一带一路"战略的有效实施，也需要排除来自周边和某些大国的干扰。试想，没有新中国成立初期抗美援朝战争，怎会有新中国此后几十年的和平。因此，适当地运用作为国家武装力量的军队，针对一些无可回避的周边地区危机或潜在局部武装冲突，果断出手，在实战环境中练练兵，对于遏制军内贪腐风气、激发军人的战斗精神和推进军事教育变革，都将具有不可替代的重要意义。军人也只有在实战环境中感受到强烈的战场杀气、仇敌情绪和成就动机等诸多刺激，才能进一步激发战斗精神、彰显自身军人的本质和为着赢得战争而存在的精神气质。可见，实战环境的刺激不仅仅是我国军事教育变革的直接动力，更是进一步加强高素质军事人才培养、激发军人战斗精神的催化剂。

（二）战场氛围熏染与军人作战潜能的开发

加强军事人力资源开发、最大限度地挖掘军人的作战潜能是世界各国军事教育变革面临的共同任务。对于军人来说，作战潜能的充分发挥和最大限度开发是需要特定条件的，也即战场氛围的熏染。正所谓人都是被逼出来的，只有在特定条件下，尤其是受到战场氛围的熏染，一个军人才会因其命悬一线的生存本能而发挥出意想不到、平时难以发挥的作战潜能。这里，所谓战场氛围，是指战争中敌我双方你死我活的战场厮杀和展示各自军事实力的激烈对抗，以及一方以压倒性的强大实力来逼迫另一方屈服、使其放弃自身立场和利益的战略性较量。战场上的厮杀、对抗和较量是战场氛围的本质与核心，它与平时那种歌舞升平的和平景象完全不同，就像挖掘机一样，它能够使军人的作战潜能得到最大限度的开发。过去，人们讲新兵和老兵在战场的区别时，总会描述新兵的害怕甚至被吓得屁滚尿流，而老兵表现得相对淡定、能够较为熟练地操作武器并自觉不自觉地作出一些躲避敌人攻击的战术动作。这一点说明，从新兵到老兵，几场战争下来，经过战场氛围的多次熏染，其作战潜能已充分挖掘出来，具备了灵活的作战机智和较强的战场适应能力。如今，尽管信息化条件下局部战争发生了不同于以往机械化条件下局部战争的新的根本性变化，作战样式、作战环境和作战理论都是全新的，但仍是战场上的厮杀、对抗和较量，战场氛围的本质并未发生任何变化。强调战场氛围的熏染对于军人作战潜能开发的重要意义，目的在于说明军事教育变革不能够总是处在平时那种歌舞升平的和平景象中，它需要营造必要的教育场景或氛围，让我们的军人直面战争，去经受厮杀、对抗和较量等战场氛围的不断熏染，使其在被逼无奈、情急生智中最大限度发挥作战潜能。因此，战场氛围的熏染作为加强高素质军事人才培养、推进军事教育变革的必要环节，对于军事人力资源开发和军人作战潜能挖掘具有不可替代的重要意义，理所当然地应该成为每一个军人的必修课而不是选修课。

（三）作战需求拉动与军人职业能力的强化

唯有战争才会产生实际的作战需求，有了具体的、真真切切的作战需求，军人职业能力的培养才有现实针对性。军人职业能力弱化是和平环境下国防和军队建设的普遍现象，也是非战争环境、缺乏战场氛围的条件下军事人才培养的通病。对于军人来说，职业能力的形成和不断强化不同于单纯的知识学习，是不可能在书斋里完成的，更多地需要从日常军事训练和战时的实际作战中来实现。其中，战时的实际作战对于军人职业能力的强化具有不可替代的重要意义。与日常军事训练相比，战时的实际作战更为直观、直接、具体地体现了现代战争中的实际作战需求，能够迅速地将其由外在于军人的现实需求转化为军人职业能力发展的内在需要，使军人产生一种职业能力发展的内在冲动和进一步强化自身职业能力、彰显其军人本质和为着赢得战争而存在的精神气质的兴奋感。这一点，恰恰是日常军事训练难以奏效的，毕竟其对作战需求的把握是间接的，更为主观和抽象，往往是基于以往战争中实际作战的经验和理论概括，或者是来自其他国家战争中作战经验的了解和理论推演（如海湾战争、科索沃战争、阿富汗战争、伊拉克战争对于我国军事教育变革的影响）。对于军事教育变革来说，我们的国家和军队远离战争已经太久，而迫于现代化经济建设大局、争取和平稳定的国际及周边安全环境的隐忍也已经太久，但我们真正能够远离战争、不受战争威胁吗？我们继续隐忍下去，还能够较好地维护现代化经济建设大局、争取到和平稳定的国际及周边安全环境吗？环顾我国周边，从中亚到南亚、从东南亚到东北亚，某些西方大国针对我国的战略布局早已形成，从战略上围堵和牵制中国已经成为其既定战略，我们根本无法改变，而只能应对。至于上述四个战略方向已经出现的地区危机或潜在的武装冲突，更非我们单方面的善意所能够化解和消除的，除了直接面对、果断出手趁早加以遏制，实在没有更为明智的选择。我们古代就有"战为不战"的军事思想和战略传统，其中前一个"战"意为面对不可回避、不可避免、迫不得已的战争，只有果断出手、克敌制胜的一战或多次战争；后一个"不战"是果断出手、克敌制胜的一战或多次战争的直接后果。就如同抗美援朝战争，此战实际上为新中国争取了几十年和平，实现了"不战"的战略效果。如今，我们致力于推进"一带一路"建设，谋求21世纪中国和平崛起与中华民族的伟大复兴，同样又遇到了强敌环伺、宵小干扰和不得不战的情形。再加上国防和军队现代化建设也需要强有力地配合和保障现代化经济建设的大局。因此，瞄准时机，果断出手，充分利用作战需求的拉动作用，强化军人职业能力的培养，不仅对于加强高素质军事人才培养、推进军事教育变革具有不可替代的重要意义，对于提升国家战略安全保障能力也将具有极其深远的战略意义。

（四）战争实践锻炼与军人战斗素养的提升

军人的战斗素养是军队整体作战能力的重要组成部分，对于现代战斗力的生成和不断增强具有不可或缺的重要意义。如何提升军人的战斗素养、全面增强军队的整体作战能力，一直是军事教育变革的主题和重要目标。对于军人来说，提升战斗素养离不开日常养成和艰苦的军事训练，但更为重要的是融入实战环境中，去经受战争实践的锻炼，正所谓实践出真知。如果说，日常养成和艰苦的军事训练是提升军人战斗素养的重要途径，那么，战争实践的锻炼对于军人战斗素养的提升更具有加速的效应，因而是提升军人战斗素养的倍增器。当前，战争实践的锻炼机会很少，使得战备意识和战术训练极为缺乏，从而导致军队整体作战能力尤其是军人的战斗素养和临战心理素质普遍难以适应现代战争的实际要求。对于军事教育变革来说，加强高素质军事人才培养，战斗素养的提升是关键，也是重点。道理很简单，任何一支由战斗素养不高、临战心理素质不太好的军人所组成的军队，都无法赢得战争胜利。能否赢得战争胜利，排除其他非军事因素，将主要取决于军队整体作战能力尤其是军人的战斗素养。因此，除了注重日常养成和进一步强化军事训练，战争实践的锻炼更是不可缺少的。兵法有云，"兵不练不精"，这里，"练兵"不仅仅是指平时模拟性演练，而且更应该是指采取真枪实弹、针对周边地区危机或武装冲突的战争实践的方式，真正在实战条件下不断强化军队的战备意识和战术训练。只有这样去练兵，军队整体作战能力尤其是军人的战斗素养，才能得到迅速提升，才能训练出一支战无不胜、攻无不克的强大军队，造就一批能征善战的精兵强将。

二　思想观念和教育理论的创新是影响或制约我国军事教育变革的根本因素

孙中山先生在《建国方略》中阐述了知难行易的道理，强调认识相比实践更为困难，实际上说的是人们的思想观念转变和理论创新很不容易。其中，思想观念的转变涉及民族历史和文化传统，包括一个民族的历史观、价值观和传统思维方式、行为习惯、民族文化心理等方面的沿袭和传承；理论创新涉及哲学思想、认识论、科学研究方法、求真务实的科学精神和科学态度。相对于军事教育变革而言，上述文化价值观念层面或思想认识领域的变革，因其深层次地反映了社会现代化转型的历史性要求，故而发挥着更具有根本性、决定性意义的价值导向和理论牵引功能。

（一）民族历史和文化传统对于我国军事教育变革具有双向的引导功能

作为一种文化价值观念，每个民族基于各自不同的发展轨迹，会形成自身独特的历史观、价值观、民族文化心理、思维方式和行为习惯。经过上下五千年的文明演进，中华民族逐渐形成并积淀了厚重的历史感和使命感、集体主义的价值取向、根深蒂固的官本位思想、严格尊卑的等级观念、崇尚大一统的民族文化心理、注重形而上学的整体思维方式和舍生取义杀身成仁的行为习惯，所有这些民族的文化特质都从根本上反映了农耕社会和集权统治的现实需要，说到底是传统农业文明的产物。尽管近代以来伴随社会现代化转型的不断推进，上述文化价值观念也在一定程度上进行了调适，但作为其文化基因的价值取向和思维方式等民族文化传统并未发生根本性的变化。对于军事教育变革来说，一方面，该文化传统强调共性要求和统一意志，坚持局部服从全局、部分服从整体、个人服从集体等价值原则，客观上抑制了个性的发展和创造力的发挥，显然不利于军事教育的改革和创新；另一方面，该文化传统主张"天人合一"，社会生活各领域都力求与自然和谐统一，注重内省和人格完善的修身哲学，强调人是社会的人，将人置于现实的社会关系中，认为个体作为集体的一部分，应该随时与集体成员合作，客观上有助于正确处理人与人、人与社会、人与自然的关系，对于促进经济社会可持续发展、从根本上消除工业化社会的种种弊端和实现军事教育变革与社会现代化转型的融合发展将发挥不可替代的重要作用。可见，上述文化传统尽管以宗法观念为基础，是传统农业文明的产物，但对军事教育变革能够发挥积极作用，仍具有很强的生命力和持久的影响力。问题在于，适应正在加速工业化、逐渐走向信息化社会或后工业化社会的中国新文明，上述文化传统必须主动变革。就军事教育理念而言，坚持集体主义价值取向，作为中国人独有的一种文化特质，过去大一统的封建皇权思想和礼治天下的德政传统、家国一体的政治国家观念是可以适应新形势进行创造性地转换为维护统一及主权和领土完整的爱国主义思想、以德治国与依法治国相结合的治国理念、确立个人利益服从国家利益的大局观的，至于注重形而上学的整体思维方式和舍生取义、杀身成仁的行为习惯，更是与统揽全局的战略思维与革命英雄主义有着内在的一致性。由此可见，民族历史和文化传统是一把双刃剑，只有在变革中不断增强适应性和创造性，才能扬长避短，发挥好它们的正面引导功能，从而推动军事教育变革的深入发展。

（二）思想认识和理论创新对于我国军事教育变革具有重要的牵引功能

作为一种思想认识水平的集中体现，理论创新并非空穴来风，而是来源于军事教育实践，是对于军事教育变革如何满足以及能够在多大程度上满足社会现代化转型所提出的军事人才培养现实需求的准确把握和科学预见。如上所述，理论创新涉及哲学思想、认识论、科学研究方法、求真务实的科学精神和科学态度。可见，对理论工作者来说，提高自身思想认识水平，推进理论创新，不仅要坚持以先进的哲学思想和科学的认识论为指导，掌握正确的科学研究方法，而且还必须具有追求真理的科学精神和实事求是的科学态度。对于我国军事教育变革来说，思想认识和理论研究的相对滞后是关系高素质军事人才培养的根本性问题。究其原因，主要有以下三个方面：一是科研管理不到位，研究力量较薄弱，尤其缺乏一支相对稳定的高水平、专业化的理论研究队伍，导致理论创新不足，相关研究成果的层次和水平不高，难以为军事教育改革发展提供决策支持；二是科学研究不规范，大多数理论工作者均为半路出家，没有接受过系统的专业教育和严格的学术训练，研究方法不科学，科学研究中功利主义思想严重，缺乏追求真理的科学精神和实事求是的科学态度；三是科研宣传不重视，现有的理论研究成果很少得到宣传和推广，无论机关还是理论研究者个人，都比较重视成果评奖，而不太关注成果的转化和及时推广。加强军事教育变革理论研究，彻底扭转思想认识和理论研究的相对滞后状况，必须搞好科研规划和管理，注重理论研究队伍建设，积极向军外开放军事教育变革理论研究，坚持军地并举，利用好国民教育资源和科研资源，进一步加大对青年理论工作者的培养和指导力度，努力建设一支高水平、专业化的理论研究队伍；同时，建立健全科研宣传、推广与评奖相结合的理论研究成果转化机制，进一步提高科研工作效益和理论研究成果的社会影响力。只有提高思想认识和理论研究水平，使其适应我国军事教育变革的实际要求，才能充分发挥理论创新对于军事教育变革的牵引功能，从而促进和推动高素质军事人才培养。

三　体制机制和利益结构的调整是影响或制约我国军事教育变革的关键因素

正如在导论中分析我国为何难以培养高素质军事人才的问题时所指出的，"从主观原因看，军事教育未能遵循人才成长规律、难以按照培养高素质军事人才模式去办学，说到底是利益相关者怕失去既得的利益"，正是来自现实的各种物质或精神的利益的困扰，使得人们难以冲破特定体制下既得利益的羁绊，因而缺乏改革的胆略和创新的勇气。对于军事教育变革来说，看似内在的利益驱使问题，实质是外在的制度约束和体制机制问题。这里，体制机制涉及利益结构的调整，如果军事教育变革不从制度上消除人们对失去既得利益的顾虑，是无法取得根本性突破的。毕竟，任何改革都是利益结构的调整，其中包括宏观管理体制对于资源配置的驱动和微观运行机制对于利益关系的调整。作为对于军事人才培养产生重大影响的管理体制和运行机制，固然是历史的产物，其产生的合理性只能从历史发展及其选择中去寻找，但以往历史发展选择合理性只是解释了现实存在的必然性，并未为其是否继续存在提供有说服力的理论诠释。一旦体制机制难以使利益结构的调整促进和推动高素质军事人才培养，便意味着制度因素已经成为影响或制约军事教育变革的关键所在。当前，我国军事教育变革之所以相对滞后，难以培养高素质军事人才，制度层面的体制机制问题是关键。

（一）管理体制与资源配置的驱动

作为资源配置方式的管理体制，无论过去高度集中统一的计划经济体制，还是如今将国家宏观调控与自由竞争相结合的市场经济体制，所解决的都是资源如何分配和使用的问题。就功能意义而言，军事人才培养模式的实际运行呈现出理念、目标、过程、效果等历史维度的相互衔接和依次转化的阶段性特点；其中，从目标到过程体现了培养制度的设计和实现，所反映的是功能性教育训练活动的具体展开。因此，完全可以将军事人才培养模式所反映的上述功能性教育训练活动的展开还原为军事教育资源的分配和使用过程。这里，军事教育资源实际上有两层含义：一是政府或行政权力主导配置的、以教育训练经费形式和其他物化形态存在的教学设施及条件，可以称之为原生性的教育物质资源；二是军事人才培养过程中由教育者在促进教育变革、推动人才培养质量和效益不断提升中所开发的课程和所积累的教学或管理经验，可以称之为再生性的教育信息资源。就军事人才培养过程的组织实施而言，资源的有效供给应该包括上述原生性的教育物质资源和再生性的教育信息资源两个方面。其中，前者反映了政府对于军事教育资源的实际投入情况，具有决定性意义；后者反映了作为军事教育主体的教育者通过运用原生性教育物质资源进行功能性的教育训练活动所获得的实际产出情况，是原生性教育物质资源的派生物，更具有能动性和持续发展的潜力。如此看来，军事人才培养过程的组织实施，也就是功能性教育训练活动的展开，可以将其进一步理解为一个原生性的教育物质资源供给、使用和再生性的教育信息资源供给、使用交替进行，以及它们之间相互作用、相互影响的过程，这就从资源配置方式对于军事人才培养策略选择及其效果的作用机制上科学揭示了军事人才培养模式的功能实现问题。对于军事教育变革来说，推进制度创新，首先必须从宏观管理体制改革入手，增加资源的有效供给，提高资源的使用效益，从而使得资源配置更有效率。目前，我国采用了以权力控制资源供给、以行政权力主导资源分配和使用的资源配置方式，实际上沿用的是计划经济体制，是一种高度集权、具有垄断性或非竞争性的管理体制。作为一种资源的配置方式，以权力控制资源供给是指军事教育资源是依据集权原则由军事行政机关加以掌控，并根据军事教育机构与军事行政机关的利益博弈编制相应的预算，从中央财政支出中统一拨付，这样一种行政权力部门主导或掌控的资源供给方式。其最大弊端是教育资源的供给、分配和使用缺乏刚性约束，难以按照军事人才培养的实际需要配置相应的教育资源；其特点是资源配置的效率很大程度上取决于掌控资源的权力拥有者或具体负责人的主观判断。这样，资源供给上的非刚性约束和相关方的利益博弈必然滋生内部人控制和权钱交易等腐败现象，最终因部分资源的流失而导致资源有效供给的相对不足，从而无法按照学术发展的逻辑和军事人才培养的实际需要对于资源进行合理配置，导致资源使用效率普遍不高，难以发挥管理体制及其所驱动的资源配置对于高素质军事人才培养的促进和保障作用。

（二）运行机制与利益关系的调整

从制度层面探讨军事教育变革的影响或制约因素问题，除了关注管理体制对于资源配置的驱动，还必须深入到功能性教育训练活动的实际过程，进一步把握运行机制对于利益关系的调整。毕竟，军事教育变革所涉及的利益结构调整是通过资源配置的驱动和利益关系的调整两个方面加以实现的。可见，对于军事教育变革来说，推进制度创新，除了宏观管理体制的改革之外，还必须建立健全相应的运行机制，以正确处理或协调改革过程中所涉及的各种利益关系，促进和保障高素质军事人才培养。当前，与上述宏观管理体制改革中存在的高度集权和资源配置上的行政垄断相一致，军事人才培养过程中的实际运行机制也普遍存在各自为政、资源难以共享、缺乏竞争与协作等突出问题。所有这些问题，说到底是利益关系调整不到位，尤其未能将最大限度地调动改革者的积极性、推进军事教育变革的客观要求与尽可能地兼顾弱势群体的利益诉求、充分考虑社会稳定的现实需求结合起来。进一步分析，之所以利益关系调整不到位，原因固然很多，但最为关键的是运行机制不太完善，根源在于管理体制的僵化和保守，难以促进和保障高素质军事人才培养。事实上，项目制、竞标制度等市场机制的引入已经在我国地方高等教育改革和发展中发挥着日益重要的积极作用，对于建立和完善军事人才培养过程中的实际运行机制、推进军事教育变革的制度创新是具有重要借鉴意义和决策参考价值的。军事教育本应该是国家教育改革和发展的先行者，在制度创新方面更应该走在社会的前列，但由于关乎国家安危的慎重和历史上一直受到计划经济体制的习惯性影响，其体制机制的改革严重滞后。当前，彻底扭转体制机制改革严重滞后的不利局面，以制度创新来促进和保障高素质军事人才培养，应该着眼各种利益关系的调整，积极引入项目制、竞标制度等市场机制，发挥市场竞争对于资源配置和实际使用中的决定性作用，以在军事教育变革中探索建立与市场经济体制相适应的一系列管理体制和运行机制。

四　财政状况和教育经费的保障是影响或制约我国军事教育变革的重要因素

任何改革都不只是利益结构的调整问题，还需要充分考虑国家的财政状况及其相应的经费保障问题。对于军事教育变革来说，财政状况和教育经费的保障水平是一个极其重要的因素。毕竟，巧妇难为无米之炊，没有投入的教育改革是难以取得成效的。正如有军事教育专家所指出的："现在我们国家面临的经济发展状况总体来讲，我们现在已经是世界排名第二了，但是人均收入还是比较低的，在这样一个条件下，国家能够拿出多少经费来支持院校建设，这都是我们要面临的大局问题。"[①] 作为一个关系大局的教育投入问题，提高经费保障水平一直是影响或制约我国军事教育变革的难题。经费保障之难，难在相对现代化建设各个方面巨大开支而言整个国家财力实在有限，能够用于军事教育的经费更是有限，短期内经费保障水平很难满足军事教育改革发展的实际要求。在这种情况下，提高经费保障水平只能在节流挖潜和开源增收两个方面下功夫。

（一）节流挖潜与经费保障水平的提高

所谓节流挖潜，就是通过厉行节约、加强经费管理、对再生性的教育信息资源进行深度开发等方式，提高经费使用效率，从而使经费保障水平得到相对的提高。关于厉行节约、加强经费管理，主要是针对原始性的教育物质资源而言的，一般来说比较容易理解，属于严格财务管理和强化成本控制的问题，目前已经有不少好的经验和做法。至于对再生性的教育信息资源进行深度开发，主要是营造宽松自由的学术环境，引导广大师生及其他教育工作者大力弘扬为中华崛起而读书的爱国主义情怀。邹承鲁院士回忆西南联大求学时光，总结了两个字，即"自由"。他认为，"那几年生活最美好的就是自由，无论干什么都凭着自己兴

---

① 《对话国防大学——谈军队院校教育改革与发展》，http://military.people.com.cn/GB/52578/52579/345580/index.html。

趣……学生的素质当然也重要，但更重要的是学术的气氛”，“应该最大限度地允许人的自由。没有求知的自由，没有思想的自由，没有个性的发展，就没有个人的创造力。西南联大为我们提供了这一切”。① 抗战时期的西南联大之所以能够在战争条件极其艰苦、办学经费异常困难和教学设施极其简陋的情况下大师云集、人才辈出，创造非凡的办学成就，与广大教师和管理人员有着深厚的爱国主义情怀，进而对再生性教育信息资源进行深度开发有着很大的关系。可见，行政权力主导下军事教育资源有效供给的不足是相对的，不是绝对的，也是可以通过厉行节约、强化成本控制和挖掘现有资源潜力，尤其是提高再生性教育信息资源的使用效益来加以缓解的。尽管如此，能否进一步突破教育经费实际投入和有效使用的制度性障碍，进而确保经费保障水平的提升，仍然是影响或制约我国军事教育变革的重要因素之一。

（二）开源增收与经费保障水平的提高

所谓开源增收，就是通过争取财政拨款性的纵向科研项目经费资助、争取来自企业或财政拨款性的横向科研项目经费资助、获得赞助性的社会公益基金机构捐赠或个人捐款、利用现有教育资源从事有偿性的教育培训和技术开发及其他社会服务等方式，进一步拓展教育经费来源的渠道，增加教育收入和教育经费的实际投入，从而提高经费保障水平。关于争取科研项目经费资助，无论纵向或横向科研项目，都是非常重要的经费来源渠道，对于增加教育收入和教育经费的实际投入具有特别重要的意义。至于社会公益基金机构捐赠或个人捐款、有偿性教育培训和技术开发及其他社会服务，是近年来日益受到重视、发展潜力比较大的经费来源渠道，对于增加教育收入和教育经费的实际投入具有辅助性功能。其中，前者主要适用于科研能力较强且具有一定社会影响力或学术地位的教师；后者则主要适用于社会活动能力较强、人脉较广的教师，尤其是来自上级领导机关的院校领导或机关干部。

第三节　当前我国军事教育变革面临的突出问题及其表现

教育问题，无论是军事领域还是其他领域，都离不开社会现代化转

---

① http://tieba.baidu.com/f? kz=656074652.

型的宏观历史背景，必然有一个教育变革与社会现代化转型之间的互动问题。军事教育变革与社会现代化转型的互动，作用于军事人才培养模式，便形成了当前中国军事教育改革发展的诸多现实问题。比如，以联合作战指挥人才培养为根本目标的我军任职教育院校，尽管一直在致力于深化教学改革、增强人才培养的针对性和有效性，但其军事人才培养模式仍存在一些致命性问题，尤其不适应从机械化向信息化转变的战争需要，不适应培养多兵种联合作战指挥人才的实际需要。又如，依托国民教育培养军队干部改革已经十多年，但依托培养的地方高院与相近学科专业的军事院校之间仍缺乏必要的联系，更谈不上军地高校教育之间资源共享与实质性融合，导致至今尚未充分地发挥地方高校与军事院校联合培养军事人才的资源优势。所有这些问题，说到底，最为重要也是最为核心的，是军事人才培养模式问题。所谓军事人才培养模式问题，就是在关于培养什么样的军事人才、如何培养军事人才的根本性问题上存在与社会现代化转型，尤其是军队现代化建设和中国特色军事变革不相适应的方面或环节，其实质是军事教育变革不适应社会现代化转型的根本要求。具体说来，我国军事教育变革尤其是人才培养模式改革在理论建构和策略选择两个方面存在比较突出的问题，即理论建构没有能够很好地遵循军事人才成长和教育发展的内在规律，相应的策略选择也就没有也不大可能完全按照战争发展实际需要培养军事人才。上述两个方面直接影响了制度层面和具体操作层面的功能性军事教育活动，表现为两个关键性环节相对缺乏，即缺乏对于军事人才培养的系统分析和整体设计，缺乏对于军事人才培养的全程关注和战略管理。只有正确认识上述两个方面的突出问题，以及两个环节的具体表现，才能为进一步破解我国军事教育为什么难以培养高素质军事人才的现实问题，从而深化院校教育和部队训练改革、创新军事人才培养模式提供客观依据。

一　没有能够很好地遵循军事人才成长和教育发展的规律

军事人才成长有其独特之处，主要是成长环境、道路、条件的特殊性。

在成长环境方面，由于军事人才服务的目标和方向是国家战略安全利益，未来战争的发展或国家战略安全形势的实际变化便构成了军事人才培养的任务环境。因此，军事人才培养必须充分认识人才成长环境的特殊性，遵循军事需求牵引的规律，即以军事斗争对人才的需求为出发点，将满足国家战略安全的实际需要与部队建设、个人发展的现实需求结合起来，使个人发展与主观能动性的发挥更加符合军事人才培养及其任务环境的实际要求。目前，院校教育与部队建设存在脱节现象，训用不一致，说到底，是军事人才培养关注社会现代化转型尤其是军队转型发展的现实需求不够，没有将人才的成长和进步与部队建设乃至国家战略安全的实际需要联系起来，缺乏军事需求牵引。

在成长道路方面，军事人才培养遵循渐进成长和实践第一的规律。所谓渐进成长，是指军事人才成长呈现初级向中级再向高级的渐进过程，其经验的积累和军事素养的提高有一个从量变到质变的过程，需要经过初级院校→部队实践→中级院校→部队实践→高级院校→部队实践循环往复的学习和锻炼。实践第一是指除了通过院校教育进行必要的科学理论的武装和专业知识的充实，最主要也是具有根本性意义的成长途径是实践锻炼。也就是说，实践锻炼既是军事人才培养途径的主体，也是军事人才培养的关键环节。过去，我军在军官继续教育尤其是逐级培训和岗位轮换、交叉任职等方面重视不够，导致军官知识更新不及时，个人阅历与素质单一，显然是不符合军事人才渐进成长规律的。至于院校教育中实践教学环节薄弱、部队建设中军官任职岗位缺乏必要的交流和使用性培养，更是违背了实践第一的规律。

在成长条件方面，军事人才培养遵循学用一致和协调发展的规律。这里，学用一致，是指院校所学的理论知识只有在实践中加以运用，也就是在相应的专业岗位的实际工作中接受检验，才能发挥实际作用，并使这些理论知识不断发展和完善。协调发展是指无论院校学习还是部队实践锻炼，都必须将军事教育放到军队现代化建设的大局中来研究和把握，正确处理局部与全局、眼前和长远、需要与可能的关系，努力实现军事人才各方面素质的相互协调与培养条件的完善配套。在现代战争特别是信息化条件下的局部战争中，军事人才素质的高低已成为战争制胜的主导性因素，是掌握制信息权的关键，因而具有决定性意义。培养高素质军事人才，需要营造有利于人才成长的外部条件，包括改革军官的选拔任用制度、创新军官素质测评与考核机制，以避免学用脱节，防止知识或能力素质的短板。

总之，需求牵引、渐进成长、实践第一、学用一致和协调发展构成了军事人才成长的基本规律，[①] 也是军事教育发展的一般规律。联系当前我国军事教育改革发展的实际，从全军院校和训练机构编制体制改革

---

① 张楠：《军事人才成长规律研究与对策》，《海军院校教育》2002 年第 13 期。

到现代化教学工程的不断推进、从科技大练兵到全军上下战斗精神培育，军事教育变革始终是在关注体制改革或具体的方式、方法改革，缺乏军事人才培养模式的理论建构，也就是说，没有能够深刻认识和把握军事教育发展尤其是人才成长的规律，培养目标定位缺乏建立在人才需求实证分析基础上的系统研究。事实上，军事人才培养中存在诸如训用不一致、实践环节薄弱、教育训练针对性和实战性不强等弊端或问题，说到底是没有能够很好地遵循上述规律。

二　没有能够严格地按照战争发展实际需要培养军事人才

当前，我国军事教育存在着"重理论、轻实践"和"重知识传授、轻能力培养"的倾向。这一点应该与长期以来一直沿袭知识本位、教师和课堂中心主义的填鸭式教学方法分不开，也契合了"重道轻术"和"重学术、轻技术"的历史文化传统。

应该看到，军事人才成长不仅需要现代科学技术尤其是军事理论和技术知识的武装，而且更需要基于战争发展实际的教育场景或环境氛围的营造，离不开军事斗争伟大实践的锻炼。也就是说，按照战争发展实际需要培养军事人才，也是遵循军事人才成长和教育发展规律、进一步提高军事人才培养质量和效益的必然选择。

遗憾的是，鉴于资源有效供给的相对不足和分配、使用中的诸多弊端，当前军事人才培养模式在策略选择上没有能够也不大可能严格按照战争发展实际需要培养军事人才，至少在强化实践教学环节和学用一致的（岗位任职）实践锻炼环节短时间内难以有所突破。联系当前中国军事教育改革发展的实际，之所以"粉笔＋黑板"或片面强调使用电子课件的传统课堂模式和填鸭式教学方法一直未能从根本上加以改革，课堂、操场与战场无法真正接轨，就是因为实践教学环节和实践锻炼环节出了问题。其中，最主要的是对于军事实践的理解凝固于战役作战之类的具体战争实践形式，对于其他战争实践样式，包括战争模拟、联合军演、实兵对抗、换岗锤炼等战争"预实践"或"准实践"，以及参与反恐维稳、抢险救灾、处置突发事件、国际维和等非战争军事行动等诸如此类的军事实践形式重视不够。至于在上述几个方面如何借助智慧和技术来延伸、拓展和平时期的战争实践范围，类似研究和探索更是薄弱，尤其是拓展、延伸战争实践的紧迫感不强、办法不多、效率不高，使得实践教学难以深入下去，岗位任职锻炼也无法发挥加速军事人才成长的重要作用，甚至出现与院校教育相脱节、学非所用之类人才资源浪费现象。

三　缺乏对于军事人才培养的系统分析和整体设计

以往关于军事教育变革尤其是人才培养模式改革的认识，之所以会出现仅仅局限于军事教育训练环节及其场景营造的具体方式、方法和手段的偏差，除了方法体系在功能性军事教育活动具体实施过程中的决定性作用，以及拘泥于教学内容决定教学方法、因材施教的教条式理解，还有一个很重要的原因，就是缺乏对于军事人才培养更为宏观的、战略层次上的分析。也就是说，没有从近代以来中国军事教育变革与社会现代化转型的关系入手，将中国军事人才培养模式孕育与形成放到社会现代化转型的宏观历史背景中加以考察，从而也就难以深切地理解和把握比教学内容和方法更为重要的价值取向与目标定位问题。上述问题的实质在于没有跳出教育看军事人才培养，将军事人才培养仅仅等同于一般性的技术工作，人为地割裂与社会现代化转型及其现代化转型的内在联系。这一点，恰恰是军事教育变革容易忽视或刻意加以回避的要害问题，也是军事人才培养缺乏系统分析和整体设计的症结所在。

事实上，无论是从理念形成到价值导向功能发挥，从专业设置到军事人才科类结构布局，从培养目标的定性、定量研究到具体科类军事人才培养规格和质量标准的制订，最终确立军事人才培养对象的目标定位；还是通过包括课程体系构建和教育场景营造在内的功能性教育活动的整体规划和制度设计，将上述理念和目标转化为具有可操作性、制度层面的军事人才培养方案，并借助信念的力量，进一步转化为实际行动，从而最终以过程和效果的形式逐步加以实现，都没有能够引起人们的足够重视，甚至缺乏必要的分析和制度化设计。也就是说，无论是军事人才培养对象的目标定位，还是军事人才培养方案的整体设计，都未能充分反映包括军事变革在内的整个社会现代化转型的实际要求，相关改革举措缺乏必要的理性自觉和理论牵引。简言之，正是军事人才培养制度设计缺乏系统性和整体观念，导致了改革过程中的种种短期行为，被迫"头疼医头、脚疼医脚"。

四　缺乏对于军事人才培养的全程关注和战略管理

就具体操作层面的功能性军事教育活动而言，无论是从选拔合格生源的招生环节到组织实施教育训练的培养环节，还是从整个教育训练过程的质量监控和各个阶段教育训练效果的考核评定到毕业分配或返回部队任职，都是军事人才培养体系的重要组成部分，也是军事人才培养周期性过程不可缺少的重要环节，它们是一个有机联系、不可分割的整体。军事人才培养质量和效益的不断跃升，更是一个复杂的系统工程，需要将人才选拔的招生环节、教育训练的培养环节和岗位实践锻炼的使用环节有机联系起来。

问题在于，当前对于军事人才培养质量和效益的关注离开了军事人才培养的整个过程，只是片面强调某个环节，如培养环节；而对于其他环节，比如实践锻炼环节，关注不够，尤其缺乏必要的、基于军事人才培养质量和效益的战略管理。如此，院校教育和部队训练严重脱节，形成了"铁路警察，各管一段"的局面，造成了极其严重的后果。目前，院校教育只关注培养环节，不太重视人才使用和来自部队的质量反馈，教育训练针对性、时效性不强。部队训练受到干部任用制度的制约，尤其是干部任用中任人唯亲、个人裙带关系等诸多弊端的存在，难以形成有利于杰出性人才成长和不断涌现的环境氛围或教育场景，也就无法按照军事人才成长实际需要进行使用性培养，从而导致用非所学、训用不一致，造成了人才资源严重浪费。

仅就院校教育而言，招生环节、培养环节和毕业分配环节也存在彼此脱节的问题。比如说，招生环节和毕业分配环节一般由政治部负责，培养环节主要由训练部负责，两个部门的职责和工作目标不尽相同，各有侧重。也就是说，培养对象如何选拔，也即选择什么样的人加以培养，以及如何通过毕业分配将学员选用到适合自己发展的工作岗位、进而在实践锻炼环节继续增长才干并最终成长为军事人才，本应该是与院校的教育训练环节，也就是营造有利于军事人才健康成长和全面进步的教育场景联系在一起的，实际上却被人为地割裂开来。

第四节　导致我国军事人才培养模式问题的重要原因

当前，我国军事教育变革尤其人才培养模式改革之所以出现"两个没有、两个缺乏"的问题，最终导致我国军事人才培养模式问题，其原因是多方面的，应该从军事教育变革与社会现代化转型的关系中加以寻找。

一　军事教育变革难以适应社会现代化转型是根本原因

如前所述，军事教育变革作为军事领域的教育变革，解决的是教育如何为军事力量建设和发展服务、促进和保障国家安全或其他战略利益的问题。新中国建立后，社会现代化转型所需要的条件是基本具备的。从全面学习苏联到以苏为鉴，探索中国特色的现代化发展道路已取得了初步的成功，形成了以"八大路线"为标志的全面建设社会主义、推进社会现代化转型的一系列理论与实践成果。在军事教育变革方面，刘伯承同志在南京创办的解放军军事学院、罗荣桓同志在北京创办的解放军政治学院和陈赓同志在哈尔滨创办的解放军军事工程学院，以及后来所创办的一系列军兵种院校和群众性的大练兵活动，都反映了新中国军事教育改革发展的巨大历史成就。

与社会其他领域的变革相类似，新中国军事教育变革也非常注重对于苏联经验及模式的学习和借鉴，并强调将其与解放区军事教育的经验和做法结合起来，从而在实践中形成了以苏联模式为基本参照系、以培养党的军事人才培养为根本目标和任务、具有中国特色的军事人才培养模式。后来，由于"文化大革命"的爆发和极"左"思想盛行，上述探索中国特色军事教育人才培养模式的积极努力被迫中断，一直到粉碎"四人帮"、拨乱反正和改革开放之后，才得以陆续恢复和发展。然而，由于历史的局限，"文化大革命"后军事教育领域的思想大解放和拨乱反正并未真正完成。正如有学者所指出的："当时仅仅在是否需要教育和知识的问题上恢复了常识；但在什么样的教育是更好的、如何在新的起点上发展和改革教育这一深层次的问题上，并未建立新思维，而采取了'回到五十年代'的态度。"① 这是教育变革严重滞后的重要原因，军事教育变革自然也不例外。

回顾历史，近代以来中国教育现代化的历程，也是不断学习、引进外来文化和中西文化冲突、碰撞、融合的痛苦过程。大致说来，经历了从19世纪中后期学习法国、英国和德国模式到20世纪上半叶引进日本和美国模式，下半叶全面学习和借鉴苏联模式的历史。20世纪70年代末、80年代初实行改革开放以来，在体制改革层面上的基本努力，可以说就是走出苏联模式。② 时至今日，中国面向世界、与世界主流文明

---

① 杨东平：《中国现代教育的20世纪》，《清华大学教育研究》2000年第2期。
② 杨东平：《百年回首：中国教育现代化之梦》，《国际经济评论》2000年第Z3期。

的"接轨"，很大程度上仍意味着摆脱高度集权、具有浓重技术主义色彩的"苏联模式"的束缚。

就目前我国军事教育改革发展而言，开放意识及国际化视野亟待强化，进一步引入市场竞争机制、干部交流和轮岗以及部队和院校干部之间交叉任职渠道仍然不畅，制度建设相对滞后、领导决策体制和管理运行机制的"人治"色彩或人情味过于浓厚，现代法治精神和令行禁止、服从大局的优良作风在教育训练中远未形成或确立，制约创新精神和实践能力培养的体制机制障碍已经成为军事人才培养模式改革和创新的"瓶颈"。也就是说，相对于整个社会的现代化转型来说，我国军事教育变革仍然是滞后的，难以适应社会现代化转型尤其是中国特色军事变革对于军事人才培养的根本要求。

二　"官本位"思想与传统政治体制的习惯性影响是文化和制度根源

如上所述，军事领域的教育问题，和其他领域的教育问题一样，都离不开社会现代化转型的宏观历史背景，所以军事教育变革自然会受到社会现代化转型的深刻影响。当前，我国军事教育变革存在诸多矛盾和突出问题，固然暴露了军事教育对社会现代化转型尤其是新军事变革缺乏适应能力，人才培养的现实针对性、社会适应性不强，以及个性化、创新性不够和选拔培养任用相脱节、训用不一致等致命弱点，但更为重要的是，应该进一步分析导致我国军事人才培养模式问题，使得军事教育缺乏社会适应性、现实针对性，以及个性不突出、缺乏创新精神和实践能力的深层次原因。

早在20世纪40年代，陶行知先生就已经认识到创造力的文化和制度背景，提醒大家注意创造力最能发挥的条件是民主，强调"只有民主才能解放最大多数人的创造力，并且使最大多数人之创造力发挥到最高峰"。① 事实上，无论教育民主还是军事民主或政治民主，对于解决我国军事人才培养模式问题、增强军事教育的社会适应性和创造性来说，都是必不可少的。民主的实质在于将配置资源的公共权力从过于膨胀的行政权力中适当分离出去，交由其他更加适合掌控的权力部门加以执行，从而通过分权制衡来从制度设计上避免因集权导致的专制独裁和权力寻租行为。在关于民主的制度设计中，对于权力边界的设置，只能以另一个权力存在为逻辑前提，因为只有"以权制权"才是最本质、最

---

① 陶行知：《陶行知教育文选》，教育科学出版社1981年版，第310页。

见效的民主方法。邓小平总结历史经验教训，指出："制度好，能让坏人不做坏事，制度不好，能让好人无法做好事，甚至走向反面。"可见，民主制度建设对于军事人才培养尤其是教育资源有效供给的刚性约束、教育资源合理分配和有效使用具有极端的重要性。

遗憾的是，我国在推进民主制度建设的过程中障碍是非常大的。其中，最大的障碍来自两个方面，一是根深蒂固的"官本位"思想对于民主思想、民主政治体制毫无敬畏之心和尊崇之意；二是由来已久的人治倾向、缺乏对于行政权力监督和管理所导致的高度集权和容易个人专权的传统政治体制及其习惯性影响。正是这两大障碍，使我国推进民主制度建设缺乏相应的文化土壤及必要的法治传统和体制环境，导致军事教育变革与整个社会的现代化转型一样，很难从根本上实现民主的理念与制度。可见，不彻底消除导致我国军事人才培养模式问题的文化和制度根源，破解难以培养高素质军事人才的根本性问题、推进中国特色军事教育变革就不可能。

三 军事政治化倾向及其错误引导是社会历史根源

历史地看，中国以常备军为主体的军事力量建设是时代与社会现代化转型的产物，军事政治化由来已久。近代以来，军事组织结构方面所进行的一系列重大变革，与19世纪初期军队建设目标定位难以适应后来任务环境变化有着很大关系。正如美国学者鲍威尔所指出的，"随着满清帝国的巩固，中国面临的不再是强大的外来威胁。这样，军队的主要任务变成了防止内部叛乱和维持地方秩序"，[1] "使人数远居于劣势的满族能够维持其统治地位"，[2] "震慑帝国内部的叛乱"的政治目标取代了对付外来侵略的军事防御职能，成为军队建设面临的首要任务。[3]最终的结果是，"多年的相对和平，导致了军队的衰退"，以至"不能保卫中国边疆，抵御装备优良的敌人"。[4] 直到两次鸦片战争的失败，才使得清政府真切感受到了西方文明的冲击。而太平天国运动所造成的统治危机，则进一步促使清王朝不得不出于维持其统治地位的现实政治利

---

① ［美］拉尔夫·尔·鲍威尔：《1895—1912 年中国军事力量的兴起》，陈泽宪、陈霞飞译，中国社会科学出版社 1979 年版，第 4 页。

② T. F. Wade, "The Army of the Chinese Empire", The Chinese Repository. 1951, 20（5）.

③ W. J. Hail, "Tseng Kuo-Fan and the Taiping Rebellion", New Haven, 1927.

④ ［美］拉尔夫·尔·鲍威尔：《1895—1912 年中国军事力量的兴起》，陈泽宪、陈霞飞译，中国社会科学出版社 1979 年版，第 5 页。

益考虑，极力推进以军事变革为先导的现代化转型，从而使军事成为中国社会首先有显著反映的领域。更为重要的是，在向现代化转型的历史过程中，由于经常不断的对外战争与内战，所有近代中国的政权都和晚清统治者一样，不得不竭力依赖军队。这就给了军队的统帅们在国家政策上有力的和占支配地位的发言权，①也为军事政治化的进一步发展埋下了伏笔。

　　近代以来，在军事力量建设和发展方面，尽管理论上兼顾了内外职能，一再强调将打赢对外战争与忠诚于集团政治势力统一起来，但实际上是很容易就将两者不适当地对立了起来，以政治国家利益取代民族国家利益，片面地强调忠实于集团政治势力或政治国家利益而不是民族国家利益。在现代化转型的历史进程中，集团政治势力的崛起和军事官僚体制的逐渐形成，使得政府对于经济的关注和市场经济自由、充分发展的制度性保障，往往被"以政带工"和"以官代商"所形成的政经联合体的现实利益需求所掩盖或制度性压制；军事力量被作为一种巩固或夺取政治权力的根本手段，频繁地运用于国内政治斗争。如此在逐渐形成的军事官僚体制下，借助集团政治势力，中国在推进现代化转型的过程中选择了一种以"军政一体化"和"以政带工"、"政经一体化"为突出特征的军事依赖型现代化战略，大大强化了政治权力对于军事力量的过分依赖和国内政治斗争的暴力倾向，直接造成了政治权力的越位，对政治民主化和经济自由化形成了极大的制度性羁绊，从而使得包括军事领域在内的社会生活因过于政治化而陷入功能紊乱。由于对政治权力的争夺和过分依赖军事力量的建设发展，中国近代以来的统治阶级或集团政治势力一直醉心于"枪杆子里出政权"的强权逻辑，视"扩充军事实力"、加强军事力量建设和发展为巩固政权的根本手段，因而难以潜下心来致力于发展经济，甚至排斥政治民主化，从而压制了政治、经济和思想文化等社会生活其他领域的现代化发展，使得各种探索中国式的现代化道路的努力因军事力量对于国内政治斗争的干涉而不断被打断，现代化转型不可避免地受到干扰，其历史进程也一再被延缓。一直到新中国建立，社会现代化转型才获得了持续、稳定的国内环境和可靠的政治保证。但是，政治上的干扰却日益严重，直至发生"文化大革命"，经历了一系列曲折和停顿。

---

① ［美］拉尔夫·尔·鲍威尔：《1895—1912 年中国军事力量的兴起》，陈泽宪、陈霞飞译，中国社会科学出版社 1979 年版，第 205 页。

回顾历史，1957 年全军掀起的反对教条主义的斗争和后来"文化大革命"中林彪搞的那套突出政治、政治挂帅一样，都是对于社会现代化转型的政治干扰。尽管毛泽东主席在总结新中国成立初期学习苏联经验的过程中，曾注意到社会生活各领域及其相互之间协调发展的问题，甚至在苏共"二十大"和波匈事件之后强调要以苏为鉴、走中国自己的新型工业化道路，并提出了《论十大关系》这一指导性的政策纲领，但是，由于当时国际形势的发展变化，特别是东西方的冷战对峙，以及中国共产党历史上多次政治路线的尖锐斗争和多年形成的思维定式，新中国解决社会现代化转型问题的种种努力还是被引向了强化政治控制乃至阶级斗争扩大化。这一点，对于刚刚起步的正规化现代化国防军建设来说，是致命性的。正是在这场反对教条主义的斗争中，致力于军事教学、一心一意打造"中国的伏龙芝"和"东方的西点军校"的刘伯承元帅首当其冲地受到了批判，他一手创办的解放军军事学院及教学、科研和人才培养工作也受到了直接冲击。国防部工作组关于解放军军事学院"教学工作中的教条主义相当严重"和"学院中的许多同志已经感到有反对教条主义必要之后，而院党委仍然徘徊、犹豫、拖延，未能下定决心，就使党的领导在教学工作上落后于客观实际了"的定性，否定了刘伯承元帅本人及其所领导创办的解放军军事学院，使人民解放军刚刚开始的推进军事现代化建设的努力和培养适应现代战争要求的军事指挥人才的可贵探索，遭到了严重挫折。更为重要的是，以反对教条主义为开端，政治对于军事现代化建设的不适当介入和日益频繁的干预，破坏了党和军队不少好的传统，助长了政治投机行为和不良风气，从而对军事力量建设尤其是人才培养产生了种种负面影响，使其难以在对外拓展国家利益、确保国家战略安全的根本职能发挥上有所作为。

第五节　小结

本章通过我国军事教育变革现状、特点及影响或制约因素的分析，将军事教育变革置于社会现化化转型的宏观历史背景之下，全面审视我国军事教育变革及其人才培养模式改革存在的突出问题及其表现，揭示了导致上述问题产生的诸多因素。

正确理解我国军事教育变革现实状况，首先必须明确社会现代化转型对于我国军事人才培养的现实需求。历史地看，我国军事教育变革之所以能够孕育并形成以培养党的军事人才为目标定位、以多渠道和全方位育人为突出特征、具有中国特色的军事人才培养模式，与社会现代化转型有着不可分割的内在联系。

社会现代化转型作为一个整体性的社会历史变迁过程，不仅内在地包含着经济、政治、文化、军事等社会生活诸领域的一系列变革，而且因其在不同国家各个领域变革及其相互关系和作用方式的差异而形成了各具特色的现代化模式。经过一百多年的探索与实践，我国形成了一种以经济变革为基础、以政治变革为主导、以文化变革为支撑、以军事变革为保障，具有中国特色的现代化模式。正是这种中国特色现代化模式，使我国军事人才培养具有了不同以往的新要求、新特点。

对于我国军事人才培养来说，要服务和保障社会主义现代化建设，就必须充分认识党的执政地位、执政条件和根本任务的新变化，主动地适应新军事变革的时代要求，有效地满足国家战略安全的实际需要。具体来说，党的执政条件的新变化所反映的政治变革对军事人才培养提出了三个方面的新要求：一是必须强化宗旨意识和大局观念，将培养党的军事人才、服务和保障社会主义现代化建设作为根本指导思想；二是必须强化军魂意识和纪律观念，将加强党对军队的绝对领导、自觉服从国家经济建设大局作为根本原则；三是必须强化守法意识和法制观念，将加强依法治军、切实转变作风和树立军队良好形象作为根本突破口。

任务环境是指影响或制约我国军事教育变革的现代化发展目标及其实现条件。作为后发赶超的社会主义大国，中国要走向自信和复兴、实现现代化强国战略目标，只能走自己的路，通过"一带一路"战略的规划和实施，努力寻求一种大国崛起的新模式。任务环境的新变化反映了经济和外交战略的调整，使得军事人才培养呈现了三个方面的新特点：一是更加关注经济发展对于国家战略安全的重要意义；二是更加关注外交战略调整对于国家战略安全的重要影响；三是更加关注战略文化建设对于维护国家战略安全的重要作用。

作为军事教育领域对于社会现代化转型的应对或主动适应，军事教育变革集中体现了军事人才培养对于社会现代化转型的现实需求的满足程度。军事教育变革的广度和深度，取决于军事、政治、经济、文化等诸多领域的变革及其融合水平，且具体受到实战环境和战争实践锻炼机会、体制机制和利益结构调整力度、财政状况和教育经费保障水平、思想观念和教育理论创新水平等诸多因素的影响或制约。

就功能意义而言，军事人才培养模式的实际运行呈现理念、目标、过程、效果等历史维度的相互衔接和依次转化的阶段性特点；其中，从目标到过程体现了培养制度的设计和实现，所反映的是功能性教育训练活动的具体展开。因此，完全可以将军事人才培养模式所反映的上述功能性教育训练活动的展开还原为军事教育资源的分配和使用过程，甚至将其进一步理解为一个原生性的教育物质资源供给、使用和再生性的教育信息资源供给、使用交替进行，以及它们之间相互作用、相互影响的过程，这就从资源配置方式对于军事人才培养策略选择及其效果的作用机制揭示了军事人才培养模式的功能实现问题。

当前我国军事人才培养模式之所以存在"两个没有、两个缺乏"的问题，原因是多方面的，应该从军事教育变革与社会现代化转型的相互关系中来寻找。通过历史考察与现状分析可知，导致上述问题的原因有三：一是军事教育变革难以适应社会现代化转型，这是根本原因；二是"官本位"思想与传统政治体制的习惯性影响，这是文化和制度根源；三是军事政治化倾向及其错误引导，这是社会历史根源。也就是说，正是军事教育变革与社会现代化转型的互动，作用于军事人才培养模式，使得当前我国军事人才培养模式存在上述问题。可见，当前之所以难以培养高素质军事人才，问题的症结在于军事人才培养模式已经适应不了新军事变革的时代要求和国家战略安全的实际需要。

第七章　我国军事教育变革的目标与路径

通过前述对我国军事教育变革的相关理论、历史演变、经验借鉴、时代背景和现实状况的分析和探讨，不难看出，军事教育变革始终是与社会现代化转型联系在一起的。也就是说，我国军事人才培养模式的理论建构与功能实现，不仅体现了军事教育变革与社会现代化转型之间的互动关系，而且体现了军事教育理论与实践相结合、逻辑与历史统一的根本要求。当前我国军事教育改革发展面临的诸多问题，核心是军事人才培养模式问题。所有这些问题，说到底，是因为军事教育变革相对滞后，难以适应社会现代化转型，对于国防和军队现代化建设起不到应有的促进和推动作用。推进军事教育变革，必须满足社会现代化转型对于军事人才培养的现实需求、深入探讨我国军事教育变革的目标定位与路径选择、正确把握军事教育变革的特点及趋势。

第一节　我国军事教育变革的目标定位

既然我国军事人才培养模式是历史的产物，已经与新军事变革时代要求和国家战略安全实际需要不相适应，难以培养高素质军事人才，那么，就很有必要从军事教育变革与社会现代化转型的相互关系方面对我国军事人才培养模式加以深刻反思、系统改革和综合创新。只有从观念更新、制度创新、方法创新三个层面，致力于深化院校教育、部队训练和军事职业教育改革，才能遵循社会现代化转型的整体性、协调性的内在规律，牢牢把握我国军事教育变革的目标和方向，从而最终破解难以培养高素质军事人才的历史性难题，实现高素质军事人才培养上的根本性突破。可见，我国军事教育变革的根本目标是满足社会现代化转型对于军事人才培养的现实需求，使得军事人才培养模式尤其是培养目标定位较好地适应新军事变革的时代要求和国家战略安全的实际需要。具体来说，我国军事教育变革的目标应该定位于观念更新、制度创新、方法创新的三大突破。

一　走出思想认识误区，力求在更新军事教育理念与人才培养观念上有所突破

对于军事教育变革来说，我国军事教育改革发展缺乏整体的设计和相应的制度安排，尤其是缺乏将观念层面的理念牵引（价值取向与培养目标定位）、制度层面的体制驱动（制度设计与教育资源保障）、操作层面的组织实施（场景营造与教育功能实现）有机联系和有效衔接起来的机制，这是导致我国军事人才培养模式问题产生的根本原因，也是军事教育变革与社会现代化转型相脱节的具体表现之一。历史上看，军事人才培养模式的逻辑建构和功能实现，无论是观念层面、制度层面，抑或操作层面，都反映或体现了军事教育变革与社会现代化转型之间的互动关系。我国军事人才培养模式之所以难以适应新军事变革的时代要求和国家战略安全的实际需要，其理论建构和功能实现存在"两个没有、两个缺乏"的突出问题或现象，根本原因在于军事教育变革与社会现代化转型相脱节，尤其是缺乏军事人才培养的战略关注和科学、合理的制度设计。

所谓军事人才培养的战略关注，是指军事教育变革应该置于社会现代化转型的宏观历史背景之下，关注社会现代化转型对于军事人才培养的现实需求，遵循社会发展及其现代化转型的整体性、协调性的内在规律，将军事教育变革与政治、经济、文化、军事、外交等社会生活其他领域的深刻变革相融合，从目标定位、制度设计、路径选择和相应的策略运用等各个层面和军事人才培养整个过程及各个环节，加强战略指导和质量管理，确保军事人才培养的实际效果，最大限度地满足社会现代化转型对于军事人才培养的现实需求。

很显然，科学、合理的制度设计是建立在对于军事人才培养的战略关注的基础之上的。因此，可以认为，我国军事教育改革发展面临的诸多问题，尤其是我国军事人才培养模式问题，根子在思想认识存在误区，主要是军事教育理念和人才培养观念仍停留于过去革命与战争年代的记忆，被过多地打上了政治化、革命化的历史标签和机械化、半机械化战争思维的历史烙印，难以去理解、把握社会现代化转型尤其是信息化战争和新军事变革对于军事人才培养的新的现实需求，从而也就无法靠军事教育理念和人才培养观念的更新来引导培养目标定位、规范培养

制度设计了。

进一步分析，我国军事人才培养模式之所以难以适应新军事变革的时代要求和国家战略安全的实际需要，之所以缺乏军事人才培养的战略关注和科学、合理的制度设计，之所以军事教育理念和人才培养观念难以更新、未能及时把握社会现代化转型对于军事人才培养的新的现实需求，其中一个最为重要的原因就是思想认识不到位。这里的思想认识不到位，实际上有两层含义，一是军事教育研究滞后，未能充分重视和加强新军事变革背景下教育变革与人才培养现实需求的实证研究，导致军事教育理论研究缺乏实践导向、对策研究缺乏理论深度和现实针对性，难以形成对于军事教育变革的理论支撑和智力支持；二是军事教育思想观念陈旧，往往拘泥于过去战争经验和机械化、半机械化战争的思维方式，未能跟上新军事变革的时代步伐，也未能从国家战略安全的实际需要出发，按照"打赢信息化战争、建设信息化军队"的根本要求解放思想、更新观念，导致思想认识不统一，军事教育变革很不彻底，仅仅局限于具体操作层面的教学方法改革，改革的视野不够开阔，难以形成与社会现代化转型之间的互动发展和有效配合。上述两个方面的思想认识不到位，集中到一点，就是忽视军事教育变革的系统性、整体性和层次性。

事实上，军事教育变革是一个涉及面广、涵盖多个领域和诸多要素的系统工程，且受到国家经济发展水平、政治制度、民族历史传统与文化价值观念等诸多因素的影响。对于我国军事教育变革来说，最为重要的是军事人才培养模式的改革和创新。只有从观念、制度、操作三个结构层次和理念、目标、过程、效果四个功能性维度，全面推进军事人才培养模式的改革和创新，才能从理论建构上准确、全面地反映社会现代化转型对于军事人才培养的现实需求，并从功能实现上最大限度地满足社会现代化转型对于军事人才培养的现实需求，从而使军事教育变革与社会现代化转型相互促进、相互配合，共同致力于高素质军事人才培养。其中，观念更新是前提，制度创新是关键，方法创新是重点，三者是有机统一的整体。只有坚持系统改革、整体配套和综合创新，使三者联动，才能使军事教育变革满足社会变革现代化转型的根本性要求。当务之急是必须在观念更新上率先突破，才能抓住影响或制约我国军事教育变革难以有效推进的根本性前提问题。具体说来，从观念更新根本性突破方面推进我国军事教育变革，走出思想认识误区，需要在加强军事教育理论研究和变革军事教育思维方式上下大功夫。

首先，应该从实现强军目标、建设世界一流军队的战略高度，充分认识加强军事教育理论研究的必要性、紧迫性，采取有效措施，从根本上解决过去军事教育理论研究工作不太受重视、研究队伍素质单一和专业化程度不够、研究成果层次和水平普遍不高等诸多问题。为此，一是针对思想认识不到位、工作不得力等薄弱环节，开展军事教育思想与人才培养观念大讨论，进一步统一思想，引导大家提高对加强军事教育理论研究工作的必要性、紧迫性的认识，树立研究工作与实际工作相结合、专职研究与兼职研究相结合、研究资料收集与情报分析相结合等一系列强化军事教育理论研究工作的新理念，并从成果评价、奖励与应用推广上给予必要的政策倾斜，将其与年度及任期考核挂钩，作为评价干部工作业绩的重要指标和衡量干部创新能力及水平的主要依据，以最大限度调动大家开展群众性军事教育理论研究工作的积极性。二是针对研究人员水平参差不齐、整体素质不高等薄弱环节，区别专职人员与兼职人员的不同情况，加强专职研究队伍的职业化、专业化、专家化、制度化建设，努力促进其专业化发展，尽快提高专职研究队伍的整体素质和研究水平；鼓励兼职研究队伍结合实际工作开展军事教育理论研究，尤其应重点支持与鼓励他们与专职研究人员开展协作研究、情报共享，吸引更多更广泛的人员包括地方相关部门及人员参与军事教育理论研究工作，不断优化研究队伍的知识结构、素质结构和能力结构，努力提高研究队伍整体素质与专业水平。三是针对研究成果档次不高、应用推广价值不大等诸多弊端，加强对军事教育理论研究重大选题、研究方法与学术规范等方面的指导工作，教育和引导广大研究人员面向军事斗争准备与军队建设重大实现问题开展高水平研究，树立精品意识，努力提高研究成果的质量档次和学术水平。

其次，应该从打赢信息化战争、建设信息化军队的全新视角，认真疏理关于军事教育的一系列理论观点，通过变革军事教育思维方式，从根本上确立适应新军事变革时代要求和国家战略安全实际需要的军事教育思想和人才培养观念。如果说加强军事教育理论研究，其重点在于提高思想认识水平、把握军事教育的特点和规律，那么，变革军事教育思维方式则侧重于转变思想观念、纠正关于思想认识上的种种偏差或误区，两者一正一反，共同推动了军事教育思想观念更新。相对而言，思维方式的变革更具有根本性意义，是更深层次的观念更新。毕竟，思想观念的落后不仅仅是一个认识水平不高的问题，更是一个看问题的角度、思考问题的方式有所偏差或陷入误区的问题，这才是根子上的问题。因此，转变思想观念应从变革思维方式开始，并重点在思考问题的角度、方式和层次上下功夫。一是调整思考问题的角度，从打赢信息化战争、建设信息化军队的全新视角，正确分析和把握军事教育变革问题，摒弃过去那些拘泥于机械化、半机械化战争、与新军事变革新要求和国家战略安全新形势不相适应的陈旧思想观念，真正从实战出发、从信息化战争的实际情况出发、从信息化军队建设的实际情况出发，科学筹划和指导军事教育变革，走出思想认识误区。二是改变思考问题的方式，从全局的、战略的、辩证的观点看待问题，将军事教育变革与社会现代化转型相联系、纳入到中国特色新军事变革的重要内容，加以实事求是的分析和判断，避免孤立、片面地看待问题。三是提高思考问题的层次，从整体上看待问题，避免仅仅从局部环节、尤其是单纯技术层面分析和把握军事教育变革问题，将其所聚焦的军事人才培养模式问题扩展到整个教育层面、而不是仅仅局限于教学层面，也即从军事教育变革的理念、制度、操作三个层面剖析军事人才培养模式问题，从而找到解决问题的有效途径。

由此可见，正确把握社会现代化转型对于军事人才培养的现实需求，确立适应新军事变革时代要求和国家战略安全实际要求的军事教育理念与人才培养观念，是推进军事教育变革的根本性前提。须知，军事教育理念的形成，反映了社会现代化转型对于军事人才培养的现实价值需求，而军事人才培养观念作为一种精神性存在、一种对于客观的军事教育实践及其历史过程的主观反映，同样具有导向功能，两者都会对培养目标定位发挥引导作用。问题在于，当前我国军事教育变革尤其是人才培养模式改革尚未对能够引导培养目标定位的军事教育理念和人才培养观念给予必要的关注和足够的重视，相关研究过多地集中于实际操作层面的教育训练过程及其教学方法改革。殊不知，教学方法从根本上讲是为教学内容服务的，教学内容又取决于人才培养目标，而目标定位则是在理念的价值引导下将观念与现实相结合的产物。也就是说，作为当前我国军事教育变革的首要目标，必须加强对于军事人才培养现实需求的战略关注，努力走出思想认识上的误区。只有这样，才能够准确地把握社会现代化转型对于军事人才培养的现实需求，并据此明确培养目标定位，制订科学合理的培养方案，从而将军事教育变革不断引向深入。

二　扫除体制机制障碍，力求在创新军事教育体系与
人才培养制度上有所突破

正如现状分析在揭示导致我国军事人才培养模式问题的制度根源时所指出的，早在 20 世纪 40 年代，陶行知先生就已深刻认识到了创造力的文化和制度背景，认为创造力最能发挥的条件是民主，强调"只有民主，才能解放最大多数人的创造力，并且使最大多数人之创造力发挥到最高峰"。① 之所以强调民主的重要性，就是因为民主不仅仅是一种文化价值观念和政治理想，更是一种旨在反对独裁、实现"民有、民治、民享"的政治理想的制度设计和制度保障。

所谓民主的制度设计，是指关于民主的公民权利、政治权力和政治理想得以实现的政治体制的逻辑建构和理论阐释，并通过宪法、基本法等法律文本加以设计和体现的政府与社会治理结构，最终指向的是政治体制或管理体制。至于民主的制度保障，作为民主的政治体制在实际运行中的具体实现形式，指的是关于政府与社会治理的一系列组织机构、议事规则、决策程序和涉及社会生活各个领域事务和行为的具体规定，实际上指向的是运行机制。

现实政治生活中，民主是与独裁相对立的一个概念、一种体制或制度性安排。与此相类似，从技术层面或管理方式来看，民主与多个主体的"公共治理"相近，而与作为单一行政主体的政府大包大揽、事无巨细的"行政管制"相背离。这里，民主的实质在于将配置社会各种资源的公共权力，从过于膨胀的政府（行政）权力中适当分离出去，交由其他更加适合掌控的权力部门（如三权分立的民主政治体制中的议会、司法等部门），甚至委托给其他社会公共组织（如各种行业协会、群众团体、非营利性的社会组织和公益性的社会机构等公共组织）加以执行，从而通过权力主体的多元化和改善公共治理来从制度设计上避免因权力过于集中、缺乏必要监督而导致的独断专行和权力寻租行为。也就是说，公共治理是一种运行机制，是民主政治体制运行的制度保障。

联系我国军事教育改革发展的实际，民主体制和治理机制对于高素质军事人才培养更是必不可少的，是影响和制约我国军事教育变革的关键因素，更是事关国防和军队现代化建设大局的关键性环节。遗憾的是，尽管我国社会主义根本政治制度已经从国体（国家性质）上保证

---

① 陶行知：《陶行知教育文选》，教育科学出版社 1981 年版，第 310 页。

了人民当家做主的民主权利，但如何实现人民当家做主，即作为民主的制度设计及其实现形式的政治体制和运行机制，仍有待于在改革过程中进一步完善。历史地看，由于专制主义政治文化传统根深蒂固，官本位思想也很难在短时间内消除，加上过去高度集中统一的计划经济体制和党政不分、以党代政等政治体制弊端的习惯性影响，我国民主制度建设显得异常艰巨和复杂，距离社会主义民主政治和公共治理中的"善治"的根本要求还将有很大差距。所有这些因素的存在和长期性影响，使得军事教育在管理体制和运行机制方面存在资源配置效率不高、使用效益低下等消极现象，导致了种种权力寻租、权钱交易等腐败现象的滋生，自然也就难以形成有利于军事人才成长和进步的制度环境。实际上，类似徐才厚、谷俊山之流的贪腐行为和任意枉法现象，在军事教育机构并不少见。因此，不彻底扫除体制机制对于军事教育变革的制度性障碍，就难以保证有效配置教育资源，军事人才培养的质量和效益也难以提高，培养和造就高素质军事人才就是空话！

那么，如何扫除制约高素质人才培养、导致军事教育变革相对滞后的体制机制障碍呢？借鉴历史上和发达国家成功经验，自然是通过民主的方式加以实现。具体说来，主要是围绕公共权力的监督和使用，从制度设计和制度保障两个方面确保人民民主的有效实现。一是着眼权力的制度约束和有效监督，科学设计军队的领导管理体制和联合作战指挥体制，改变过去军委四总部权力高度集中、缺乏必要监督和有效约束的状况，实行军委多部门制，将原四总部调整为 7 部 3 委员会 5 个直属机构共计 15 个部门，并成立五个战区，设置四个军种，建立健全了"军委管总、战区主战、军种主建"的权力运行体系。二是着眼权力的合理分配和有效使用，调整和优化军事力量结构，完善内部机构设置和各项管理制度，强化体制内的监督与制约，将行政权力置于军委纪委、政法委和审计署等独立部门管辖之下，有效地巩固了近年来军队反腐成果；同时，完善了确保权力正常运行的军事教育体系、议事规则、决策程度和人才培养制度，以制度约束权力，确保权力的高效运行与合理使用。显然，上述改革举措具有广泛而深刻的社会意义和政治影响，也契合了现代市场经济的内在要求。毕竟，民主的制度设计和制度保障离不开市场经济的大环境，更离不开人们价值观念的认同和思想认识水平的普遍提高，这些构成了民主得以实现的文化土壤和现实经济基础。简言之，新一轮国防军队改革的逐步展开，正是以民主的方式扫除以往体制机制障碍的积极探索与实践。一旦成功，必将在创新军事教育体系与人才培养制度上走出一条新路。

由此可见，只有将军事教育变革与民族文化传统和思想观念的深刻变革、现代市场经济和民主政治制度建设结合起来，在观念更新的基础上进一步深化体制机制改革、创新军事教育体系与人才培养制度，才能找到影响或制约我国军事教育变革向纵深发展的关键性问题，从而在高素质军事人才培养上取得根本性突破。

三　推进利益结构调整，力求在创新军事教育模式与教学方法手段上有所创新

如上所述，我国军事人才培养模式之所以难以适应新军事变革的时代要求和国家战略安全的实际需要，固然有思想认识不到位、体制机制不合理等原因，但利益相关者怕失去既得的利益、竭力阻挠改革或回避实质性改革和广大军事教育工作者积极性难以充分发挥，也是一个值得重视的因素。改革本身就是利益结构的大调整，必然会触动一些人的根本利益。也唯有推进利益结构调整，从根本上触动那些阻碍改革的个人或机构的实际利益，能够给予那些促进社会现代化转型的人应有的利益激励，使得社会利益的再分配符合改革的实际需要，才能调动或激发绝大多数人的积极性、主动性和创造性。

对于军事教育变革来说，明确培养目标定位、有了一个科学与合理的培养制度设计之后，能否将军事人才培养模式改革引向深入、不断提高军事人才培养的质量和效益，关键在于实际操作层面的策略如何选择，即功能性军事教育训练活动如何展开。这里，从资源配置的角度看，操作层面的策略选择，主要是军事教育资源的充分供给、合理分配和有效使用的问题。其中，资源充分供给、合理分配属于体制机制改革范畴，是制度性安排或教学条件建设的问题；资源有效使用属于教育教学方法与手段改革范畴，是军事人才培养过程的组织实施或营造有利于军事人才成长的教育场景问题。也就是说，方法创新的意义在于促进教育资源的有效使用。

在教育资源的有效使用上，抗战时期的西南联大是具有典型意义。该校之所以能够在战争条件极其艰苦、办学经费异常困难和教学设施极其简陋的情况下大师云集、人才辈出，创造了非凡的办学成就，与广大教师和管理人员有着深厚的爱国主义情怀、弘扬大学精神和勤奋治学、对再生性教育信息资源进行深度开发有着很大的关系。美国弗吉尼亚大学历史系教授易社强（John Israel）对西南联大的历史进行深入研究之

后，曾由衷地赞叹道："我特别钦佩西南联大人在政治、经济压力下仍然能够坚持不懈地追求民主、学术自由、思想多元化，以及对不同意识形态和学术观点的包容。这种价值，是最佳的中国传统和最佳的西方传统的结合，它不仅是中国大学最鲜活的血液，也是全世界的。西南联大人使得这种原则成为西南联大不可分割的部分，也是西南联大能够在漫长而黑暗的战争年代中存在的基础，这确实是一个非凡的成就，在世界教育史中写下了独特的一页。"① 西南联大精神是特定情景下民族精神与大学精神相契合的产物，但对于解决军事教育资源有效使用的问题是有启迪意义的。

　　进一步分析，西南联大之所以能够取得非凡的办学成就，除了上述原因，还与特定情景下爱国主义情怀与大学精神对于权力的消解有着很大的关系。正是联大人爱国主义情怀与大学精神对于权力的消解，使其能够主动为人才培养服务，避免或抑制了权力的异化或私有化，最大限度地确保了资源的实际投入和有效使用。历史经验表明，一旦权力无法受到制约，或者人们的精神价值追求迷失或被现实经济利益所驱使，军事教育资源在具体分配和实际使用中的利益博弈必然滋生腐败现象，严重毒化军事人才赖以成长和进步的教育场景或环境氛围。从洋务军事学堂的贪渎行为开始，一直到当前军事院校高额招待费支出，以及与上级领导机关的礼尚往来，大量本应投入教育教学活动中的教育资源被占用，致使一线教学和科研资源需求难以得到充分满足。再从军事教育资源的实际使用情况看，有一个非常有趣的现象，即能够使用有限的原始性教育物质资源的人，往往都是些接近行政资源、与权力拥有者关系比较密切的人。在行政主导、权力控制资源供给并实际操纵资源分配的情况下，军事教育资源实际使用将永远与那些接近行政权力的人结缘，资源的使用者与权力拥有者将有着无法回避的利益联系，其中利益博弈或分赃行为将必然影响资源在教育教学活动中的实际投入和使用效益。我国军事教育变革之所以存在这样那样的问题，尤其是教学策略和方法选择上存在着"重理论轻实践"、"理论与实践相脱节"和训用不一致等诸多问题，难以培养高素质军事人才，恐怕深层次的原因在于行政权力的异化及其对于现代大学精神的消解。可见，将规范和约束行政权力与现代大学精神的弘扬结合起来，推进原生性教育资源与再生性教育资源的供给、整合和交替使用是军事人才培养模式改革的一条有效途径。

---

① John Israel. A Chinese University in War and Revolution, Stanford University Press, 1966.

不难看出，推进利益结构调整是深化院校教育和部队训练改革的实质性举措，也是调动军事教育工作者从事教学科研工作积极性、创新军事人才培养模式的关键。过去实践教学一直是院校人才培养模式改革的薄弱环节，之所以如此，固然有经费保障的问题，但更多的是思想观念（重理论、轻实践）和实践教学的形式过于单一（重模拟、轻实战）的问题，更深层次原因是工作成绩的评价标准和价值导向问题，说到底是怕出事、保安全在作祟。[①] 因此，推进利益结构调整，必须敢于打破现有的、不利于军事教育改革和发展的利益结构，改革工作绩效评价制度，并将绩效评价与个人工资福利调整和收入分配制度改革结合起来，引导教育训练由模拟走向实战，从理论为主向理论与实战并重、突出实战训练的方向发展，不断增强军事教育训练的实战性、针对性和实效性。[②] 只有这样，才能推进军事教育变革深入发展。

第二节　我国军事教育变革的路径选择

实现我国军事教育变革在观念更新、制度创新、方法创新上的根本性突破，自然离不开对于社会现代化转型、尤其是信息技术的发展和互联网的普及等技术因素及其信息化变革的实际考量。纵观世界教育发展历史，每一次技术上的重大进步都必将带来教育的根本性变革，导致教育在数量上的扩张和质量上的提高。技术进步引起教育变革，从本质上看，是变革教育行为和过程的路径选择可能性的不断增多，包括教育目标的多元化、教育形式的多样化、教育内容的宽泛化、教育技术和教学方法手段的日益新颖和灵活，这样一个教育发展质量水平提升的历史过程。对于我国军事教育变革来说，推进教育信息化、加强信息化军事人才培养，不仅是实现强军目标、建设世界一流军队的必然选择，是适应新军事变革时代要求和国家战略安全实际需要、创新中国特色军事人才培养模式的根本举措，而且更是应对信息化变革新挑战、以军事教育变革促进和推动社会现代化转型的有效途径。毕竟，信息化变革对于我国军事教育发展的影响是全方位、多层次的，涉及教育思想观念更新、制

---

① 张博文、蔡风震：《军事人才培养模式改革及其前景分析》，《中国电力教育》2008 年第 3 期。

② 同上。

度创新、方法创新，并非仅仅局限于教育技术和教学方法手段之类的具体操作层面的改革和创新。就是说，信息化变革是一场广泛而深刻的社会变革，它尽管发端于信息技术变革、但又迅速扩散并逐渐渗透于政治经济文化等社会生活诸多领域。可见，信息化变革是一场极其深刻的、影响极为广泛的、整体性的社会变革，其对于社会现代化转型注入了新的时代要求和丰富内涵，对于军事教育更是提供了新的价值引导和技术支撑。从终极意义看，军事教育变革的根本任务是提高军事人才培养的质量和效益。如何提高军事人才培养质量和效益？这里，涉及两个问题，一是军事人才培养目标的定位问题（含任务环境分析、教育理念对于目标定位的价值引导、培养规格和质量标准的制订），二是军事人才培养方案的选择问题（含方案的制度设计与保障及战略管理）。

一 把握信息化变革对于军事教育的新要求，明确军事人才培养目标

正确认识我国军事教育变革的形势和任务是采取正确、有效的战略和策略的先决条件，也是应对信息化变革新挑战、以军事教育变革促进和推动社会现代化转型的逻辑前提。就信息化变革对于军事教育的价值引导而言，信息化变革带来的是新挑战，也是新机遇，关键在于如何积极应对。只有更新思想观念，确立起网络与信息技术时代的军事教育理念，不断强化人们的信息素养，才有可能应对信息化变革的新挑战、抓住推进军事教育变革的历史性机遇。至少，处于网络与信息技术时代的军事人才培养，其任务环境发生了不同于以往机械化、半机械化时代的新变化，尤其是对于制信息权的争夺，正推动着军事教育更多地关注信息知识、信息技能、信息文化、信息意识和信息伦理。因此，学会学习，科学有效地确认、评估、寻获和使用信息的能力成为军事人才需要具备的核心素质！当前，围绕提高军事人才培养质量和效益，首先必须明确军事人才培养目标，即搞清楚军事人才培养的基本规格和质量标准，这也是推进军事教育变革的逻辑前提。

关于培养什么样的人的问题，时任中央军委主席的江泽民同志在1999 年 4 月军委扩大会议上明确提出，要大力培养高素质新型军事人才，并概括了新型军事人才的三条标准。新型军事人才，并不具有绝对意义，只是相对于传统的机械化条件下的军事人才而言的。具体来说，新型军事人才主要有两层含义：

一是就培养目标而言，新型军事人才之所以"新"，就"新"在战

争形态发生了新的具有根本性的变化，相应地对军事人才赋予了新的时代内涵。显然，新型军事人才实际上就是信息化军事人才，其最为突出的特征就是具有适应未来信息化战争要求的良好的信息素养和较强的信息化技术能力，以及凭借两者所能达到的知识、技术、管理等信息资源的综合运用和创新能力。2004 年 12 月，时任中央军委主席的胡锦涛同志在全军军事训练会上强调要培养适应信息化条件下局部战争需要的军人。① 可见，新型军事人才，一方面是新的战争形态的产物，是信息化战争所特有的信息化军事人才，具有实战性；另一方面又是适应军事变革要求、建设信息化军队所需要的信息化军事人才，具有适应性。

二是就培养规格和质量标准而言，新型军事人才之所以"新"，就"新"在作战样式和作战条件发生了新的具有革命性的变化，相应地对军事人才培养的规格和质量标准，尤其是知识、能力、素质等方面提出了新的更高的要求。与传统的大兵团集群式作战不同，现代条件特别是信息化条件下的作战采取的是联合作战，其分散性与集中性由于战场环境的瞬息万变而具有了时间、空间上的极大不确定性，作战原则的内涵也发生了重大变化。比如，集中优势兵力歼灭敌人，其中优势兵力的含义就由实体性的武装力量数量上的集中发展为包括实体性军事力量（硬实力）、精神性的战斗意志（软实力）和信息潜力在内的整个军事体系作战效能的提升和增强；歼灭敌人也由传统的肉体摧毁或致伤而使敌人失去战斗力进一步发展为包括信息遮断、硬件（人员和装备）摧毁和软件崩溃（失去作战效能和战斗意志）在内的整个军事体系部分或全部的瘫痪。因此，新型军事人才有着信息化条件下联合作战所必须具备的特殊要求："第一，具有良好的全面素质，要在思想政治、科学文化、军事专业和身体心理等方面全面发展，全面过硬；第二，具有复合的知识结构和综合能力，是既精通某一专业又具有广博知识的一专多能的人才；第三，具有创新精神和创新能力，掌握科学的思维方法，具有强烈的创新意识，能够敏锐地发现问题、正确地分析问题和创造性地解决问题。"②

二　着眼信息化条件下军事教育的新变化，加强人才培养的过程管理

相对于军事人才培养目标的定位问题而言，军事人才培养方案选择

---

① 乔清晨、邓昌友：《培养忠实履行我军历史使命的新型高素质军事人才——学习宣传思想技术双过硬的英雄飞行员李中华的思考》，《求是》2007 年第 3 期。

② 江泽民：《论国防和军队建设》，解放军出版社 2003 年版，第 372—374 页。

的问题更直接关系到军事人才培养质量和效益的提高。无论是研究制订军事人才培养方案的制度设计，抑或有效实施军事人才培养方案的制度保障与关注人才培养效果的战略管理，都离不开必要的技术支撑和过程管理。就信息化变革对于军事教育的技术支撑而言，我国军事教育已进入了一个新的网络与信息技术时代，这是一个全新的信息化社会，且正在从根本上改变着传统军事教育的技术基础。当前信息技术的发展，不仅实现了知识的数字化编码、知识表征的多元化，以及知识存在形式的多样化，而且极大地改变了知识的传播、生产与存储方式，并通过数字化编码将其转化为可量化和计算的信息形态，从而更及时和便捷地加以收集整理、存储加工、交流与共享。而多媒体技术的运用，极大地改变了知识的呈现方式，使得知识的呈现更加直观、形象、生动，更容易为人们所喜闻乐见。加上互联网的快速普及，更是使知识传播超越了时间和空间，从技术上实现了远距离教育和自主学习。可见，信息技术、多媒体技术和互联网的互动发展与有机融合，不仅使信息化变革变得几乎是无所不能，极大地改变着人们的生产、生活、学习和交往方式，而且直接影响着教育资源配置方式与教育机会的公平和开放，改变着传统的教育模式、教学形式和学习方式，从而导致了军事教育领域的一系列根本性变革。适应上述信息化变革导致我国军事教育所发生的一系列新变化，必须高度关注人才培养过程，至少应该从军事人才培养的方案设计、制度保障与战略管理三个方面加强军事人才培养的过程管理。

　　首先，坚持学历教育与继续教育、终身学习相结合，将构建院校教育、部队实践锻炼、军事职业教育三位一体的军事人才培养体系，融入军事人才培养方案的制度设计，进一步完善和优化军事人才培养过程。过去相当长一个时期，我国军事教育采取的是比较单一的院校教育模式，军事人才培养从开始到结束，基本上是在院校完成的，部队实践锻炼、军事职业教育并未受到应有的关注和重视。提及军事人才培养方案，往往与各个院校的专业教学计划混为一谈，很少从军事人才成长的特点和规律来规划和设计军事人才培养过程。须知，军事人才成长是一个很长很长的过程，需要经历院校教育的专业学习和专业训练，更需要到部队任职岗位上进行长期的实践锻炼，同时也离不开根据个人特点和兴趣爱好发展更适合自己的特长。因此，就军事人才培养过程而言，信息化条件下军事教育更应强调明确的职业指向性和一定的部队适应性，将军事人才培养局限于院校教育、终结于院校显然是不科学的，也违背了军事人才成长的规律。一旦从整体上规划和设计军事人才培养过程，就意味着必须构建一个融院校教育、部队实践锻炼、军事职业教育为一体的新型军事人才培养体系。这一点，恰恰是新一轮军事教育变革的核心目标和重点，也是新形势下加强军事人才培养的战略关注和顶层设计，进一步协调落实军委机关、军种、院校、部队联合办学与共育人才新机制的根本举措。

其次，坚持理论灌输与自主学习相结合、个性化教学与统一要求相结合，将建立和完善有利于军事人才成长的人才培养制度体系，融入深化院校教育改革和部队训练改革，强化军事人才培养过程的制度保障。尽管信息技术、多媒体技术的发展与互联网的普及为学生的自主学习、教师的个性化教学提供了方便快捷的技术支持，甚至开辟了远程教育的新时代，提供了众多可供选择的网络课程及其教学资源，但必要的理论灌输和统一要求仍具有不可替代的重要意义，对于完善学生的知识能力素质结构、实现军事人才培养目标和质量规格的基本要求是必不可少的。要确保军事人才培养质量和效益的不断提高，就必须重视和加强对军事人才培养过程的战略关注，尤其是应在制度建设上将坚持理论灌输与自主学习相结合、个性化教学与统一要求相结合落到实处。当然，具体落实过程中还要根据实际情况，有所侧重，甚至必要的政策倾斜。比如，由于平时作风养成和纪律上的要求，以及保密工作的实际需要，对于互联网的引入和网络教学资源的运用会受到不少限制，客观上将对于学生自主学习的积极性带来一定的影响，甚至制约个性化教学的开展，这是问题的一个方面。问题的另外一个方面，就是学生创新精神、创新能力的培养离不开个性发展、军事教育变革呼唤能够激发学生个性和创造性的个性化教学，不能因噎废食，还必须在确保信息安全和不泄密的情况下尽可能利用好信息技术带来的便利条件和极为丰富的网络教学资源，将互联网＋思维植入学生的意识和头脑。在实际工作中，不能以一种倾向掩盖另一种倾向，犯下重视问题的一个方面而忽视另一个方面的错误。就是说，军事人才培养制度体系的构建必须从实际出发，区别不同情况，具体情况具体对待，不能一概而论，更不能一刀切、一勺烩。只有这样，才能为军事人才培养提供强有力的制度保障，确保军事人才培养方案的有效实施。

第三，坚持军事人才的选拔、培养、使用相统一和教育管理干部队伍建设、教师队伍建设相结合，将以人为本的科学发展观，融入军事人才培养的战略管理，贯彻落实到军事人才培养整个过程和各个环节。以往之所以出现军事人才的选拔、培养、使用相脱节，尤其是军事人才培养的针对性不强、训用不一致等突出问题，就是因为没有很好地遵循科学发展观的根本要求，做不到以人为本，忽视了人才在部队建设中的重要地位和作用。至于教育管理干部队伍建设与教员队伍建设，更是两张皮，缺乏统一的规划设计和必要的交流融合，直接违背了教育工作原则，说到底是忽视了人在教育中的作用，将以人为本的科学发展观放到了脑后。毕竟，教育管理干部队伍与教员队伍尽管是两支不同的队伍，但共同目标都是为了培养高素质军事人才，因而两者作为教育工作者的职业身份是相同的，区别只是工作的分工和任务的侧重点有所不同而已。况且，两者的上述区别也只是相对的，他们在知识结构上既有互补性，也有教育学、管理学等相关知识的一致性，甚至为了有利于高素质军事人才培养，他们在一定条件下也应该是可以互为转化的。问题在于，目前无论教育管理干部队伍建设，抑或教员队伍建设，都缺乏专业化发展，致使知识能力素质结构不尽合理，难以满足教育管理工作或教学工作的实际需要，从而也导致军事人才的选拔、培养、使用相脱节，尤其是军事人才培养的针对性不强、训用不一致等突出问题一直得不到很好地解决。这一点，也正是关注军事人才培养实际效果的战略管理难以到位的深层次原因。因此，加强教育管理干部队伍与教员队伍建设的统一规划和设计，促进两支队伍的交流融合与专业化发展，使其既能够协调一致、合力育人，又能够术业专攻、各有所长，是全面提升院校教育管理水平和教学科研能力的战略举措，更是提高军事人才培养质量和效益的有效途径。

三　抓住信息化条件下军事人才培养的战略重点，加强教育训练环节

从根本上解决军事人才培养质量和效益不高问题，必须突破传统教育训练模式的禁锢，从实战出发，大胆改革教育训练内容和组训方式，增强针对性和实效性。

（一）依据军事斗争准备要求，构建信息化训练内容

赢得未来战争胜利，必须以军事斗争需求为牵引，科学确定训练内容，实现信息化军事人才与信息化武器装备及信息作战理论的有机结合。[1] 一是依据装备技术发展构建训练内容，加大通信、计算机、指挥

---

① 翁世平、向浩：《军队跨越式发展与信息化军事人才培养——学习贯彻党的十六大关于国防与军队建设的思想》，《湖北社会科学》2004 年第 1 期。

自动化与网络技术的训练力度；二是依据未来作战任务构建训练内容，突出快速反应、信息对抗、协同作战和综合保障等内容；三是依据未来战场环境构建训练内容，进行信息战战法研练和实战演练。[①]

（二）适应信息技术发展，采用信息化培训手段

现代信息技术的应用，使军事教育和训练手段信息化成为可能。一是依托当前已比较成熟的电化教学，增强信息战训练可操作性；二是开展模拟化训练，开发训练对象的创新能力和潜在优势；三是开展网络化训练，增强信息战训练效果。[②]

（三）突出联战联训要求，创新信息战组训方式

一是加强军种内部的纵向协作。要依托现有院校和训练机构，逐步实现基地化训练，有计划地组织干部、骨干培训，组织院校和部队联合进行信息作战模拟或实兵演练，重点培养通信、情报侦察、电子对抗、指挥自动化等指技合一型人才。[③] 二是搞好军种之间的横向协作。组织军种之间联合训练，组织干部换岗交流、跨军兵种任职等，培养既熟悉各军兵种信息化武器装备和信息网络，又精通信息作战特点和战法，有较强组织指挥能力，能够驾驭未来联合作战的指技复合型人才。[④]

第三节　我国军事教育变革的前景展望

全面提高军事人才培养的质量和效益，是当前军事教育变革的出发点，也是其最终的落脚点。如上所述，军事教育变革的核心或根本目标是军事人才培养模式的改革和创新。这里，笔者从军事人才培养模式改革的目标定位、策略选择两个方面，重点阐述我国军事教育变革的主要趋势。

一　推进军官职业化建设是军事教育变革的重要方向

培养什么样的军事人才是军事教育变革关注的首要的、根本的问题。只有明确军事人才培养目标定位的具体要求，才能从根本上把握军

---

① 翁世平、向浩：《军队跨越式发展与信息化军事人才培养——学习贯彻党的十六大关于国防与军队建设的思想》，《湖北社会科学》2004 年第 1 期。

② 同上。

③ 同上。

④ 同上。

事教育变革的未来走向。

正如前面所分析的，确立培养党的军事人才这一目标定位是近代以来我国军事教育改革和发展的历史选择，是社会现代化转型背景下军事教育变革的必然要求。相应地，军事人才培养功能更多地体现为满足现实政治利益的需要，因而被定位于政治领域，强调军队的对内职能，即，或者服务于巩固政权，致力于维护社会稳定和阶级统治秩序；或者服务于夺取政权，致力于建立革命政府。也就是说，如此目标定位，极有可能将军事教育变革引向政治目标和权力角逐，甚至背离赢得战争胜利的教育目的，至少容易偏离军队建设的战斗力提升。

当然，也应该看到，强调军官的职业化，借鉴外军培养职业军官的成功经验和一些好的做法，与培养"党的军事人才"并不矛盾，培养职业军官和培养党的军事人才并不是非此即彼的关系，因而完全没有必要将两者截然对立起来。事实上，新民主主义革命时期国共两党在构建自己的军事教育体系过程中，无论孙中山领导的中国国民党还是后来的中国共产党，都借鉴了苏俄建军的经验和做法，都在军队中建立了党组织和政治工作制度，将培养党的军官人才或党的军事人才作为军事教育的根本任务，从而确立了军事人才培养目标的定位。可见，将党的军事人才作为军事人才培养目标的基本定位，在很大程度上是过去革命与战争历史的产物，主要为了最大限度地发动群众、组织和动员人民革命力量，通过全民皆兵式的人民战争反对并战胜强大的敌人。问题在于，第二次世界大战后国际战略形势发生了重大而深刻的变化，时代主题开始由战争与革命转向和平与发展。在很多国家，民族解放和国家独立的历史任务已完成并退出了国际政治舞台，尤其是伴随苏联的解体和冷战结束，当今世界各国特别是主要大国包括经济实力、军事实力和文化影响力在内的综合国力竞争日益成为国际政治斗争的焦点，军事斗争与经济发展的关系日益密切，客观上对军事人才培养目标定位提出了新的要求。

对于正走向和平崛起的 21 世纪中国来说，经济的持续繁荣发展是不断增强综合国力、实现社会主义现代化的根本途径，构成了当前我国最为核心的国家利益。从外部条件和任务环境看，经济持续繁荣发展离不开和平稳定的国际及周边安全环境。只有加强国防和军队现代化建设，尤其是将军事教育变革的目标指向战斗力提升，大力发展职业军事教育，积极推进包括军官职业化和士兵职业化在内的军队职业化建设，才能够增强军队履行使命的能力，才能切实担负起维护世界和平、反对霸权主义的重任，从而确保和平稳定的国际及周边安全环境。从国内改革形势看，随着社会主义市场经济体制的基本确立，与经济持续繁荣发展密切相关的民主制度建设和政治体制改革进入了攻坚阶段，各种深层次的矛盾和问题日益凸显，尤其是影响或制约我国经济可持续发展的黑恶势力和腐败等社会政治稳定问题尚待解决。在这种情况下，必须正视社会生活中存在的各种深层次矛盾和问题，从社会的稳定和协调发展的战略高度，全面深化改革，尤其应该加强包括军官职业化在内的军队职业化建设，明确职业化与革命化相结合的军事人才培养目标定位。只有突出"职业化"的军事教育变革，加快政治、经济、文化、外交、军事等领域的改革和调整，更大程度上满足社会现代化转型过程中对于加快民主化进程、扩大多元利益主体的政治参与、限制公权力和保障私权利等方面改革的现实需求，实现社会生活诸领域各行其是、各得其所，才能从根本上破除军事人才培养体制机制障碍，促进新军事变革与经济、政治、文化等社会生活其他领域变革协调一致，从而推动社会现代化转型。

然而，由于历史的原因，当前加强军队职业化建设，突出军官职业化，仍困难重重，尤其缺乏相应的文化土壤和制度环境。军队职业化是现实军事斗争适应经济发展新形势、促进商业和自由贸易利益不断扩展的重要产物，更是政治体制改革及其民主化进程对于军队建设的客观要求。一方面，由来已久的皇权思想、根深蒂固的官本位意识，以及崇尚权力的民族文化心理和家国一体的政治国家观念，使我国延续了长达两千多年的封建专制统治，严重缺乏民主制度建设的文化土壤。另一方面，历史上庞大的官僚体制、重农抑商的经济政策与日益发达的科举制度相结合，不断强化人们的尊卑观念和整个社会的等级秩序，助长了政治投机行为和行政权力过分膨胀，使得人们仍然普遍以政治地位高低或官位大小而不是财富或社会贡献多少作为衡量个人成功的价值标准，并据此形成一整套规范和引导个人自我发展的价值评价系统，导致民主制度建设受到极大制约，缺乏经济自由化的制度环境。因此，只有改变社会的价值评价标准，有效提升大众的职业意识和职业精神，加强和推进民主制度建设，即改变自身的文化土壤和制度环境，军队职业化建设和职业军官的培养才能真正推进。确立培养职业化与革命化相结合的党的军事人才的目标定位任重道远，但必将成为我国军事教育变革的重要方向。

由此可见，突出"职业化"是新形势下加强军官职业化建设、推进我国军事教育变革的根本要求。这里，突出"职业化"指的是在坚持中国共产党对军队的绝对领导、明确党的军事人才的培养目标定位的前提下，适应军事教育变革的新形势，将发挥思想政治工作的独特优势与加强军官职业能力建设结合起来，从而培养具有高度政治觉悟、顽强战斗精神和较强实际作战能力的职业军官。至于军官职业化，主要指的是国家根据军队职能使命的需要，着眼于稳定军官队伍，依法建立相应的选拔、培养、激励和退役机制，确保军官为国防和军队现代化建设长期服役，直至退休，使军官在服役期间享受各种优惠待遇和社会报偿，退役后得到基本生活保障的一种职业军官制度。① 也就是说，军官职业化和士兵职业化一样，体现了军队职业化建设的要求，是军队增强履行使命能力的根本途径。时任中央军委主席胡锦涛同志特别强调，"探索建立中国特色军官职业化制度"。② 事实上，也只有不僵化、不拘泥于教条，能最大限度调动潜力的军人，才能更好地履行使命任务。③

二　推进个性化教育将成为我国军事教育变革的重中之重

突出"职业化"体现了军事人才培养目标的具体要求，强调的是要在培养什么样的军事人才问题上更新军事教育观念，明确军事人才培养的基本规格和质量标准。接下来，便是如何拓展培养途径、加强以创新为导向的个性化教育的问题，也就是怎样培养具有高度政治觉悟和顽强作战精神、较强实际作战能力的职业军官的问题。

第一，从课程体系和教学内容改革看，将重点加强通识教育和实践教学。④ 逐步加大课程综合化改革的力度，增加人文、管理、科学发展史等方面选修课的比重，注重文化活动、休育活动、心理咨询和健康教育、校园文化氛围等隐性课程在军事人才培养中的特殊作用，为学生拓展知识面、发展多方面能力和提高综合素质创造条件。当前普遍存在的院校培养与部队使用严重脱节的现象，在很大程度上说明院校教育内容和训练科目已难以满足部队建设和未来作战的实际需要，而这种需要恰恰就是军事人才培养的目标需求。⑤ 正如某炮兵团团长所指出的：从部

---

① 朱廷春：《外国军官职业化建设对解放军的启示》，《中国青年报》2011 年 1 月 29 日。

② 刘开华：《探索建立中国特色军官职业化制度》，《光明日报》2009 年 6 月 1 日。

③ 公方彬：《追求世界领导力的加拿大军队》，《中国青年报》2011 年 1 月 14 日。

④ 张博文、蔡凤震：《军事人才培养模式改革及其前景分析》，《中国电力教育》2008 年第 3 期。

⑤ 同上。

队长远建设和未来作战需求来看，军事人才应具备三方面的能力和素质：既要有掌握高技术知识的潜力，又要有驾驭新装备的能力；既要能训练善管理，又要能指挥善参谋；既要有精湛的业务能力，又要有活跃的创新思维。但现实情况是，目前院校毕业学员有三个不足之处：管理能力与部队需要不适应、心理承受能力和部队紧张训练不适应、学习能力和新装备发展需要不适应。① 因此，加强包括心理素质、管理能力、持续发展能力和创新精神在内的素质教育，仍是今后教学内容改革的重点。②

　　第二，从教学方法和手段改革看，将推进包括信息化、电子化、网络化和远程教育等现代化教学工程，增强学生自主学习意识和研究创新能力。③ 2006 年 3 月，我们曾经做过一个关于学生学习内动力的调查。调查统计的结果显示：在被调查的 2000 名基础合训学员中，认为影响学员学习积极性排名前三位的因素分别是教员教学方式方法不灵活、教学内容更新不及时、学员队管理不得法；其中，选择教员教学方式方法不灵活的学员达到 1969 人，占被调查学员 98% 以上；而选择教学内容更新不及时、学员队管理不得法的学员分别为 1368 人和 642 人，分别占被调查学员的 68% 和 32%。④ 调查表明，教学方式和方法手段已成为影响学生学习积极性、制约教学质量和课堂教学效果的主要因素。因此，如何运用现代化教学手段，采取启发式、研究式、讨论式和情景案例式等多种灵活、有效的教学方法，诱导学生思维自觉性、提升学生思维层次和水平，促进学生思维方式和思维方法变革，从而提高学习效率和实践效果，将成为教学方法和手段改革必须研究和解决的主要问题。一旦在这些方面能够有所进展，那么教学方法和手段改革就很有可能成为推进军事教育变革、创新军事人才培养模式的突破口。⑤

　　第三，从教学过程管理和效果评价改革看，将更重视教师平时的学术积累及开展科学研究对于提高教学质量和效果的影响，使得备课和授课环节由课前准备和课堂教学延伸到教师的整个学术生涯，纳入

① 徐新、周燕虎、牛玉富：《来自人才"供求"双方的对话》，《解放军报》2006 年 6 月 27 日。

② 张博文、蔡凤震：《军事人才培养模式改革及其前景分析》，《中国电力教育》2008 年第 3 期。

③ 同上。

④ 空军工程大学训练部：《关于当前学员学习内动力的调研报告》，2006 年 6 月 20 日。

⑤ 张博文、蔡凤震：《军事人才培养模式改革及其前景分析》，《中国电力教育》2008 年第 3 期。

教学管理的视野，实现教学动态过程的弹性管理与教学静态效果的刚性评价的有机结合。① 2002 年 3 月以来，我们一直致力于教师授课质量评价的试点和推广工作，目的就是通过客观、公正地评价每一位参评教师授课质量来规范教学过程的管理，引导教师以科研带动教学、促进教学水平和能力的不断提高，从而把自己培养和造就成学者型教师。② 道理其实很简单，教师讲课是在讲一门课程，而不是一本或几本教材，那就需要对课程总体和各部分的内容有较为全面的了解和把握，也就是通常所说的熟悉教学大纲、吃透教材。③ 尤其是对于大学教师来说，讲课不光是传授现有的知识，还要带着学生一起去探索新的，甚至未被发现的知识，让学生体验探索的过程和其中的乐趣，诱导他们去主动探索新的知识领域，提高自主学习、自主研究和自主创新能力。基于上述认识，我们在研究制订教师授课质量评价实施办法时，将教学研究作为一个指标，设置了科研和学术研究成果这一评价项目，并在具体评价点中量化到最近三年的成果数量和档次。为调动大家评优的积极性，我们在《教师授课质量评价实施办法》中规定将评价的结果与教师评功评奖、晋升高一级专业技术职务和发放奖励性课时津贴挂钩。从实施效果看，评价工作的确调动了教师多上课、上好课的积极性。由此可见，教学过程管理总体上应是粗线条的、弹性的，关键是抓好教师平时的学术积累；而对教学效果的评价原则上应是精细的、刚性的，必须具有客观公正性和可操作性。做到这一点，才能发挥好教学管理在人才培养模式改革过程中的价值导向和政策保障作用，从而促进素质教育的全面贯彻和落实。④

第四，从加强通才培养和实践教学改革看，将进一步加强多学科、综合性院校建设，营造通才教育环境，不断提高学生的创新精神和实践能力。⑤ 通才教育是培养高素质军事人才的理念支撑和现实路径，它不仅仅是培养人们职业的适应性，更多的是一种教育思想、教育目标的追求，源自古典大学的人文主义的理想和教育传统。今天沿用这个传统，

① 张博文、蔡风震：《军事人才培养模式改革及其前景分析》，《中国电力教育》2008 年第 3 期。
② 同上。
③ 张博文：《素质教育进课堂刍议》，《中国高等教育》2002 年第 19 期。
④ 张博文、蔡风震：《军事人才培养模式改革及其前景分析》，《中国电力教育》2008 年第 3 期。
⑤ 同上。

所真正追求的是培养有深厚的人文素养和崇高的精神追求的人，而不仅仅是有学问的人。① 任何一个国家高等教育都有着明确的职业取向，但这并不妨碍大学具有超越实际功利的更高的精神追求。通才教育，就是要求学生能够对于超越本专业之外更重要的有关社会和人生的知识有着必要的了解。② 在当前学科分立造成的专业分工之下，强调通才教育对于军事人才培养的重要性，并将其作为军事教育的重要思想根基，具有特别重要的理论和现实意义。当前，应该加强综合大学文、理、法、管学科，适当发展人文社会科学，努力在跨学科人才培养、促进学科综合化发展方面有所突破。至于实践教学，过去一直是院校人才培养的薄弱环节。这里，有经费保障问题，但更多的是思想观念（重理论、轻实践）和教育训练模式过于单一（重模拟、轻实战）的问题，更深层次原因是工作成绩的评价标准和价值导向问题。③ 多年来，一些领导军事访问归来，谈得最多、印象最深刻的是外军先进的实战训练条件和设施、注重学生实践能力的提高、领袖气质和部队适应能力的培养。这也是我军与外军在人才培养方面差距最为明显的地方，一直是我们的薄弱环节。由此可见，加强实践教学应是推进军事教育变革的难点，对于提高军事人才培养质量和效益具有特别重要的意义。

---

① 杨东平：《现代大学制度与大学精神》，http：//blog. sina. com. cn/s/blog_ 5dc555c10100f1vy. html。
② 同上。
③ 张博文、蔡风震：《军事人才培养模式改革及其前景分析》，《中国电力教育》2008 年第 3 期。

第八章 结语

本书以我国军事教育变革理论与实践问题为研究对象，在对社会现代化转型的概念内涵、新军事变革的背景和内涵、军事人才培养模式内涵和实职、社会现代化转型与军事教育变革的作用机制进行理论分析的基础上，探讨了我国军事教育变革涉及的一系列理论和实践问题，提出了深化当前院校教育和部队训练改革、创新军事人才培养模式的思路和办法。现将本书的主要观点和结论归纳如下，并对本书的创新与不足加以简要说明，作为全书的研究总结。

第一节 观点和结论

一 主要观点

前面的分析和探讨，围绕我国军事教育涉及的一系列理论和实践问题，分别就理论基础、历史由来、经验借鉴、时代背景、现实状况、对策建议，提出了一些重要的理论观点。为了有一个更完整、清晰的认识，有必要对上述观点加以归纳。

（一）关于我国军事教育变革的理论基础

一是围绕问题的提出，对本书所要研究的问题进行了界定和初步分析。本书认为，随着军队院校和训练机构编制体制调整及改革任务的完成，提高军事人才培养质量和效益成为新阶段军事教育改革发展的鲜明主题和突出特征。高素质军事人才培养相对滞后已成为加强国防和军队现代化建设、推进中国特色军事变革的"瓶颈"。当前之所以难以培养高素质军事人才，原因是多方面的。从主观原因看，主要是军事教育未能按照人才成长规律办学，说到底是利益相关者怕失去既得的利益，缺乏改革的胆略和创新的勇气。从客观原因看，军事教育受制于外在环境和条件，缺乏造就将帅的战争环境，难以营造有利于高素质军事人才成长的教育场景或环境氛围。从历史渊源看，军事教育有一个传统延续的问题，往往会受到过去那个时代诸多因素或经验做法的习惯性影响，难以在超越传统或已有经验的基础上有所创新发展。从现实状况看，军事教育变革相对滞后，无论是对于高素质军事人才的理论认知，还是对于培养目标的准确定位，抑或培养制度的科学设计，以及相应的培养途径和方式、方法选择的具体策略，都难以满足高素质军事人才培养的实际要求。从国际比较看，军事教育在不同国家发展状况尽管有很大的差异，但都面临相同的以信息化为本质的新军事变革的时代背景和培养高素质军事人才的根本任务，需要有国际化的视野，但以往在学习、借鉴外国军事教育变革尤其是人才培养模式改革成功经验和好的做法方面是很不够的。概言之，之所以难以培养高素质军事人才，根本原因是军事教育变革相对滞后，使得军事人才培养模式难以适应新军事变革的时代要求和国家战略安全的实际需要。

二是围绕问题的展开，界定了军事人才、人才培养模式、军事教育变革等核心概念。本书认为，军事人才指的是经过专门培养和系统学习、具备从事较为复杂的军事活动所必需的特殊才能（包括军事专业知识、技能和综合素质），并做出一定贡献的人。人才培养模式是关于人才培养一系列观念、诸多形式化的规范体系和实质性行为及其特征的总和，是由培养目标、培养方案、培养途径、培养效果等几个方面要素相互作用所形成的统一体。军事教育变革是指由军事变革引发的军事教育系统的一系列有意义的转变，是对于社会现代化转型尤其是现代化转型提出的人才培养现实需求的反应，集中表现为军事人才培养模式的孕育、形成或改革和创新，并在理念牵引、制度设计、实际操作等诸多层面较好地体现了教育服务和引导军事斗争、促进和保障国家战略安全利益的根本要求。本书强调人才培养模式所反映的功能性教育训练活动是一个有机联系、不可分割的整体，应从人才培养体系结构的多个层面及其实际运行过程中的不同维度加以理解和把握。

三是围绕改革的理论依据，探讨新军事变革的背景和内涵、军事人才培养模式的内涵及要素构成和相互关系。本书认为，现代化军事变革已经历了近代转型和机械化两个阶段性的发展过程，正在进入以信息化为本质或突出特征的新军事变革阶段。新军事变革是特指第二次世界大战以来由于计算机的发明和广泛使用，尤其是互联网和数字化等一大批现代信息技术迅猛发展，所导致的人类战争形态由机械化战争向信息化战争的历史性跨越，以及与此相适应的军事领域的一系列根本性变化。军事人才培养模式是指对基于一定军事教育实践、具有特定教育理念且与军事人才培养相关的各种要素及其结合方式的科学抽象和理论概括，是关于军事人才培养一系列观念、诸多形式化的规范体系和实质性行为及其特征的总和，是将军事教育理论与军事教育实践联系起来、将军事教育的逻辑与历史内在地和具体地统一起来的中介和桥梁。军事人才培养模式要素构成及其相互关系揭示了军事教育由理论向实践的不断转化、逻辑与历史的内在统一，应该从理论与实践结合上完整、准确地理解和把握军事人才培养模式，将教育理念、培养目标、培养方案、培养方式、培养效果作为一个有机联系的整体。本书强调要将新军事变革与现代化军事变革乃至社会现代化转型联系起来加以考察，并将其与军事教育变革一起置于社会现代化转型的宏观历史背景；将军事教育变革理解为人才培养模式孕育、形成和改革创新的历史过程。

（二）关于我国军事教育变革的历史由来

我国现代意义上的军事教育是从晚清军事变革开始的，其历史发展的起点便是洋务运动与近代军事教育兴起。之所以说我国近代军事教育发端于洋务运动，原因有二：一是机器大工业引入到洋务运动中的军事企业，使包括军事制度、武器装备、部队训练和作战思想在内的军队编成及相应的战略战术发生了不同于以往的根本性变化，客观上要求培养能够掌握和使用以"船坚炮利"为特征的机械化武器装备的新型军事人才；二是伴随机器大工业而来的对于西方科学技术的大规模学习和介绍，促进了人们的文化觉醒和思想大解放，客观上为军事教育变革和新型军事人才培养提供了社会历史条件。我国近代军事学堂大体上分为三大类：培养军事情报和翻译人才的外国语学堂，培养军事工程师、作战参谋和指挥官等专门性军事人才的军事专业学堂，培养与军事有关的各类专业技术人才的科技学堂。其中，军事专业学堂的创办和迅速发展，促进了科举制度改革，推动了军事教育模式由传统封建伦理教育向现代科技教育的历史性转变，培养了一大批新型军事人才。然而，武科举制度的继续存在，使近代军事学堂的发展受到了传统的军官选拔和任用机制等方面的政策挤压。新型军事人才培养与军官选拔任用严重脱节，阻断了新型军事人才成长道路，导致合格军官匮乏和军队战斗力不强。洋务派将"效仿西方、求自强以自立"的工作重心放在器和技上，将洋务运动引向单纯技术化、单一军事指向，显然是不利于社会现代化转型的。这一点，正是晚清军事变革和新型军事人才培养的历史局限性。

　　清末新政运动不仅将军事教育变革从由器到技的起步阶段推向以制度创新带动全面现代化转型的新的发展阶段，而且总结洋务运动以来晚清社会现代化转型经验教训，将单一军事指向的社会现代化转型更多地转向经济和政治领域，相继提出了经济自由化和政治民主化的改革任务，从而实现了社会现代化转型理论认识的一次质的飞跃。新政运动中废除科举制度、编练新军和军国民教育，构建军事教育体系，不仅为近代军事教育的转型扫除了体制性障碍，而且营造了有利于军事人才成长的良好的社会氛围，从制度上保证了近代军事教育的转型，推动了社会现代化转型。然而，上述努力因辛亥革命的爆发和清帝宣布退位而被迫中断。随着中华民国建立和袁世凯就任中华民国临时大总统，近代军事教育继续向现代军事教育转型。尤其是保定陆军军官学校的创办，对后来的军事教育变革产生了积极推动作用。1924 年，孙中山在苏俄政府的帮助和中国共产党支持下创办黄埔军校，吸收了大批保定陆军军官学校毕业生入校任教，但两所军校最大的不同在于，黄埔军校效仿苏俄红军的建军模式建立了政治工作制度，强调通过加强军队政治工作和革命思想的熏陶培养"党的军官人才"。培养"党的军官人才"，将军事力量置于革命政党的领导之下，实现武力与国民的结合，是黄埔建军的灵魂，从根本上消除了军阀主义的制度根源，推动了军事教育变革的深入发展。

　　新民主主义革命时期国共两党经历了由合作到分裂、再次走向合作、后又陷入全面内战的不同阶段，其军事力量建设被纳入国内政治斗争的轨道，出现了明显的党派分野，逐渐形成了各自的军事教育体系。南京国民政府时期，蒋介石和国民党将军事力量建设的参照系由苏俄模式转向了德国模式，其军队建设和军事教育变革进入了学习和借鉴德国模式、全面推进现代化转型的新阶段，重点是为了配合整军建军计划进一步加强军事院校建设和陆军特种兵建设，在构建军事院校体系、加强职业军事教育和发展军事学术等诸多方面推进了军事教育变革，为探索并形成具有中国特色的军事人才培养模式积累了丰富的历史经验。全面抗战爆发后，蒋介石和国民党政府先是寻求苏联的援助、试图推动以军事现代化为核心的抗战救亡运动，后又将对外寻求援助、推进军队现代化建设的工作重心转向美国，使得社会现代化转型更多地受到美国模式及其经验做法的积极影响。相比之下，以毛泽东为代表的中国共产党人更好地坚持了黄埔建军原则，将其运用到中国革命斗争的实践中，通过构建院校教育与部队训练相结合的军事教育体系、创新教育训练内容和方法，加紧培养党的军事人才，逐渐孕育了具有人民军队特点和中国特色的军事人才培养模式，为进一步确立现代军事教育体系、推进中国特色军事教育变革积累了丰富经验。

适应和平时期军队建设的新形势，新中国强调抓好院校教育和部队训练。鉴于抗美援朝战争期间苏联政府的大力支持和帮助，为了加快国防和军队现代化建设步伐，新中国全面学习苏联，在建立和完善军事院校体系、实施正规化军事教育、进一步加强教员队伍建设等方面取得了一系列重大突破。然而，十年动乱使军事院校建设遭受到严重的破坏。后来，经过调整和改革，到 20 世纪 80 年代末，军事院校教育得到迅速恢复和发展，构建了多类型、多层次、比较完善的军事院校教育体系。20 世纪 90 年代以来，党中央和中央军委积极推进中国特色军事变革，强调"要把院校教育摆在优先发展的战略地位"，为确立适应新军事变革要求的现代军事教育体系指明了方向。从全军院校第十四次工作会议到第十六次全军院校会议，全军院校和训练机构调整改革不断推进，对外军事交流和留学生教育、军队继续教育也不断加强，多渠道和全方位育人格局逐渐形成，从而确立了与中国特色军事变革相适应、具有我军特色的现代军事教育体系，形成并确立了具有中国特色的军事人才培养模式。

按照变革的主题，可将我国军事教育变革及其人才培养模式孕育、形成的历史过程划分为四个阶段。第一阶段，以洋务运动和军事教育内容改革为标志，主题是近代军事教育的兴起。第二阶段，以清末民初社会变迁和军事教育制度改革为标志，主题是近代军事教育的转型。第三阶段，以新民主主义革命和军事教育的意识形态化为标志，主题是国共两党军事教育体系构建。第四阶段，以新中国社会变迁和中国特色军事人才培养模式形成为标志，主题是现代军事教育体系的构建。

（三）关于我国军事教育变革的经验借鉴

美国确立培养职业军官的目标定位及其相应的一系列制度、形成职业军官培养模式，与其由来已久的职业化军队建设思想和历次战争的经验教训有着很大关系，更与整个社会的现代化转型有不可分割的内在联系。

美国军事人才培养模式的形成和演变经历了一个从学习借鉴他国的经验到形成并逐步彰显自身特色的漫长过程。其中，塞耶体系的逐步确立，标志美国军事人才培养模式形成。第一次世界大战后，麦克阿瑟改革西点军校，尤其是他致力于修改教学计划和课程设置、改革不合理的规章制度的诸多努力，为塞耶体系的现代转型和美国现代军事教育的发展奠定了坚实基础。第二次世界大战后，空军军官学校的创办和麦克德莫特加强学术改革的努力，为构建具有美国特色、任务分工明确、类型层次区分明显、军地高校交叉渗透的联合职业军事教育体系奠定了坚实基础。冷战结束前后，针对国际战略形势的新变化，美国加强了信息化军队建设，并将联合职业军事教育体系的构建作为信息化军队建设的重中之重。1989 年 4 月，美国众议院武装部队委员会提交了一份关于军事教育改革的《斯凯尔顿报告》，强调建立一个分为两个阶段的联合职业教育模式，后经多方修改和完善，形成并颁发了《参联会主席第1800.01 号指令：军官职业军事教育政策》和参联会《军官职业教育政策》两份文件，标志着美国分为五个级别的联合职业军事教育体系的形成和最终确立。简言之，美国职业军官培养模式是在不断学习借鉴基础上结合自身实际需要建立和完善起来的，它不仅确立了五个层级的联合职业军事教育体系，而且不断丰富教育内容、改革教育方式和方法，较好地实现了对于功能性军事教育训练活动及其过程的整体设计和实施效果。

正是 1812 年美英战争之后的痛定思痛，使得美国确立了职业化军队建设思想和培养职业军官的目标定位；塞耶体系作为具有工程技术特色的军事专业教育体系，奠定了美国军事教育变革的制度基础，标志着美国军事人才培养模式已开始形成；第二次世界大战后罗伯特·麦克德莫特推动的空军军官学校一系列改革及其对于塞耶体系的挑战，成为美国军事教育新一轮历史性变革的前奏，对于军事教育制度创新起到了巨大的推动作用。

经过近 200 年的历史演变，美国军事教育变革积累了丰富的成功经验，主要包括重视军事人才前期培养，注重政策激励对于高质量生源的吸引，通过严格准入制度选拔高质量的生源，通过扎实有效的院校教育培养职业军官，通过循序渐进的岗位任职锻炼职业军官，通过个人的自我教育与发展培养职业军官，将继续教育贯穿于军官的职业生涯，贯彻落实训用一致和训升统一的原则，鼓励交流任职和限制任期，健全和完善军事人才培养制度等具体做法。

美国军事教育变革具有四个方面的主要特点：一是以强调军队国家化、非党化为军事人才观的逻辑前提，民主与法制观念深入人心；二是以个人主义为军事教育理念的价值取向，个体意识和个人英雄主义精神备受推崇；三是以职业军官为军事人才培养目标的基本定位，现代民族意识和战略扩张倾向明显；四是以倡导个性化教育为军事人才培养过程的策略选择，能力中心主义思想尤为突出。

英国军事院校体系，在纵向上分为初、中、高三级，在横向上分为指挥院校与技术院校两类，这些院校分属各军种或国防部，根据各自的培训计划、标准，分别培训英军各军种初、中、高级军官，已经形成了军兵种齐全、专业划分合理和初、中、高三级配套的院校教育体系，其中5所初级院校承担军官任命前教育，2所中级院校主要负责培养高级工程技术军官，1所高级院校承担高级军官培训任务。英国军事院校体系构建主要遵循与部队训练相一致，系统、配套、效益、精英化等原则。英国军事教育变革具有针对性突出、注重效益、充分发挥院校作用、人才培养较大的开放性、训用一致等主要特点。从近年来英军院校体系的调整看，英国军事教育变革呈现了更加注重提高效率、更加突出培训重点、更加重视士官教育、全面推进人才培养模式改革等新趋势。

俄罗斯军事教育变革历史最早可以追溯到18世纪初的沙皇俄国，到苏联时期已形成了一个庞大而完善的军事教育体系，但苏联解体使其军事院校教育体系遭受了严重破坏，其教育体系被迫重建与改造。通过不断调整和改革，致力于军事教育改革，以重塑辉煌。目前，从目标和任务看，俄罗斯军事教育变革已经经历了恢复与重建时期、调整时期、全面改革时期三个发展阶段。伴随着俄罗斯经济全面复苏和国家安全战略新调整，军事院校体系结构的全面优化和深度融合加快，俄罗斯军事教育变革正在进入一个全面转型的新阶段。从现实状况看，军事教育变革具有基础文化教育与军事专业教育同校、指技合一、中初级培训混合、高等军事教育与国家高等教育并轨等特点。

自2008年俄格冲突以来，俄军院校开始了进一步的改革和调整，军事教育变革呈现出了一些新的发展趋势，主要是向着组建大型的综合院校和建立实施各层次、领域和专业教育大纲的军事教育科研中心的方向继续改革发展，以加紧培养高素质军事人才。

外国军事教育变革具有教学内容针对性很强、培训制度日益完善、充分利用各种教学资源、实行开放办学、高度重视联合职业军事教育在军事教育体系中的重要地位等突出特点。

（四）关于我国军事教育变革的时代背景

一是世界新军事变革由机械化军事形态向信息化军事形态不断演变，推动各国在军事领域的综合创新，使得我国全面建设小康社会所面临的国际安全环境将更趋复杂，也使得我军担负的打赢和遏制未来可能发生的信息化条件下局部战争的使命更为艰巨。对于我国军事人才培养来说，适应上述变化，最为重要的是要更新军事人才观念，培养信息化军事人才。信息化军事人才必须具有高度的政治觉悟、良好的思想品德和顽强的战斗精神，具备以现代信息技术为主体的多维知识结构和信息作战理论为基础的较高军事素养和以信息作战为核心的联合作战驾驭能力。

二是中国特色军事变革既反映了世界新军事变革的一般规律，又体现了国情和军情的特殊要求。对于我国军事人才培养来说，适应中国特色军事变革的新要求和国家战略安全形势的新变化，最为紧要的是要破除以往机械化战争时代的军事教育思想和理论观点，确立与信息化军事变革相适应、能够满足国家战略利益不断拓展新需求的军事教育理念。为此，必须转变机械化战争时代的思维方式和价值观念，按照信息化军队建设实际要求，树立面向未来、面向世界、面向现代化的军事教育思想；同时，要转变机械化战争时代的教育模式和办学理念，按照打赢信息化战争的实际要求，确立超前培养、复合培养、跨越培养、联合培养、个性化培养等贴近信息化作战实际的军事人才培养观念。

三是伴随着新世纪新阶段国家战略安全形势的新变化，我军使命任务不断拓展，客观上对军事教育变革尤其是人才培养目标定位提出了新要求。应对国家战略安全形势的新变化，必须加强军队信息化建设，推进军队转型发展，尤其在军事人才的发展上要率先转型。为此，必须加强基于信息系统体系作战能力建设的人才培养，实现军事人才培养目标定位尤其是人才培养规格与质量标准的高度复合、即机械化素质与信息化素质的复合、指挥素质与技术素质的复合、信息化作战的核心能力与完成多样化任务能力的复合、战术运用能力与战略思维能力的复合。

四是实现我军机械化和信息化的复合式发展，关键是军事教育变革。作为军事教育变革的核心，人才培养模式改革涉及观念、制度和方法三个层面，必须从目标定位、制度设计和方法创新等诸多方面整体推进。只有从理论与实践的结合上推进军事人才培养模式的改革和创新，才能适应新军事变革的时代要求和国家战略安全的实际需要，从而破解难以培养高素质军事人才的根本性问题，确保军事人才培养质量和效益的不断提升。

（五）关于我国军事教育变革的现实状况

历史上看，我国军事教育变革之所以能够孕育形成以培养党的军事人才为目标定位、以多渠道和全方位育人为突出特征、具有中国特色的军事人才培养模式，与社会现代化转型有着不可分割的内在联系。

社会现代化转型作为一个整体性的社会历史变迁过程，不仅内在地包含着经济、政治、文化、军事等社会生活诸领域的一系列变革，而且因其在不同国家各个领域变革及其相互关系和作用方式的差异而形成各具特色的现代化模式。经过一百多年的探索与实践，我国形成了一种以经济变革为基础、以政治变革为主导、以文化变革为支撑、以军事变革为保障，具有中国特色的现代化模式。正是这种现代化模式使我国军事人才培养具有了不同以往的新要求、新特点。

对于我国军事人才培养来说，要服务和保障社会主义现代化建设，就必须充分认识党的执政地位、执政条件和根本任务的新变化，主动地适应新军事变革的时代要求，有效地满足国家战略安全的实际需要。具体来说，党的执政条件的新变化所反映的政治变革对军事人才培养提出了三个方面的新要求：一是必须强化宗旨意识和大局观念，将培养党的军事人才、服务和保障社会主义现代化建设作为根本指导思想；二是必须强化军魂意识和纪律观念，将加强党对军队的绝对领导、自觉服从国家经济建设大局作为根本原则；三是必须强化守法意识和法制观念，将依法治军、转变作风和树立军队良好形象作为根本突破口。

社会现代化转型不仅反映在党的执政条件的新变化上，更通过经济和外交战略的调整反映在军事人才培养的任务环境的新变化上。从致力于夺取和巩固政权到服务和保障社会主义现代化经济建设大局、努力为"一带一路"战略的有效实施提供强有力的安全保障和人才支撑，集中体现了军事人才培养任务环境的新变化。所谓任务环境，是指影响或制约我国军事教育变革的现代化发展目标及其实现条件。任务环境的新变化反映了经济和外交战略的调整，使得我国军事人才培养呈现出了三个方面的新特点：一是更加关注经济发展对国家战略安全的重要意义；二是更加关注外交战略调整对国家战略安全的重要影响；三是更加关注战略文化建设对维护国家战略安全的重要作用。

我国军事教育变革实际上是中国特色军事人才培养模式孕育、形成和改革创新的历史过程。就现状而言，其主要内容和特点集中体现为军事人才培养模式的内涵及其人才培养模式改革的特点。我国军事人才培养模式是在学习借鉴苏俄经验、推进军事教育变革过程中逐渐形成的，它秉承培养党的军事人才的教育理念，通过在军队中建立各级党组织、健全相应的工作机构和加强思想政治工作，将政治建军、思想建党原则贯穿于军事政治训练和科学文化教育之中，不断根据军事斗争的实际需要，对学员进行革命思想和专业理论知识武装，强调要将学员培养成忠诚于党、听党指挥的革命军人，也即通过加强党的理论武装和思想政治建设，培养党的军事人才，是一种以政治化为目标导向的人才培养模式。它不仅突出了军事人才的政治立场和阶级属性，而且有一套健全的组织体系和完善的政治工作制度，从而确保培养党的军事人才这一教育理念和培养目标定位的实现。具体来说，我国军事教育变革及其人才培养模式改革具有历史承继性、经验独特性、政治倾向性、现实针对性、历史局限性五个方面的基本特点。

作为军事教育领域对于社会现代化转型的应对或主动适应，军事教育变革集中体现了军事人才培养对于社会现代化转型的现实需求的满足程度。军事教育变革的广度和深度，取决于军事、政治、经济、文化等诸多领域的变革及其融合水平，且具体受到实战环境和战争实践锻炼机会、体制机制和利益结构调整力度、财政状况和教育经费保障水平、思想观念和教育理论创新水平等诸多因素的影响或制约。

就功能意义而言，军事人才培养模式的实际运行呈现理念、目标、过程、效果等历史维度的相互衔接和依次转化的阶段性特点；其中，从目标到过程体现了培养制度的设计和实现，所反映的是功能性教育训练活动的具体展开。因此，完全可以将军事人才培养模式所反映的上述功能性教育训练活动的展开还原为军事教育资源的分配和使用过程，甚至将其进一步理解为一个原生性的教育物质资源供给、使用和再生性的教育信息资源供给、使用交替进行，以及它们之间相互作用、相互影响的过程，这就从资源配置方式对于军事人才培养策略选择及其效果的作用机制方面揭示了军事人才培养模式的功能实现问题。

当前，我国军事教育变革面临的突出问题，也是最核心的问题是军事人才培养模式难以适应新军事变革的时代要求和国家战略安全的实际需要。因此，我国军事教育改革发展的诸多现实问题，说到底是军事人才培养模式问题。

所谓军事人才培养模式问题，就是关于培养什么样的军事人才、如何培养军事人才，存在与社会现代化转型尤其是军队现代化建设和中国特色军事变革不相适应的方面或环节，其实质是军事教育变革与社会现代化转型的根本要求不相适应，其症结在于我国军事人才培养模式难以适应新军事变革的时代要求和国家战略安全的实际需要。具体来说，当前中国军事人才培养模式在理论建构和策略选择两个方面存在着比较突出的问题，即其理论建构没有能够很好地遵循军事人才成长和教育发展的内在规律，相应的策略选择也就没有，也不大可能完全按照战争发展实际需要培养军事人才。上述两个方面，直接影响了制度层面和具体操作层面的功能性军事教育活动，突出表现为两个关键性环节的相对缺乏，即缺乏对军事人才培养的系统分析和整体设计，缺乏对军事人才培养的全程关注和战略管理。

我国军事人才培养模式之所以存在"两个没有、两个缺乏"的问题，其原因是多方面的，应从军事教育变革与社会现代化转型的相互关系中加以寻找。通过历史考察与现状分析，导致上述问题产生的主要原因有三：军事教育变革难以适应社会现代化转型，这是根本原因；"官本位"思想与传统政治体制的习惯性影响，这是文化和制度根源；军事政治化倾向及其错误引导，这是社会历史根源。也就是说，正是军事教育变革与社会现代化转型的互动，作用于军事人才培养模式，使得当前我国军事人才培养模式存在上述问题。可见，当前之所以难以培养高素质军事人才，问题的症结在于军事人才培养模式难以适应新军事变革的时代要求和国家战略安全的实际需要。

（六）关于我国军事教育变革的对策建议

我国军事教育变革的根本目标是满足社会现代化转型对于军事人才培养的现实需求，使军事人才培养模式在不断创新中适应新军事变革的时代要求和国家战略安全的实际需要。具体来说，我国军事教育变革的目标应定位于观念更新、制度创新、方法创新的三大突破。

就我国军事教育变革而言，只有从观念、制度、操作三个结构层次和理念、目标、过程、效果四个功能性维度加以推进，才能够从理论建构上准确、全面地反映社会现代化转型对于军事人才培养的现实需求，并从功能实现上充分、有效地满足社会现代化转型对于军事人才培养的现实需求。其中，观念更新是前提，制度创新是关键，方法创新是重点，三者是有机统一的整体。只有坚持系统改革、整体配套和综合创新，使三者联动、相互促进、相互配合，才能全面推进军事教育变革。

就目标定位而言，推进我国军事教育变革，首先，应走出思想认识上的误区，努力在更新军事教育理念与人才培养观念上有所突破。其次，应继续深化体制机制改革，努力在创新军事教育体系与人才培养制度上有所突破。再次，应该推进利益结构调整，努力在创新军事教育模式与教学方法手段上有所突破。

就路径选择而言，推进当前军事教育变革，首先必须进一步明确军事人才培养的定位，切实搞清楚军事人才培养的基本规格和质量标准。

适应中国特色军事变革的根本要求，党中央和中央军委明确提出要大力培养高素质新型军事人才，并概括新型军事人才的三条标准。具体来说，新型军事人才主要有两层含义：一是就培养目标而言，新型军事人才是指军事人才被赋予了新的时代内涵，实际上就是信息化军事人才；其最为突出的特征就是具有适应未来信息化战争要求的良好的信息素养和较强的信息化技术能力，以及凭借两者所能达到的知识、技术、管理等信息资源的综合运用和创新能力。二是就培养规格和质量标准而言，新型军事人才是指随着信息化作战及其战场环境和作战条件的改变，军事人才的层次、类型、结构、质量等诸多方面发生了新的根本性变化，尤其知识能力素质结构有了新的、更高的要求。其次，必须加强教育训练环节，突破传统教育训练模式的禁锢，大胆改革教育训练内容和组训方式，不断增强针对性和实效性。具体来说，主要从以下三个方面推进教育训练改革：一是依据军事斗争准备要求，构建信息化训练内容；二是适应信息技术发展，采用信息化培训手段；三是突出联战联训要求，创新信息战组训方式。

展望未来，推进军官职业化建设是我国军事教育变革的重要方向。对于正走向和平崛起的 21 世纪的中国来说，经济持续繁荣发展是不断增强综合国力、实现现代化战略目标的根本途径，构成了当前我国最为核心的国家利益。从外部条件看，经济持续繁荣发展离不开和平稳定的国际及周边安全环境。只有加强国防和军队现代化建设，尤其是将军事教育变革的目标指向战斗力提升，大力发展职业军事教育，积极推进包括军官职业化和士兵职业化在内的军队职业化建设，才能增强军队履行使命的能力，确保和平稳定的国际及周边安全环境。从国内改革形势看，随着社会主义市场经济体制的确立，与经济持续繁荣发展密切相关的民主制度建设和改革进入了攻坚阶段，各种深层次的矛盾和问题日益凸显，尤其是制约经济持续繁荣发展的黑恶势力和腐败等社会政治稳定问题尚待解决。在这种情况下，只有正视社会生活中存在的各种深层次矛盾和问题，从社会稳定和协调发展的战略高度，全面深化改革，尤其是加强包括军官职业化、士兵职业化在内的军队职业化建设，突出职业化的军事人才培养目标定位，推进相应的政治体制改革，满足社会现代化转型对于加快民主化进程、扩大多元利益主体政治参与、限制公权力和保障私权利等方面的改革要求，努力实现社会生活诸领域各行其是、各得其所，才能从根本上解决包括军事政治化在内的军事人才培养体制问题，从而促进国防和军队建设与经济、政治等社会生活其他领域的协调发展，推动社会现代化转型。简言之，突出"职业化"是新形势下加强军官职业化建设、推进我国军事教育变革的根本要求。

可以预见，推进个性化教育将成为我国军事教育变革的重中之重。第一，从课程体系和教学内容改革看，将加强通识教育和实践教学，逐步加大课程综合化改革力度，增加人文、管理、科学发展史等方面选修课比重，注重文化活动、体育活动、心理咨询和健康教育、校园文化氛围等隐性课程在军事人才培养中的特殊作用，为学生拓展知识面、发展多方面能力和提高综合素质创造条件。第二，从教学方法和手段改革看，将推进包括信息化、电子化、网络化和远程教育等现代化教学工程，增强学生自主学习意识和研究创新能力。第三，从教学过程管理和效果评价改革看，将更加重视教师平时学术积累和开展科学研究对于提高教学质量和效果的影响，使得备课和授课环节由课前准备和课堂教学延伸到教师整个学术生涯，纳入教学管理的视野，实现教学动态过程的弹性管理与静态效果的刚性评价的有机结合。第四，从加强通才培养和实践教学改革看，将进一步加强多学科、综合性院校建设，营造通才教育环境，不断提高学生的创新精神和实践能力。

二　结论

当前深化院校教育和部队训练改革、创新军事人才培养模式，应正确把握军事教育变革与社会现代化转型的关系，着重研究和解决以下两个方面的政策性问题。

（一）围绕打牢军官基础教育科学文化素质、增强持续发展和应对多岗位任职的适应能力，加强军事教育制度及相关政策法规建设

第一，加强前期培养和优质生源的选拔工作，制定相关政策和法规。

第二，取消中学阶段的文理分科，从源头上避免因分科导致的知识残缺不全和素质单一，筑牢高素质军事人才培养的根基。

第三，改革军官任前学历教育专业设置，取消高考录取时计划分配专业的做法，借鉴美国西点军校的做法，通过选修专业课程确定专业主攻方向或研究领域，努力实现学员自身发展与部队建设实际的最佳结合。

（二）围绕提高军事人才培养质量和效益，推进军事教育财政体制尤其是院校教育训练经费管理机制的改革和创新

第一，在规范军事教育经费预算和决算的基础上，改革经费划拨方

式，以院校为单位，由全国人大及专设的军事专门委员会协同类似拨款委员会的决策机构，根据预算审查结果和上一年度决算及经费使用效益评估情况，划拨相应的军事院校教育训练专项经费。

第二，改革院校教育训练经费分配和使用办法，借鉴学分制收费办法，探索建立按照课程学分分配教学运行经费与依据教学工作绩效评估结果分配教师培训经费相结合的经费预算制度。

第三，推进学术评价制度改革，将院校教育训练经费的实际使用与教员教学、科研及其他技术工作等学术发展的实际需要挂钩，建立项目立项与成果奖励相结合的经费使用制度。

第二节　创新与不足

一　创新点

第一，本书提出，当前我国军事教育改革发展缺乏整体设计和相应的制度安排，尤其是缺乏将观念层面的理念牵引（价值取向与目标定位）、制度层面的体制驱动（制度设计与资源保障）、操作层面的组织实施（场景营造与功能实现）有机联系和有效衔接的机制，这是导致我国军事人才培养模式难以适应新军事变革时代要求和国家战略安全实际需要的根本原因。

第二，本书提出，将军事教育变革理解为军事人才培养模式孕育形成及其演变发展的历史过程，强调应从军事教育变革与社会现代化转型的相互关系来深刻理解和把握军事人才培养模式，认为军事人才培养模式是一个有着内在结构和外在功能的科学概念，不能将其局限于具体操作层面，仅将其理解为培养方式和方法。其中，内在结构反映了教育思想和价值观念、管理体制和运行机制、资源配置与使用对于功能性教育训练活动的不同程度的影响，外在功能则体现为军事人才培养由理念、目标向过程、效果的不断转化。

第三，基于社会现代化转型的视角，从历史考察、国际比较、时代背景、现状分析和对策研究等诸多方面，探讨了我国军事教育变革的理论与实践问题。

第四，本书分析导致我国军事人才培养模式难以适应高素质军事人才培养实际要求的文化和制度根源，将军事人才培养模式所反映的功能性教育训练活动的展开理解为一个原生性的教育物质资源供给、使用和再生性的教育信息资源供给、使用交替进行，以及它们之间相互作用、相互影响的过程，科学揭示了资源配置方式对军事人才培养策略选择及其效果的影响，提出了深化当前院校教育和部队训练改革、创新军事人才培养模式的若干思考和政策建议。

二 不足之处

由于研究资料的可得性问题和实证研究条件的可实现性，本书尽管也收集了一些考察报告和其他一手资料，但研究资料的全面性仍有待进一步加强。

本书选题相对较大，对于一些现实问题的把握不够准确，研究深度受到一定程度的影响，对于文献资料的运用、深度挖掘也有待于进一步改进。

参考文献

[1] 熊光楷：《论世界新军事变革趋势和中国新军事变革》，《外交学院学报》2004 年第 6 期。

[2] Thomas Bickford：《中国军事教育大变局》，罗岳编译，《财经文摘》2009 年第 1 期。

[3] 蔡永宁：《"军事人才"概念新解》，《南京政治学院学报》2003 年第 3 期。

[4] 华才：《人才概念与人才标准》，《中国人才》2004 年第 2 期。

[5] 闫承利：《教学模式的定义分析》，《教育研究》2001 年第 4 期。

[6] 王万俊：《略析教育变革理论中的变革、改革、革新、革命四概念》，《教育理论与实践》1998 年第 1 期。

[7] 钱民辉：《对教育变革命题的再检讨》，《教育评论》1996 年第 5 期。

[8] 何齐宗、周益发：《教育变革的新探索——迈克尔·富兰的教育变革思想述评》，《教育研究》2009 年第 9 期。

[9] 李东：《教育变革的规律是什么——〈变革的力量〉三部曲的启示与反思》，《人民教育》2005 年第 Z1 期。

[10] 李和平：《教育的历史变革与现实选择》，《教育理论与实践》2007 年第 19 期。

[11] 贾慧：《迈克尔·富兰教育变革思想及其启示》，《外国中小学教育》2007 年第 4 期。

[12] 邵兴江、马川蓉、黄丹凤：《复杂性：教育变革的再认识与实践应用》，《当代教育论坛》2006 年第 7 期。

[13] 罗春凯：《中美军事指挥人才培养模式的比较与启示》，《继续教育》2008 年第 12 期。

[14] 王书峰：《1895—1911 年晚清教育改革与军事改革互动关系研究》，《军事历史研究》2007 年第 1 期。

［15］ 杨东平：《百年回首：中国教育现代化之梦》，《国际经济评论》2000 年（5－6 合刊）．

［16］ 康永久：《教育制度：最重要的教育资源》，《教育与经济》2001 年第 3 期。

［17］ 涂又光：《文明本土化与大学》，《高等教育研究》1998 年第 6 期。

［18］ 周光礼、刘献君：《学术自由与社会干预的整合认同：大学定位的再思考》，《江苏高教》2003 年第 1 期。

［19］ 刘献君、周进：《建设高等教育强国：六十年的理念变迁及其启示》，《高等工程教育研究》2009 年第 5 期。

［20］ 熊光楷：《世界新军事变革与中国应对》，《世界知识》2004 年第 9 期。

［21］ 乔清晨、邓昌友：《培养忠实履行我军历史使命的新型高素质军事人才》，《求是》2007 年第 3 期。

［22］ 向荣高：《聚集"国防生"——军队青年人才培养管窥》，《中国青年研究》2004 年第 1 期。

［23］ 李珊：《"信息化条件下军事人才培养"学术研讨会综述》，《西安政治学院学报》2007 年第 6 期。

［24］ 蓝江桥：《军队院校实施个性化教育的观念辨析》，《高等工程教育研究》2003 年第 6 期。

［25］ 周东启：《从科学观的角度看洋务运动》，《自然辩证法研究》2002 年第 6 期。

［26］ 周霄、张艺缤：《唯军事指向的"中空呐喊"——洋务运动败因分析》，《沙洋师范高等专科学校学报》2002 年第 6 期。

［27］ 郑宗育：《洋务派错失了中国近代化的机遇》，《学术月刊》1994 年第 7 期。

［28］ 邓国琴：《对洋务运动动因的再思考》，《遵义师范学院学报》2007 年第 2 期。

［29］ 崔永军、白雁钊：《德国影响下的晚清军事变革研究述评》，《高校社科动态》2009 年第 2 期。

［30］ 卢万玉：《浅谈李鸿章与中国近代化的拓荒》，《中国近代史研究》1991 年第 5 期。

［31］ 冯雁：《洋务运动与中国教育的近代化》，《辽宁大学学报（哲学社会科学版)》2000 年第 2 期。

［32］张瑞安：《晚清军事现代化的历史成败》，《贵州文史丛刊》2007年第1期。

［33］郑忠：《太平天国与中国早期现代化三题》，《广西师范大学学报（哲学社会科学版）》2002年第2期。

［34］韩文琦：《晚清军事变革与近代中国社会变迁》，《南京政治学院学报》2006年第6期。

［35］梁义群：《简评〈军国民篇〉》，《安徽史学》1997年第2期。

［36］陈鹏：《清末新政时期袁世凯的军校教育思想探析》，《学术论坛》2006年第2期。

［37］陈振国：《德国顾问与中国军事现代化（1927—1937）》，《平顶山学院学报》2006年第3期。

［38］郭德逊、毛泽东：《把"哈军工"建设成第二个黄埔军校》，《党史博览》2006年第4期。

［39］赵阳辉：《1953—1966年的哈尔滨军事工程学院》，《中国科技史料》2003年第4期。

［40］张新科：《世界近代史上高等工程教育与军事教育完美结合的典范》，《南京理工大学学报（社科版）》2003年第4期。

［41］刘祖爱、刘凤健：《新中国军事工程技术教育的奠基人——陈赓》，《当代中国史研究》2003年第2期。

［42］任学文：《陈赓与"哈军工"》，《湘潮》2003年第4期。

［43］璞玉霞：《周恩来与军事院校建设》，《军事历史研究》1993年第3期。

［44］李军：《美军人才队伍建设及其启示》，《中国高等教育》2001年第21期。

［45］马全洲：《军队院校教育的历史回顾与前瞻》，《军事经济学院学报》2002年第3期。

［46］张楠：《军事人才成长规律研究与对策》，《海军院校教育》2002年第6期。

［47］杨东平：《中国现代教育的20世纪》，《清华大学教育研究》2000年第2期。

［48］张博文：《美国的军事传统与大国崛起——基于教育军事学的研究视角》，《黑龙江史志》2008年第20期。

［49］朱艾华：《培养联合作战组训人才的思路与方法》，《继续教育》2007年第7期。

［50］［美］莱诺克斯：《培养信息时代军事领导人》，《中国军事教育》2005 年第 17 期。

［51］庞丹：《美国实用主义的源起初探》，《邯郸学院学报》2007 年第1 期。

［52］张博文：《把大学当作大学来治理——关于张维迎〈大学的逻辑〉的解读》，《大学教育科学》2009 年第 3 期。

［53］盛宁：《传统与现状：对美国实用主义的再审视》，《美国研究》1995 年第 4 期。

［54］刘晓军、吴双喜：《陈赓军事技术教育思想探析》，《国防科技》2008 年第 5 期。

［55］常永富：《古田会议决议——人民军队建设之魂》，《福建党史月刊》2004 年第 S1 期。

［56］陈鹏：《杨杰军事教育思想述论》，《理论月刊》2007 年第 9 期。

［57］翁世平、向浩：《军队跨越式发展与信息化军事人才培养》，《湖北社会科学》2004 年第 1 期。

［58］郭嘉、徐壮志：《聚焦信息化：人民解放军军事训练历史性变革》，《环球军事》2007 年第 5 期。

［59］隋东升：《试论我军院校建设的历史经验》，《军事历史》1998 年第 4 期。

［60］范玉芳、肖政：《美军高级职业军事教育的历史与发展趋势》，《继续教育》2009 年第 11 期。

［61］张大海、李江帆：《美国军官培养之道》，《领导文萃》2005 年第 10 期。

［62］陈蔚红：《从教育角度分析美军军官的培养模式》，《职业时空》2009 年第 1 期。

［63］辛昕：《美国后备军官训练团 人才培养模式及启示》，《人力资源管理》2010 年第 6 期。

［64］赵冬、代树兴、钱尧山：《美、俄初级指挥军官培养及对我军的启示》，《高等教育研究学报》2008 年第 4 期。

［65］王保存：《美军联合作战指挥人才教育培养体制探析》，《外国军事学术》2008 年第 1 期。

［66］张博文、蔡风震：《军事人才培养模式改革及其前景分析》，《中国电力教育》2008 年第 3 期。

［67］张博文：《学生事务管理专业化与辅导员队伍专业化发展》，《中

国高等教育》2009 年第 23 期。

[68] 张博文：《素质教育进课堂刍议》，《中国高等教育》2002 年第 19 期。

[69] 张博文：《从理论与实践的结合上完整、准确地理解人才培养模式》，《荆楚理工学院学报》2010 年第 8 期。

[70] 马力、乔雁、申朝民：《设置军事硕士专业学位开辟解放军高层次指挥人才培养的新途径》，《学位与研究生教育》2002 年（7 - 8 合刊）。

[71] 张云、林勇：《中国特色军事变革路径思考》，《南京政治学院学报》2009 年第 2 期。

[72] 张文超、欧凯：《中国特色军事变革思想发展考察》，《党史文苑》2011 年第 20 期。

[73] 闫文虎：《新的历史时期军队使命——"四个维护"》，《国际教育》2015 年第 7 期。

[74] 雷学平、包国建：《信息化条件下军事人才应具备的素质和能力》，《基层后勤研究》2007 年第 8 期。

[75] 张博文：《洋务运动与中国近代军事教育的兴起》，《教育史研究》2009 年第 3 期。

[76] 刘海娟：《试析社会变迁与教育改革的基本关系》，《科教文汇（中旬刊）》2007 年第 6 期。

[77] 张忠、周卫：《MVC 体系结构模式中的设计模式》，《南通航运职业技术学院学报》2004 年第 4 期。

[78] 盛红生：《英国军事院校教育的启示意义》，《未来与发展》2009 年第 1 期。

[79] 马燕、王玫：《英军军事人才培养研究》，《陆军航空兵学院学报》2012 年第 8 期。

[80] 盛红生：《英国军事院校教育的启示意义》，《未来与发展》2009 年第 1 期。

[81] ［俄］斯米尔诺夫：《俄罗斯军事教育体系介绍》，常拉常译，《中国军事教育》2005 年第 12 期。

[82] 张博文、陈永利：《论邓小平"两个大局"战略思想与西部大开发》，《唐都学刊》2001 年第 1 期。

[83] 来斌：《俄罗斯军事院校的改革》，《外国军事学术》1993 年第 6 期。

［84］陈治平、王春茅：《新军事变革条件下俄罗斯军事高等教育》，《比较教育研究》2004 年第 4 期。

［85］李鸿林、王丽珍：《俄军事教育改革》，《外国军事学术》1998 年第 11 期。

［86］李小燕：《俄罗斯军事院校的教育改革》，《政工导刊》2008 年第 8 期。

［87］朱长生：《俄罗斯深化军事教育体系改革情况研究（上）》，《外国空军训练》2009 年第 5 期。

［88］刘超：《外军院校任职教育的主要特点》，《中国军队政治工作》2008 年第 1 期。

［89］潘武玲：《美军联合职业军事教育体系的构成、特点及对我军的启示》，《高等教育研究学报》2009 年第 1 期。

［90］［美］芭芭拉·G. 姆罗齐科夫斯基：《美国陆军后勤大学的组建》，董良喜、马蕾蕾译，《外国军事学术》2009 年第 2 期。

［91］陶行知：《陶行知教育文选》，教育科学出版社 1981 年版。

［92］袁世凯：《袁世凯奏议（上册）》，天津古籍出版社 1987 年版。

［93］袁世凯：《袁世凯奏议（下册）》，天津古籍出版社 1987 年版。

［94］王凌飞：《走进西点军校》，中国青年出版社 2004 年版。

［95］皮明勇：《关注与超越》，河北人民出版社 1999 年版。

［96］毛泽东：《毛泽东选集（第 2 卷）》，人民出版社 1993 年版。

［97］《武昌起义档案资料选编（中卷）》，湖北人民出版社 1982 年版。

［98］［美］费正清：《剑桥中国晚清史（下卷）》，刘广京译，中国社会科学出版社 1985 年版。

［99］史全生：《中国近代军事教育史》，东南大学出版社 1996 年版。

［100］中国人民政治协商会议全国委员会文史资料研究委员会编：《文史资料选辑（第 38 辑）》，中国文史出版社 2000 年版。

［101］［美］拉尔夫·尔·鲍威尔：《1895—1912 年中国军事力量的兴起》，陈泽宪、陈霞飞译，中国社会科学出版社 1979 年版。

［102］张宝书：《俄罗斯海军教育》，总参军训与兵种部编译，2003 年。

［103］厄尔编：《近代军事思想——从马奇维里到希特勒的军事思想》，钮先钟译，台湾军事译粹社 1975 年版。

［104］《清末新军编练沿革》，中华书局 1978 年版。

［105］《中国第二历史档案馆中德外交密档（1927—1947）》，广西师范

大学出版社 1994 年版。

［106］［俄］A. M. 列多夫斯基：《斯大林与中国》，陈春华等译，新华出版社 2002 年版。

［107］周恩来：《周恩来军事文选（4）》，人民出版社 1997 年版。

［108］［美］摩里斯·贾诺威茨：《军人的政治教育》，解放军出版社 1987 年版。

［109］任学文：《哈军工》，红旗出版社 1993 年版。

［110］吕凤茹：《哈军工组建纪实》，北京海潮出版社 2002 年版。

［111］李懋之：《陈赓将军受命创建军事工程学院》，载《国防科学技术大学回忆史料（1953—1993）》，国防科学技术大学出版社 1996 年版。

［112］樊高月：《西点军校》，海南出版社 1996 年版。

［113］白晓忠、吴玉金、周锐：《西点史话》，国防科学技术大学训练部 1989 年版。

［114］白晓忠、吴玉金、周锐：《变革中的美国军校》，国防科学技术大学训练部 1989 年版。

［115］高建国：《21 世纪中国军事人才发展战略构想》，国防大学出版社 1999 年版。

［116］章士钊：《章士钊全集（8）》，文汇出版社 2000 年版。

［117］张煜：《论中国特色的军事人才成长之路》，国防大学出版社 2001 年版。

［118］汪维余、张前程：《论中国特色军事理论创新》，国防大学出版社 2009 年版。

［119］张侠等：《清末海军史料》，海洋出版社 1982 年版。

［120］王春茅：《美国军事教育现状与发展展望》，国防大学出版社 2001 年版。

［121］南京炮兵学院：《西点——美国陆军军官学校的历史》，军事谊文出版社 2000 年版。

［122］江泽民：《江泽民文选（第 3 卷）》，人民出版社 2006 年版。

［123］江泽民：《论国防和军队建设》，解放军出版社 2003 年版。

［124］［法］爱弥尔·涂尔干：《教育思想的演进》，李康译，上海人民出版社 2003 年版。

［125］［德］卡尔·西奥多·雅斯贝尔斯：《什么是教育》，邹进译，生活·读书·新知三联书店 1991 年版。

［126］ 理查德·沙沃森、丽莎·汤：《教育的科学研究》，曹晓南、程宝燕、刘莉萍、刘小东译，教育科学出版社（中文版）2006年版。

［127］ 阎宝珠：《军事人才学基础》，军事科学出版社1991年版。

［128］ 王日中：《新编军事人才学》，解放军出版社2000年版。

［129］ 总政治部宣传部：《新时期军队建设重要论述选编》，解放军出版社1987年版。

［130］ 蔡凤震、陆阿坤、张博文：《创办军队一流名牌大学的探索与实践》，解放军出版社2006年版。

［131］ 蔡凤震、陆阿坤、张博文：《军队综合大学建设发展研究与实践》，国防大学出版社2006年版。

［132］ 李侃、李时岳、李德征：《中国近代史（第四版）》，中华书局1994年版。

［133］ 于川信：《战争背后：世界著名军校与将帅》，辽宁人民出版社1999年版。

［134］ 叶征：《信息化作战概论》，军事科学出版社2007年版。

［135］ 黄仁宇：《中国大历史》，生活·读书·新知三联书店1997年版。

［136］ 江泽民：《论有中国特色社会主义（专题摘要）》，中央文献出版社2002年版。

［137］ 王吉勤：《新世纪初级指挥军官培养探要》，解放军出版社1999年版。

［138］ 李鸿章：《李文忠公全集·朋僚函稿（卷1）》，上海人民出版社1986年版。

［139］ 吴雁南、冯祖贻、苏中立等：《中国近代社会思潮（第一卷）》，湖南教育出版社1998年版。

［140］ 任富兴：《我们是这样培养》，解放军出版社2003年版。

［141］ ［加拿大］迈克尔·富兰：《变革的力量——透视教育改革》，中央教育科学研究所译，教育科学出版社2004年版。

［142］ 徐明善、方永刚：《新世纪新阶段中国国防和军队建设》，人民出版社2007年版。

［143］ 董小川：《美国文化概论》，人民出版社2006年版。

［144］ ［加拿大］迈克尔·富兰：《教育变革新意义》，赵中建、陈霞、李敏译，教育科学出版社2005年版。

［145］［加拿大］迈克尔·富兰:《变革的力量——深度变革》,中央教育科学研究所译,教育科学出版社 2004 年版。

［146］中国史学会编:《中国近代史资料丛刊·中日战争（七）》,上海人民出版社、上海书店出版社 2000 年版。

［147］王晓秋、尚小明:《戊戌维新与清末新政》,北京大学出版社1998 年版。

［148］［美］罗伯特·A. 柯白:《四川军阀与国民政府》,殷钟崃、李惟建译,四川人民出版社 1985 年版。

［149］刘蓉:《养晦堂诗文集（卷八)》,清光绪年间刻本。

［150］薛连璧、张振华:《中国军事教育史》,国防大学出版社 1991年版。

［151］王均伟:《江泽民与中国特色军事变革》,载《中共中央文献研究室个人课题成果集》,中央文献出版社 2012 年版。

［152］蒋方震:《中国五十年来军事变迁史》,载来新夏《北洋军阀（一)》,上海人民出版社 1988 年版。

［153］毛泽东:《在中央紧急会议上的发言（1927 - 8 - 7)》,载中共中央文献研究室《毛泽东文集（第 1 卷)》,人民出版社 1993年版。

［154］李懋之:《陈赓将军受命创建军事工程学院》,载《国防科学技术大学回忆史料（1953—1993)》,国防科学技术大学出版社1996 年版。

［155］罗志田:《失去重心的近代中国:清末民初思想权势与社会权势的转移及其互动关系》,载《清华汉学研究（第二辑)》,清华大学出版社 1997 年版。

［156］［澳］冯兆基:《辛亥革命中的军事策反活动》,载张玉法《中国现代化史论集·辛亥革命》,台湾联经出版事业公司 1982年版。

［157］周泉兴:《我军院校初级指挥军官培养模式研究》,华东师范大学,2005 年。

［158］汪平:《当代中美非军事院校国防教育比较研究》,武汉理工大学,2003 年。

［159］王琪:《真正的教育变革是一个旅程》,《中国教育报》2006 年 1月 19 日。

［160］张洋:《我国采取诸多战略措施为新时期军队人才培养夯实基

础》，《解放军报》2002年9月19日。

[161] 王建新、张金玉：《中国空军军事职业大学菜单式选课加速人才培养》，《解放军报》2011年4月1日。

[162] 李庆民：《树立全新的人才培养观念》，《解放军报》2002年4月2日。

[163] 社论：《肩负起新世纪新阶段的历史使命》，《解放军报》2005年10月1日。

[164] 张博文：《从大国崛起的新模式看"一带一路"战略》，《贵州财经大学校报》2014年9月15日。

[165] 习近平：《今后5年中国将进口10万亿美元左右商品》，《人民日报》2014年4月7日。

[166] 刘玉海：《地方诉求如何支撑国家对外战略？》，《21世纪经济报道》2014年2月22日。

[167] 潘丽娟：《走近英国院校教育：用现代教育理念治学办校》，《解放军报》2006年4月12日。

[168] 史根东：《创建新型人才培养模式》，《光明日报》2000年5月10日。

[169] 胡锦涛：《坚定不移沿着中国特色社会主义道路前进 为全面建成小康社会而奋斗——在中国共产党第十八次全国代表大会上的报告》，《人民日报》2012年11月18日。

[170] 胡锦涛：《坚决履行新世纪新阶段我军的历史使命 努力开创国防和军队现代化建设的新局面》，《解放军报》2005年3月14日。

[171] 胡锦涛：《高举中国特色社会主义伟大旗帜 为夺取全面建设小康社会新胜利而奋斗》，《人民日报》2007年10月15日。

[172] 李明海：《大洋彼岸的"育将之道"——透视美军现代军事教育新理念》，《解放军报》2009年8月20日。

[173] 王新海：《人才培养：聚焦体系作战谋划布局》，《解放军报》2011年1月27日。

[174] 胡春华、刘逢安：《四总部联合召开第十六次全军院校会议》，《解放军报》2011年7月12日。

[175] 胡昀、谭洁：《打造没有围墙的空战学院》，《解放军日报》2008年9月12日。

[176] 朱廷春：《外国军官职业化建设对解放军的启示》，《中国青年报》2011年1月29日。

［177］ 刘开华：《探索建立中国特色军官职业化制度》，《光明日报》
2009 年 6 月 1 日。

［178］ 公方彬：《追求世界领导力的加拿大军队》，《中国青年报》2011
年 1 月 14。

［179］ 徐新、周燕虎、牛玉富：《来自人才"供求"双方的对话》，
《解放军报》2006 年 6 月 27 日。

［180］ 李庆功：《关注世界军事变革新走向》，《中国国防报》2003 年 3
月 10 日。

［181］ 李庆功：《世界军事变革路在何方》，《解放军报》2003 年 4 月
1 日。

［182］ 木大力：《世界新军事变革掀高潮》，《人民日报》2003 年 6 月
19 日。

［183］ 于爽、徐军、武天敏：《我军人才建设继往开来的战略部署——总
政干部部领导就〈2020 年前军队人才发展规划纲要〉答记者
问》，《解放军报》2011 年 4 月 19 日。

［184］《哈尔滨工程大学本科教学工作水平评估自评报告》，2006 年 5
月 4 日。

［185］ 空军工程大学训练部：《关于当前学员学习内动力的调研报告》
2007 年 6 月 20 日。

［186］《对话国防大学——谈军队院校教育改革与发展》，http：//mili-
tary. people. com. cn/GB/52578/52579/345580/ index. html。

［187］ 张星星：《人民军队军事教育的伟大开端》，http：//iccs. cn/de-
tail_ cg. aspx？ sid = 116。

［188］ 胡春华、刘逢安：《四总部联合召开第十六次全军院校会议部署
院校和训练机构调整改革任务》，http：//news. mod. gov. cn/head-
lines/2011 – 07/11/content_ 4250975. htm。

［189］ 李斌：《亲切的交谈——温家宝看望季羡林、钱学森侧记》，南
方新闻网，http：//www. southcn. com/news/china/zgkx/2005073100
htm。

［190］ 军风：《透视美军人才培养》，http：//www. pladaily. com. cn/i-
tem/newar/rcpy/07. htm。

［191］《世界新军事变革与我军现代化的跨越式发展》，http：//journal-
ismfyg. ycool. com/post. 2705115. html。

［192］ 居安平：《试论大学文化生态与环境育人》，http：//www. pep.

com. cn/xgjy/ gdjy/gjyj/200602/t20060214_ 246473. htm。

[193] 杨东平：《现代大学制度与大学精神》，http：//blog. sina. com. cn/s/blog_ 5dc555c10100f1vy. html。

[194] 《"一带一路"体现中国全球战略创新》，http：//news. xinhua-net. com/world/2014 – 04/14/c_ 126386241. htm。

[195] 《准确领会"一带一路"内涵 通过合作谋共赢》，http：//www. jiajia. net/zw – 572557. html。

[196] 郑永年：《"丝绸之路"与中国的"时代精神"》，http：//www. ipp. org. cn/a/1402416766000. html。

[197] Reserve Officers' Training Corps，（2009 – 5 – 22）http：// www. en. wikipedia. org.

[198] Responsibilities of the Office of the Army Chief Information Officer/ G – 6. Office of the Army Chief Information Officer/ G – 6，http：// www. army. mil/ciog6/index. html.

[199] College ROTC：The Way Ahead, Department of the Army Headquarters，United States Army，Fort Monroe，Virginia，April 2000.

[200] Reserve Officers' Training Corps，（2007 – 8 – 12）http：//www. baseops. net/rotc/.

[201] National Defense University. Catalog 2002 – 2004 of National Defense University，http：//www. ndu. edu/.

[202] Alexander Renita D. Education：A Joint Transformation Enabler，U. S. Army War College，2002.

[203] Ervin J. Rokke. Military Education for the New Age，IFQ，1995.

[204] W. J. Hail，Tseng Kuo-Fan and the Taiping Rebellion，New Haven，1927.

[205] James M. Lutz：America's Armed forces，New Jersey，1991.

[206] Donald S. ，Lutz. A Preface to American Political Thought，The University Press of Kansas，1992.

[207] Roger Hilsman. To Govern America，Harper & Row，Publishers，1979.

[208] Saul K. Padover，ed. The Complete Madison：His Basic Writings，New York：Harper & Brothers，1953.

[209] Jeanne H. Ballantine. The Sociology of Education：A Systematic Anatysis，Prentice-Hall，Inc. U. S. ，1983.

[210] Ronald Barnett. The Idea of Higher Education, The Society for Research into Higher Education & Open University Press, 1997.

[211] Juergen Habermas. Theory and Practice, translated by John Viertel, Beacon Press, Boston, 1973.

[212] Samovar, L. etc. Communication Between Cultures, The Thompson Learning Asia and F oreign language Teaching and Research Press, 2000.

[213] Stanly Hoffmann and Dennis F. Thompson: Redeeming American Political Thought, the University of Chicago Press, Chicago and London, 1998.

[214] John Israel. A Chinese University in War and Revolution, Stanford University Press, 1966.

[215] Michael S. Neiberg: Making Citizen-soldier, Harvard University Press, 2000.

[216] Enmin Wang. American Culture and Society, Shanghai Foreign language Education Press, 2003.

[217] T. Harry Williams. The History of American Wars from 1745 to 1918, N. Y. 1983.

[218] J. Thomas. World Problems in Education: A Brief Analytical Survey, Unesco Press, 1975.

[219] Russell F. Weigley. Towards an American Army: Military Thought from Washington to Marshall, LLC, 2011.

[220] C. V. Good, Dictionary of Education, Greenwood Press, 1973.

[221] Arthur A. Ekirch, Jr. The Civilian and the Military: A history of the American antimilitarist tradition, Ralph Myles, 1972.

[222] Ronald G. Havelock. The Change Agent's Guide to Innovation in Education, Educational Technology, 1973.

[223] Robert W. Thomas Jr. Education: Teaching Tomorrow, s Leaders: A Comparision of leadship Development At the United States Military Academy and United States Naval Academy, The U. S. Military Academy at West, 2000.

[224] McKitrick, Jeffrey, James Blackwell, Fred Littlepage, Geoge Kraus, Richard Blanchfield, Dale Hill. The Revolution in Military Affairs In Battlefield of the Future, 21st Century Warfare Issues, eds. Barry

Schneider and Lawrence. E. Grinter. Maxwell Air Force Base, AL. Air University Press, 1995.

[225] Glenn C. Buchan. "Force Projection: One-and-a-Half Cheers for the RMA", Toward a Revolution in Military Affairs: Defense and Security at the Dawwn of the Twenty-first Century des. Thierry gongora & Haraldvon Riekhoff, London: Westpoint, Connecticut. Greenwood Press, 2000.

[226] William E. Simons. Professional Military Education in the United States: A Historical Dictionary, Greenwood, 2000.

[227] Judith Hicks Stiehm. The U. S. Army War College: Military Education in a Democracy, Temple University Press, 2002.

[228] Paul J. Reoyo. Professional Education: Key to Transformation, ADA401044XAB, Apr 2002.

[229] Randall C. Lane. Learning Without Boundaryes: The Future of Advanced Military Education, Fr. Belvoir, VA: Defense Teachnical Information Center, 1997.

[230] Chairman of the Joint Chiefs of Staff. Officer Professional Military Education Policy, Dec. 2000.

[231] Etienne Zi. Pratique des Examens Litteraires en Chine, Shanghai: Imprimerie de la Mission Catholique, 1894.

[232] Association of American College. Interdiscip linary Studies, In Reports from the Field. Washington, D. C. : Association of American Colleges, 1991.

[233] Armstrong. F. Faculty Development Through Interdiscip linarity, Journal of General Education, 1980, (1).

[234] Thomas L. Friedman. "Medal of Honor", New York Times, Dec 15, 2000.

[235] T. F. Wade. The Army of the Chinese Empire, The Chinese Repository, 1951, 20 (5).

[236] Ping-hsiung lo. Study of U. S. Military Officers Commissioned Through ROTC, the Service Academies, 1997.

后　　记

一直以来，笔者认为军事教育理论研究应该有一个更为广阔、宏观的视野，并采取多学科的研究方法，将理论研究引向我国军事教育改革重大现实问题的反思，从理论与实践的结合上关注军事教育变革，使相关问题研究更具有战略性、综合性。

正是有了这样的认识和思考，笔者对于军事教育研究始终抱着一种学术偏好，更倾向于宏观战略问题和综合性问题的研究。2001年10月调入空军工程大学训练部工作以来，笔者作为第二负责人先后主持完成全国教育科学"十五"规划2001年度国家一般课题、国家社科基金重点资助项目"军队综合大学建设发展研究与实践"（BNB010480）和全国教育科学"十一五"规划2006年度军队重点课题、总参军训部重点跟踪项目"中美军事人才培养模式比较研究"（PLA061050）。2007年10月转业到桂林旅游高等专科学校评估办工作后，除了继续从事上述国防军事教育研究之外，笔者作为第二负责人主持完成了全国教育科学"十一五"规划2007年度教育部规划课题"休闲文化建设与高等旅游院校特色发展研究"（FIB070329）。其间，笔者于2013年6月在华中科技大学完成博士学位论文《新军事变革背景下我国军事人才培养模式改革研究》并通过论文答辩。此后，笔者对于军事教育变革理论研究有了更大的兴趣，梳理前十多年的研究成果，有幸获得国家社科基金后期资助汇聚成本书。

作为贵州财经大学武装部军事理论教研室的兼职教师，除开设《大学军事理论概论》《我国周边安全环境与安全战略》课程外，笔者还致力于国防军事教育研究，期望继续加强我国军事教育变革的社会学、政治学、经济学等多学科的综合性研究，为深化院校教育和部队训练改革、推进中国特色军事教育变革做出自己的贡献。

在本书即将出版之际，笔者怀着感激的心情，想要表达对空军预警学院训练部潘武玲博士深深的敬意。尽管因工作繁忙未能参加本书研究和撰写，但她仍在百忙之中为笔者找了一些关于外军院校教育的研究资料，实在难得，殊为感谢！

张博文

2015 年 12 月 19 日于贵阳市花溪大学城